O direito no divã

Ética da emoção

Jacob Pinheiro Goldberg

O direito no divã

Ética da emoção

Flavio Goldberg
Organizador

Hugo Luciano
Pesquisa histórica

1ª edição
2011
2ª tiragem
2012

Editora Saraiva

Editora Saraiva

Rua Henrique Schaumann, 270, Cerqueira César — São Paulo — SP
CEP 05413-909
PABX: (11) 3613 3000
SACJUR: 0800 055 7688
De 2ª a 6ª, das 8:30 às 19:30
saraivajur@editorasaraiva.com.br
Acesse: www.saraivajur.com.br

FILIAIS

AMAZONAS/RONDÔNIA/RORAIMA/ACRE
Rua Costa Azevedo, 56 – Centro
Fone: (92) 3633-4227 – Fax: (92) 3633-4782 – Manaus

BAHIA/SERGIPE
Rua Agripino Dórea, 23 – Brotas
Fone: (71) 3381-5854 / 3381-5895
Fax: (71) 3381-0959 – Salvador

BAURU (SÃO PAULO)
Rua Monsenhor Claro, 2-55/2-57 – Centro
Fone: (14) 3234-5643 – Fax: (14) 3234-7401 – Bauru

CEARÁ/PIAUÍ/MARANHÃO
Av. Filomeno Gomes, 670 – Jacarecanga
Fone: (85) 3238-2323 / 3238-1384
Fax: (85) 3238-1331 – Fortaleza

DISTRITO FEDERAL
SIA/SUL Trecho 2 Lote 850 – Setor de Indústria e Abastecimento
Fone: (61) 3344-2920 / 3344-2951
Fax: (61) 3344-1709 – Brasília

GOIÁS/TOCANTINS
Av. Independência, 5330 – Setor Aeroporto
Fone: (62) 3225-2882 / 3212-2806
Fax: (62) 3224-3016 – Goiânia

MATO GROSSO DO SUL/MATO GROSSO
Rua 14 de Julho, 3148 – Centro
Fone: (67) 3382-3682 – Fax: (67) 3382-0112 – Campo Grande

MINAS GERAIS
Rua Além Paraíba, 449 – Lagoinha
Fone: (31) 3429-8300 – Fax: (31) 3429-8310 – Belo Horizonte

PARÁ/AMAPÁ
Travessa Apinagés, 186 – Batista Campos
Fone: (91) 3222-9034 / 3224-9038
Fax: (91) 3241-0499 – Belém

PARANÁ/SANTA CATARINA
Rua Conselheiro Laurindo, 2895 – Prado Velho
Fone/Fax: (41) 3332-4894 – Curitiba

PERNAMBUCO/PARAÍBA/R. G. DO NORTE/ALAGOAS
Rua Corredor do Bispo, 185 – Boa Vista
Fone: (81) 3421-4246 – Fax: (81) 3421-4510 – Recife

RIBEIRÃO PRETO (SÃO PAULO)
Av. Francisco Junqueira, 1255 – Centro
Fone: (16) 3610-5843 – Fax: (16) 3610-8284 – Ribeirão Preto

RIO DE JANEIRO/ESPÍRITO SANTO
Rua Visconde de Santa Isabel, 113 a 119 – Vila Isabel
Fone: (21) 2577-9494 – Fax: (21) 2577-8867 / 2577-9565
Rio de Janeiro

RIO GRANDE DO SUL
Av. A. J. Renner, 231 – Farrapos
Fone/Fax: (51) 3371-4001 / 3371-1467 / 3371-1567
Porto Alegre

SÃO PAULO
Av. Antártica, 92 – Barra Funda
Fone: PABX (11) 3616-3666 – São Paulo

127.979.001.002

ISBN 978-85-02-11536-1

Dados Internacionais de Catalogação na Publicação (CIP)
(Câmara Brasileira do Livro, SP, Brasil)

Goldberg, Jacob Pinheiro
O direito no divã ; ética da emoção / Jacob Pinheiro Goldberg; organizador Flavio Goldberg. – São Paulo : Saraiva, 2011.
1. Direito - Brasil 2. Goldberg, Jacob Pinheiro 3. Psicologia forense 4. Psiquiatria forense I. Título.

11-00850 CDU-34:15

Índice para catálogo sistemático:
1. Psicologia jurídica 34:15

Diretor editorial *Antonio Luiz de Toledo Pinto*
Diretor de produção editorial *Luiz Roberto Curia*
Gerente de produção editorial *Lígia Alves*
Editora *Manuella Santos de Castro*
Assistente editorial *Aline Darcy Flor de Souza*
Assistente de produção editorial *Clarissa Boraschi Maria*
Preparação de originais *Ana Cristina Garcia*
Eunice Aparecida de Jesus
Arte e diagramação *Cristina Aparecida Agudo de Freitas*
Henrique Favaro
Revisão de provas *Rita de Cássia Queiroz Gorgati*
Olivia Yumi Duarte
Sandra Garcia Cortés
Serviços editoriais *Ana Paula Mazzoco*
Vinicius Asevedo Vieira

Capa *Casa de Ideias / Daniel Rampazzo*
Produção gráfica *Marli Rampim*
Impressão *Yangraf Gráfica e Editora*
Acabamento *Yangraf Gráfica e Editora*

Data de fechamento da edição: 15-3-2011

Dúvidas?
Acesse www.saraivajur.com.br

Dedico este livro para Luiz Gama (em memória).

SUMÁRIO

Capítulos

O ADVOGADO QUE VIAJA PELA MENTE

Foi assim que o definiu a *Tribuna do Direito.* Jacob Pinheiro Goldberg originou a prática da Psicologia Jurídica na análise sistemática do crime e da violência no Brasil ao lado da Psiquiatria Forense. Centenas de conferências, artigos, livros, entrevistas e reflexões pavimentaram seu esforço.

Exemplificando: os crimes do chamado "Maníaco do Parque"; pedofilia, a questão do menor infrator; violência urbana; Direito Penal até a sociopatia. Jacob Pinheiro Goldberg, desde o início de sua carreira de advogado, assumiu, corajosamente, o compartilhamento do saber através da mídia negando o encastelamento da academia.

Com Xênia Bier pela TV Bandeirantes e Antonio Celso na rádio dividiu a cidadania intelectual com a sociedade.

Qualquer pesquisa sobre seu trabalho intelectual implica a tarefa e o desafio de garimpar uma atividade intensa, obra que se reproduz, permeabilizando sua formação cosmopolita, enquanto pensador e homem de ação. Entre outros estudiosos que apontaram este fato destacam-se Marília Librandi Rocha (Universidade de Stanford – Tese de doutoramento na USP – "Parábola e ponto de fuga" – Jacob Pinheiro Goldberg) e o professor Henryk Siwierski da Universidade de Brasília, tradutor de seu livro *Mágica do exílio* para o polonês ("Magya Wignania").

Psicólogo e doutor em Psicologia, assistente social e nessa confluência de advogado durante muitos anos fez carreira na militância forense, mas desde sempre, como ensaísta, escritor e orador, abraçou o esforço da "causa justa".

Pela coisa jurídica resolvi recolher e selecionar material que revela uma contribuição única de intercurso na subjetividade e ativismo no Direito brasileiro.

Dispensada ordem cronológica ou temática, cabem algumas considerações para o leitor que irá montar seu próprio mosaico.

Praticamente, a primeira atuação de Jacob Pinheiro Goldberg como advogado o coloca em discussão pública com juiz de Direito sobre despejo de evangélicos no bairro do Brooklin, em São Paulo, considerados "fanáticos cristãos". Foi na mesa de cozinha de sua mãe, na máquina "Remington", que redigiu a petição provocando amplo debate na opinião pública. Estava dada a largada. Ampla cobertura jornalística.

Daí pra frente o movimento toma corpo que se reflete palidamente nestas páginas. O que se deduz é um autêntico "romance de formação" libertário fazendo paralelo com Foucault (entrevista de Jacob Pinheiro Goldberg ao programa "Saia Justa" sobre "Loucura") e estudo sobre "O Terceiro Excluído, a madrasta" – a morte da filha, revista *Sax* e denúncias da tortura policial, num criativo viés do Direito. Colabora no jornal anarquista *Dealbar* e no *Mirante das Artes* (MASP). Quando da morte de Tancredo Neves, Jacob Pinheiro Goldberg denuncia a farsa midiática com tamanha veemência que mereceu crônica posterior de Sérgio Dávila na *Folha de S.Paulo* – "O dono do divã". Era o próprio Brasil que advogou pela TV Globo – "Somos todos Tancredos" (Globo Repórter):

O dono do divã
Política é tema de psicanalista

Em 17 de março de 1985, no auge da crise de saúde de Tancredo Neves, a "Folha de São Paulo" publicava reportagem com o título: "Psicólogo requer melhor comunicação com o poder". O psicólogo era o mineiro Jacob Pinheiro Goldberg, que já naquela época se dedicava à Psicologia política e às vezes conturbada relação entre homens de cargos públicos e a sociedade.

Desde então, ele lançou vários livros sobre o assunto, sendo os mais recentes "Monólogo a Dois" (Centro de Estudos da Mentalidade, 2002) e "Cultura da Agressividade" (Landy, 2004).

Nas últimas semanas, a Folha publicou duas análises semelhantes à sua. Na primeira, em 7 de junho, o psiquiatra Jerrold M. Post, que presta serviços à CIA, perfilava líderes mundiais. Na segunda, 5 de julho, o psiquiatra Justin Frank explicava o que escreveu em seu livro, *Bush on the Couch* (Bush no divã), em que analisa o presidente norte-americano.

Sérgio Dávila

Em 1994 concede entrevista para Yan Le Henelleur (*Journal Du Geneve*), em que analisa a legitimidade política e legal no Poder brasileiro a partir do papel da TV Globo – "AU BRÉSIL – **Nul ne parvient au pouvoir sans TV Globo** – *En faisant de la publicité pour le plan real, Globo a favorisé l'élection de Fernando Cardoso comme président*".

Reivindicando o título de doutor "honoris causa", para Sobral Pinto, na USP, a convite do professor Carlos Guilherme Mota; processando a cidade de Oberamergau, Alemanha, na conferência sobre "Psicologia do Sentenciado", publicada em "Psiquiatria Forense e Cultura" e reportada pela procuradora Ana Sofia Schmidt de Oliveira que testemunha suas aulas na Faculdade de Direito da USP, como instantes históricos do pioneirismo no Direito Penal, no trabalho para a Sociedade Internacional de Profilaxia Criminal (Paris), em debate com o professor Márcio Thomaz Bastos, na OABSP, na conferência sobre "O menor e a Psicologia – Infração penal nas condições brasileiras" (Faculdade de Direito da USP, 28 de julho de 1983), replicada a questão em palestra no ex-Tribunal de Alçada Criminal de São Paulo e entrevista para o Dr. Luiz Flavio Borges D'Urso – presidente da OABSP, em artigos na "Tribuna da Justiça", OABSP, Coautoria de "Psiquiatria Forense e Cultura".

"A Tautology on violence 'From the viewpoint of justice and Psychology' – São Paulo, Conference on the Law of the World", Conference Mondial de Population, Romênia ("Du Droit a la Vie"), "A discriminação racial e a lei brasileira" (Lançamento com a presença do grupo de Solano Trindade), "O Direito e a Ordem Jurídica nos Processos do Desenvolvimento", PUCC, "Cultura da Agressividade", Ed. Landy, "Tribos Urbanas", Paideia, a trajetória é densa, incisiva e se desdobra na busca de uma inteligência ética. E é tanto que a excelência fica a critério do jurista e da Ciência/arte social, que percorre estas peregrinações. Para Jacob Pinheiro Goldberg, o Direito é arte do encontro e não ciência da sanção. No debate com Roberto Jefferson e José Dirceu, responde ao senador Marcelo Crivella, a propósito da CPI sobre o caso PC Farias, execrando a ditadura. A síntese do seu pensamento culmina na defesa de tese de doutoramento na Universidade Mackenzie – "O entendimento psicológico do homem deve ser promovido a partir da dimensão peculiar do seu universo social e espiritual".

Pontuado pelo caráter emotivo do reconhecimento da classe, recebe a comenda Benjamin Collucci da OAB de sua cidade natal, Juiz de Fora, em cerimônia que reúne a elite do Direito de Minas Gerais no tributo do jurista Wagner Parrot. Para inserir esse perfil nos seus heterônimos intelectuais e desta personalidade que distingue seu tempo, urge a inserção na perspectiva do poeta. Dos trânsitos do peregrino – trovador – o trato que desperta admiração e provoca celeuma.

Uma obra radical, doutrina e ação independente, o fluxo fertiliza. É na tradição da cultura literária do nosso Direito que prima para um <u>outro olhar</u>

da Justiça que enxerga. Adicionei uma pequena fortuna crítica para caracterizar a abrangência de seu vasto patrimônio cultural.

Muitos textos desta antologia-coletânea foram publicados em livros, revistas, jornais, divulgados por TV e rádio, transcrições de palestras em Universidade no Brasil e no Exterior. Destacam-se "Folha de S.Paulo". "O Estado de S. Paulo", "Journal Du Geneve", "Tribuna da Justiça", Revista da OAB-MGJF", "O Primeiro de Janeiro" (Porto, Portugal), "Veja", "Jornal do Brasil", "Jornal de Brasília", "Jornal de Debates".

Centenas de trabalhos referentes de autoria de Jacob Pinheiro Goldberg podem ser acessados pelo "Google Livros":

http://books.google.com/books?ei=nd0gS_u9MZj2ygTozMG2Cg&cd=1&hl=pt-BR&q=Jacob+Pinheiro+Goldberg

Exposições pelo Youtube:

http://www.youtube.com/results?search_query=%22jacob+pinheiro%22&aq=f

Vale anotar alguns episódios em que a participação de Jacob Pinheiro Goldberg fixou concepções relevantes:

– Programa em que defendeu a eutanásia, juntamente com o presidente da Associação Paulista de Medicina, doutor Oswaldo Gianotti Filho, intermediado pelo jornalista Paulo Markun.

– Maçonaria – GOB – Direito e Psicologia.

– Pronunciamento do Senador Nelson Carneiro (PMDB) apoiando tese de Jacob Pinheiro Goldberg (26-11-1986) sobre menor abandonado.

– Processo na 15ª Vara Civil contra a PUC por discriminação sexual, em curso de Serviço Social.

– Proposta de criação do Ministério da Infância e Juventude quando Jacob Pinheiro Goldberg coordenou a Comissão Nacional de Direito do Menor.

Fique a clareza de que esta é uma resenha simplificada de uma obra enciclopédica que vai do idealismo ao pragmatismo, rara no drama de nosso tempo.

Tentei percorrer os rastros do meu pai, e os caminhos que se iniciaram em Juiz de Fora fizeram estações: doutor em Psicologia, psicólogo, advogado, assistente social e escritor. Conferencista convidado – *University College London Medical School*, *Uniwersytet Jagiellonski* e *Uniwersytet Warszawski* (Polônia); *Hebrew University of Jerusalem*; USP; PUC/SP; PUC-Campinas; Universidade de Brasília; UNESP; Mackenzie; Deputy, chairman; *Middlesex University South American Advisory Board.* E segue.

Flavio Henrique Elwing Goldberg

BREVE PREFÁCIO

Conheci Jacob Pinheiro Goldberg em Congresso do Instituto Brasileiro de Direito Constitucional nos idos de 1980 em Belo Horizonte. Depois mantive muitos contatos quando ocupei, pela primeira vez, o cargo de Secretário de Segurança Pública no Estado de São Paulo.

Interessei-me pelas suas ideias e interessei-me pela sua formação, já que era capaz de formular extraordinário raciocínio lógico em todas as suas observações. Soube, então, que era advogado com robusta formação jurídica. E que se formara em Psicologia, realizando também o Curso de Assistência Social.

Tão eclético e vasto conhecimento fizeram-no professor, escritor e conferencista. Por onde passava expunha com clareza e convicção as suas ideias. Sempre inovadoras. Fruto do somatório de seus conhecimentos nas mais variadas áreas. Encontrei-o várias vezes. Conversamos muito. O que mais me chamava a atenção era a sua sensibilidade para os problemas sociais e a paciente análise das questões pessoais. Achava até que, nele, preponderava o psicólogo.

Hoje, quando Jacob Pinheiro Goldberg lança um livro com seus escritos em jornais e revistas e as várias entrevistas e conferências que deu, verifico que ele não reservou para conversas individuais as suas ideias. Pregou-as. E quem prega, lembra Vieira, espalha sementes. Que frutificam. Que não devem ficar apenas para si ou para poucos, mas disseminadas para muitos. É o que faz este trabalho de Jacob Goldberg. Pautados pela ideia de justiça social e de crescimento individual, servirão a todos os leitores que tenham tais preocupações. Revelam a faceta do intelectual que se dedica a causas especiais.

Saúdo – e saudamos todos – a publicação deste trabalho.

Michel Temer

Professor de Direito Constitucional e
Vice-presidente da República

“Flavio Goldberg colheu, com sensibilidade e cultura, na vasta obra intelectual de seu pai os filamentos jurídicos e com isso presta um serviço inestimável ao estudo do terreno comum da Psicologia e da Advocacia.”

Wagner Antonio Policeni Parrot

Presidente da OAB - Juiz de Fora (MG)

APRESENTAÇÃO

É com entusiasmo que venho prefaciar a obra de Flavio Goldberg, a antologia do grande Dr. Jacob Pinheiro Goldberg, destacado psicólogo, assistente social, advogado, e, acima de tudo, pessoa dedicada ao crescimento do ser humano.

Jurista comprometido com a pesquisa e estudo do Direito, que, através de uma atitude altruísta, traz uma seleção de suas obras organizadas por seu discípulo e filho Flavio Goldberg, que vem abrilhantar e complementar o ramo do Direito.

O Autor é um singular cientista do Direito, ousado e corajoso, pois penetra em temas delicados da sociedade atual, sendo de indiscutível importância, tornando-se referência na matéria.

Trata-se de obra baseada em suas conferências, artigos e teses apresentadas no Brasil e fora dele, que abraça questões de Direito, com destaque para Psicologia do Sentenciado, Crime e Jovem, Violência Urbana, entre outras não menos importantes, de grande serventia para todos os operadores do Direito, bem como psicólogos, assistentes sociais e todos os que se interessam pelas questões humanas como um todo, ou que necessitam de informações precisas acerca do tema.

Pelos motivos expostos, estou certo da significativa contribuição feita pelo autor ao universo jurídico, sobretudo humano, que já nasce destinada ao absoluto sucesso.

Fernando Capez

Procurador de Justiça, Professor de Direito Penal e Deputado Estadual

PSICOLOGIA DO SENTENCIADO

PSICOLOGIA DO SENTENCIADO

Curso – Aspectos da execução penal – Centro de Estudos da Procuradoria-Geral do Estado de São Paulo.

Presidente da Mesa – Professora Doutora Ana Sofia Schmidt de Oliveira.

Conferencista – Professor Doutor Jacob Pinheiro Goldberg.

Debatedores – Elias Buenem e Dalila Pucci – Psicólogo e Procuradora.

Este seminário foi publicado no livro "Psiquiatria Forense e Cultura", organizado por Sergio Paulo Rigonatti e Maria Lucia Camargo de Andrade, Vetor Editora.

Aspectos da execução penal: psicologia do sentenciado

Apresentadora: Eu gostaria de declarar vocês bem-vindos a mais um dia no Centro de Estudos da Procuradoria-Geral do Estado, retomando o curso "Aspectos da execução penal". Hoje, o tema a ser abordado é "Psicologia do sentenciado", com o expositor, o professor psicólogo Jacob Pinheiro Goldberg, e com os debatedores Elias Buenem e Dalila Suannes Pucci.

A previsão é de um pequeno intervalo após os debates, com retorno às 11 horas para uma discussão aberta entre a mesa e os demais participantes do curso.

Eu passo a palavra para a presidente da mesa, a professora doutora Ana Sofia Schmidt de Oliveira, a quem encarrego a coordenação dos trabalhos e peço licença para me retirar em razão de minhas atribuições no Centro de Estudos, cumprimentando-os em nome da professora doutora Norma Kyriakos. Obrigada.

Ana Sofia Schmidt de Oliveira: Bom-dia a todos. Eu espero que aqueles que viajaram ontem, que vieram de longe e chegaram de manhã, já estejam mais descansados e tenham condições de aproveitar melhor os nossos debates de hoje.

Eu tive o prazer de ouvir o Dr. Jacob pela primeira vez há cerca de oito anos, numa palestra na Faculdade de Direito, para a qual ele foi levado pelo professor Chaves de Camargo, quando cursava a especialização em Direito Penal. E foi uma coisa surpreendente, para mim e para os demais integrantes da classe, ouvir o que o doutor Jacob nos trouxe naquele dia. Vocês vão ter a oportunidade de ouvi-lo e formar suas próprias opiniões a respeito, mas, para mim, aquele dia, já posso adiantar, foi um dia bastante marcante, e, de certa forma, me fez romper com a visão formalista do Direito, fazendo com que eu passasse a enxergar o próprio Direito e a nossa atividade de uma maneira muito mais dinâmica, inserida num contexto social maior. Daí, quando pensei em organizar este curso, imediatamente me ocorreu a ideia de trazê-lo.

Eu vou só fazer um pequeno esclarecimento do que aconteceu depois que tive essa ideia. Uma coisa que me incomoda muito no nosso trabalho, e que eu tive já a oportunidade de dizer a vocês ontem, é a importância dada aos exames criminológicos, a forma como esses exames são feitos, a repercussão dos laudos criminológicos em toda a execução da pena. Ontem eu até disse que sinto que a execução realmente está nas mãos de psicólogos e assistentes sociais e que a conclusão desses profissionais acerca da possibilidade de reinserção ou não do condenado na sociedade é o que define e sustenta, ao final, a decisão do juiz.

Quando conversei pela primeira vez sobre este curso com o Dr. Jacob, levei a ele alguns exames criminológicos porque queria que alguém nos desse uma visão técnica e crítica do teor dos exames para nós sabermos se existe, na realidade, consistência nessa história de prognóstico de comportamento, se é mesmo possível dizer se a pessoa vai voltar a reincidir ou não, como, de fato, a lei exige.

Neste contexto, o tema de hoje seria "Prognóstico de Comportamento: mito ou realidade?" Depois, conversando mais aprofundadamente sobre o tema com o doutor Jacob, ele, exatamente por ser o profissional competente e sério que é e saber das consequências das repercussões de qualquer manifestação sua, achou que o tempo era curto para que pudesse fazer um estudo aprofundado sobre o assunto e que seria prematura qualquer abordagem científica a respeito desse tema porque a questão realmente é controvertida, de acordo com as várias vertentes psicológicas.

Dou essa explicação porque comentei com várias pessoas aqui presentes que o tema seria o exame criminológico, o que certamente gerou a expectativa de ouvir alguma coisa a respeito. Assim, era preciso justificar a mudança e foi por estes motivos que o tema que será abordado hoje é a "Psicologia do Sentenciado".

De qualquer forma, tenho certeza de que nós não teremos nenhum prejuízo com esta alteração. Acho que a maior parte de vocês já deve ter ouvido falar do Dr. Jacob de alguma forma, em razão dos inúmeros livros publicados, dos seus programas em rádio e televisão e da sua profícua atividade no campo da Psicologia. Ademais, ele também, como formação, é advogado e assistente social. É uma pessoa que reúne um conhecimento da mais vasta e variada formação técnica e, por isso, qualquer que fosse o tema que ele viesse a abordar, nós só teríamos a ganhar. Então, feita essa introdução, passo a ele a palavra.

Jacob Goldberg: Eu gostaria de agradecer o convite formulado pela doutora Ana Sofia, que merece respeito por sua competência, sua inteireza e seu idealismo. Então, é com muita satisfação que eu venho aqui hoje conversar com os senhores, fazer algumas reflexões e, já por princípio, eu gostaria de adiantar que, em vez do uso da linearidade na exposição, em vez de uma exposição em forma de tese, eu gostaria um pouco de permitir a libertação do meu próprio fluxo de inconsciente, porque fazer uma exposição linear, didática, eu acredito que talvez não implicasse nenhum acréscimo ao convite a mim formulado. Ele só se justifica, parece-me, se nós pudermos, aqui, juntos, organizar um trabalho original e criativo em cima provavelmente daquilo que nós todos desconhecemos ou conhecemos pouco. Porque daquilo que nós conhecemos, obviamente, não há por que falar. Porque o que importa é justamente a perquirição, a busca, a investigação dos meandros das possibilidades não esgotadas dentro de cada um de nós.

Isso pode, doutra parte, significar um prejuízo, porque representa uma exposição fragmentária, aparentemente fragmentária. Quer dizer, as ideias irão aparecendo sem uma conexão, pelo menos evidente. Este é o grande prejuízo. Em compensação, parece-me que o benefício, dialeticamente, está dentro do próprio prejuízo. E qual é o benefício? É o vazio, o oculto, aquilo que está por detrás e que talvez nós possamos iluminar um pouco.

Quem colocou isso de maneira muito brilhante, essa necessidade moderna ou pós-moderna, como queiram, foi Ingmar Bergman, referindo-se à filmografia, ao cinema, quando ele pergunta num ensaio: "A linha narrativa interessa a quem?" Porque é claro que ela implica uma obediência, a obediência de quem dita. Todo rigor, todo arbítrio na obediência, pode levar, e frequentemente leva, à lei do Cão, o que é sabido por todos vocês. O que é a lei do Cão? É Lúcifer, é o Demo.

Na língua dos índios Axê, do Paraguai, existe a máxima que, aliás, serviu de subtítulo para um trabalho que eu escrevi, chamado *Feitiço da Amérika*: "Aquele que cai nas garras do jaguar tem que ser jaguar". Jamo panka pixipre jamo. Eu tenho certeza de que para grande parte de vocês, familiarizados com os processos de crime, com os processos de transgressão, isso lhes soa extremamente familiar: "Aquele que cai nas garras do jaguar tem que ser jaguar". Tupi-guarani, índios Axê do Paraguai.

Nos grandes choques de civilização, dos quais nós somos testemunhas e participantes, e que nós sabemos que são causa de transgressão, de crime, de amolecimento ético, de dúvidas e de cambiantes inesperados no trato da coisa legal, existe um fato que foi relatado pertinente a esses índios, e que eu acredito ilustrativo. Diz que havia uma expedição antropológica europeia, e ela estava visitando o interior do Paraguai. (Este fato foi relatado por testemunhas de absoluta lisura.) E um dos membros dessa expedição olhou para uma índia e comentou com o índio guia da expedição: "Mas que mulher bonita!" O guia disse: "Ah, você gostou?" E ele respondeu: "Ah, sim, é uma mulher muito bonita". O guia deu um tiro na mulher e falou: "Então nós vamos mandar fazer, com a pele dela, um abajur para você". A lei do cão.

Freud instaura uma discussão muito interessante num dos seus ensaios a respeito daqueles que, tendo um superego muito desenvolvido, sentem-se compelidos à prática do crime exatamente para serem punidos. Porque essa punição é que vai aliviar o sentimento profundo de culpa.

A personalidade infantil se distingue, entre outras tipicidades e características, da personalidade madura, por um egotismo, um processo narcísico acentuado e desenvolvido, ao contrário da noção do altruísmo, que é estudada em profundidade por Martin Buber, que eu considero o grande filósofo, parece-me que o mais avançado filósofo em todas as matérias relacionadas com a inter-relação da civilização ou na civilização ou na cultura do suavizamento dos costumes.

Em cima, aliás, da obra do Martin Buber, foi feito um filme polonês, que também eu acho que seria muito oportuno se os senhores tivessem acesso, chamado *Madre Joana dos Anjos*, de Jerzy Kawalerowicz, em que existe um determinado instante em que se estabelece um debate, uma discussão entre dois figurantes, um homem e uma mulher, e, por um feliz jogo de cena, jogo de câmera, você acaba observando que um passa a ser o outro, e que o outro passa a ser o um. Quer dizer, a distinção entre eles deixa de ser magnífica e você percebe uma extrapolação, uma ultrapassagem da individualidade, que é claro que não se confunde com a perda da individualidade. Muito pelo contrário, é uma expansão da individualidade, é uma capacidade de permeabilização de possibilidade realmente não só de entender o outro, mas de se pôr na condição do outro.

Nós vamos ter a oportunidade de assistir a esse filme que vem com antecipadas crônicas explicativas e entrevistas do Bertolucci, *O pequeno Buda*, e com a afirmação que foi publicada ainda esses dias nos jornais, de Einstein, de que o Budismo pode ser a religião do futuro, religião que proporciona um dos grandes exercícios desse esquecimento de si mesmo, que não se confunde com alienação. Eu gostaria agora que os senhores, num senso crítico, acompanhassem comigo um raciocínio. O nascimento, a saída ou a expulsão do útero, como quiserem... A saída ou a expulsão do Paraíso, como quiserem: a primeira sentença irrecorrível na história da humanidade. E foi uma condenação à morte. Porque a grande punição foi exatamente essa: Adão, a quem tinha sido prometida a vida eterna, por causa do pecado, ele é punido com o senso da rejeição, ele é expulso. E ele é informado de que, dali para frente, numa pena que se desenvolve de geração por geração, *dor va dor*, todas as gerações irão morrer pelo pecado-crime cometido. E existe uma discussão muito interessante (é claro que os senhores sabem que eu estou tentando trabalhar em cima daquilo que tanto pode ser considerado pelos de formação religiosa como fatos, como pelos demais, como mitos, fantasias e arquétipos, mas que são os mitos, fantasias e arquétipos que povoam a nossa formação de inocência e de culpa, de acerto e de erro) – Caim, depois do crime perpetrado, é indagado por Deus: "O que fizeste de teu irmão?" E a resposta dele é quase clássica ou antológica: "Por acaso eu sou guarda do meu irmão? Por acaso eu tenho que saber onde está o meu irmão?" E a afirmação de Deus: "Você não **tem** que saber, você **deve** saber". A diferença entre o "tem" e o "deve" permitiu que um ensaísta japonês escrevesse um livro de 400 páginas sobre o significado ético dessa diferença: ele não **tem**, mas ele **deve**; nós não **temos**, mas nós **devemos**.

E é muito curioso que se Adão comete um crime contra o equilíbrio ideal... Porque é este o crime, não é? Havia um equilíbrio ideal: "Tudo lhe é acessível, tudo lhe é permitido, menos isso". E isso aparentemente não tem sentido, isso aparentemente não tem uma causa maior. É proibido porque é proibido. E, paradoxalmente, é assim que se afirma a maturidade: é porque é. Não depende de consenso nem de aceitação. (Mais tarde, nós vamos discutir um pouco a questão da aceitação.) Seria aparentemente um crime de menor consequência. O outro é um crime infame: é o assassinato do irmão. E, não obstante isso, a sentença impede que Caim seja assassinado. É muito curioso isso. E para que isso não aconteça, para que ele não seja assassinado, para que não haja vingança contra ele, ele é estigmatizado: a marca de Caim. Da outra parte, para Eva é reservado outro nascimento, de tal maneira que nós não nos sintamos comprometidos com o crime.

Em cima disso, existe um livro que infelizmente não está editado em português; o título é *Cain y el cainismo en la historia universal*, de Leopold Szondi. É um estudo a respeito dessa síndrome de Caim, esta frequência através da qual nós temos impulsos necrófilos do assassinato ou da morte do irmão, o irmão tanto sanguíneo como o membro da tribo, partícipe, amigo e assim por diante. Essa relação ambígua de amor e de ódio. Biofilia, amor à vida; Necrofilia, amor à morte.

Nós falávamos um pouco a respeito desse sociopsicodrama num grupo indígena da América do Sul. Falamos na civilização judaico-cristã. Podemos nos referir, e é matéria que todos os senhores já se familiarizaram há muito pela linguagem que se introduziu na dinâmica dos paradigmas mentais de cada um de nós, que é o mito grego de Édipo Rei, o incesto. A vertente prossegue com Dostoiévski, *Crime e Castigo*, Raskólnikov: as suas atribulações, as suas discussões, a possibilidade ou impossibilidade de um código pessoal que não coincide com o código social, a internalização desta ordem de códigos, a colisão, o enfrentamento de códigos. Através dessas evoluções, desses envolvimentos, dois grandes instantes do pensamento contemporâneo: Franz Kafka e Elias Canetti. Elias Canetti, *Massa e poder*: a massa fascinada e seduzida, enlouquecida e criminalizada: o indivíduo, o homem perdido. *O Processo*, de Kafka: pego nas malhas da burocracia, ele não sabe sequer do que é acusado, mas sabe que a sentença será indiscutível. A busca e a procura de uma culpa objetiva que possa corresponder a uma culpa subjetiva. Do que ele é culpado? Ou, posteriormente, em *A metamorfose*: a transformação, a despersonalização, a perda absoluta da condição de indivíduo – esmagado por todos os processos da contemporaneidade, perde de tal sorte a alma que deixa de ser ele mesmo. Rompe uma fissura absoluta entre ele e ele. E se transforma numa barata. Quem é que já não viveu qualquer coisa semelhante diante desse poder esmagador, desse poder sem face, sem nome, sem código?

A onipotência do bandido, a sensação infantil de que ele pode se reservar o direito de tudo e de todos e que, curiosamente, é punida com a paralisia. A sociedade o pune, tromba diretamente com essa onipotência, decretando a sua impotência: "Você não terá direito, você ficará isolado; a sociedade passa a decidir por você". Claro que não existe, pelo menos até agora, nenhum juízo de valor na exposição. É uma matéria para reflexão. Mas é curioso. De qualquer maneira, eu acho que merece detida atenção. O impulso de onipotência é respondido com a total impotência. O que isso vai causar depois? Esse sentenciado, como irá viver isso?

Numa tese e antítese, para que nós possamos entender as duas faces de Jano que estão atrás de toda essa discussão, existe uma história muçulmana sufi que é muito significativa. Diz que existia um rei na Antiguidade, e esse rei tinha uma filha que era lindíssima e muito inteligente. E o rei decretou que, no seu reino, nenhum homem poderia olhar para sua filha, não poderia segui-la e não poderia pensar nela. E quem infringisse esse decreto seria morto. Certo dia, a princesa, saindo do mar, nua, foi vista na praia por um camponês, e o camponês se apaixonou por aquela visão. Saindo dali, o moço chegou em casa e disse pros seus pais: "Eu estou condenado, eu me apaixonei pela princesa". E os pais o advertiram: "Esqueça essa visão porque você sabe qual é a pena". Ele saiu dali e, quando estava andando pela rua, ouviu um choro numa casa e perguntou: "O que aconteceu?" Aí disseram: "Nosso filho estava andando na rua e estava olhando pro chão, e os guardas do rei o prenderam e disseram que se ele estava olhando pro chão é porque estava tentando ver se percebia os passos da princesa para segui-la. E é claro que o mataram". Ele ficou mais apavorado do que já estava. Andou mais um pouco e, em outro quarteirão, ouviu um choro: o filho da casa tinha sido morto porque, andando abstraído pela rua, ficava olhando muito para cima. E os guardas disseram: "Quem olha para cima está procurando olhar as varandas dos castelos para ver se enxerga a princesa". Andou mais um pouco, outro choro, e ele pergunta: "E aqui?" O filho da casa ficava sentado no banco do jardim absorto. É claro que só podia estar pensando na princesa e foi morto. Absolutamente transtornado, ele seguiu o seu caminho e encontrou, num determinado momento, um sábio e resolveu abrir o coração: "Olha, eu não consigo esquecer a princesa. Eu olho pro chão, eu olho para cima e penso. O que é que eu deveria fazer?" O sábio responde: "Por que você não vai até o palácio e diz pro rei que você quer casar com a princesa?" E ele: "Como? Se eu disser, eu vou ser morto!" E ele disse: "Não, morto você vai ser de qualquer jeito, mas pelo menos você terá explicitado o seu desejo". E ele falou: "Bom, não resta alternativa". Ele foi até lá, olhou dentro dos olhos do rei e disse: "Soberano, eu estou apaixonado por sua filha, e é isso que eu gostaria de lhe dizer". E o rei responde: "Mas é claro, vamos marcar o casamento". Perplexo, ele disse: "Mas como? Até agora o senhor tinha baixado um decreto...". E o rei responde mais uma vez: "Mas é claro. Enquanto eu tinha um reino de escravos e patifes incapazes de olhar para baixo, olhar para cima ou de pensar, não teria ninguém que tivesse o direito de merecer a mão da minha filha. Mas aquele que foi consequente terá direito à mão dela". Diz a tradição que o nome desse moço era O Buscador, e o nome da princesa era A Perfeição.

Em determinado instante, Deus diz a Abraão: "Pegue o seu filho amado, leve até o Monte Moriá e o sacrifique por amor a mim". E todos os senhores sabem que esse é um dos episódios mais estranhos da Bíblia, dos mais discutidos filosoficamente. Por que Deus exigia isso? Por que Abraão concordava e por que Isaac foi? Na nossa formação atávica, o filho faz a expiação do pecado através de Jesus. Nós temos nessa apresentação – e nós temos um estudo muito interessante a respeito disso, do Erich Fromm, *Antigo Testamento: uma interpretação radical* – alguns dos elementos de pecado, crime, culpa, transgressão, expiação e, fundamentalmente, daquilo que nos trouxe aqui esta manhã: o entendimento ou a tentativa de entendimento da psique de alguém que recebe uma sentença de fora (não uma sentença de dentro), alguém que é julgado por seus pares no sentido da contingência humana.

E todos os senhores sabem... E é curioso porque depois que a doutora Ana Sofia esteve formulando o convite, que nós pensamos no tema, eu fiquei imaginando o seguinte: que é muito comum que, de alguma sorte, quem procura Psicoterapia, Psicanálise, procura também absolvição. Nós talvez pudéssemos imaginar que uma distinção entre a lei do cão e a lei do homem corre muito próxima a este processo. O questionamento permanente que cada um de nós faz com a sua própria consciência – "Fiz bem ou fiz mal?" – e que nem sempre coincide com os códigos sociais ou com os códigos alheios.

A noção grega de "ágape" é uma noção de companheiros, aqueles que cortam e dividem o pão, de camaradas, os que moram na mesma casa, no mesmo lugar, o conviva, o que bebe do mesmo vinho. Talvez nós possamos imaginar: aquele que partilha ou compartilha da preocupação moral. É quase que o sinal, é quase que o ritual de iniciação, é quase que uma travessia, de uma passagem, quando você se achega de verdade a alguém e outorga o poder de julgá-lo: "Eu queria lhe contar uma coisa que aconteceu ontem comigo, porque eu queria a sua opinião, queria saber se você acha que eu fiz bem ou que eu fiz mal, se estou certo ou se estou errado".

Alguns de vocês que talvez já possam ter assistido à morte de uma pessoa, se observaram com atenção e se tiveram a oportunidade de acompanhar isso de perto, esse momento, que implica um pouco uma espécie de balanço final da existência (Peter Pan diz: "A morte deve ser uma aventura extraordinária"), já devem ter percebido que aqueles que morrem com serenidade são aqueles que, de alguma forma, zeraram as culpas e conseguiram fazer a consumação da legenda das suas próprias vidas, aqueles que conseguiram, de alguma maneira, realizar os seus sonhos: não viver com felicidade, mas viver com plenitude, viver com intensidade.

Sob pena de ser acusado de um excesso de processo psicológico, eu vou me permitir, os senhores vão ter paciência, eu gostaria de ler um trecho de um trabalho que eu escrevi chamado *Psicologia da Agressividade*, tentando dar também uma dimensão social a esta discussão. O homem tem a pertença social. Ele não é só o seu passado, não é a memória, e não é só a sua projeção no futuro. É, antes e acima de tudo, presente. "O arrependimento pela perda da individualidade, da imersão na manada dos elementos ativos e passivos responsáveis pela ordem legal e política da submissão terrena, precisa ser questionado para que não se esgote por si". A transformação num estado autoritário é imatura e se dá com o sacrifício da alma do homem. A perda do sentido crítico de si e do outro. Por isso, a inteligência e a sensibilidade não sobrevivem nesse estado em que as ideias de justiça são usadas para a criação do sistema de opressão. Em relação ao uso que a demagogia possa fazer dos meios de comunicação de massa, o perigo é o de que a televisão possa ajudar a formar indivíduos insensíveis, uma sociedade de gostos comuns, aquilo que Tocqueville chamou de "tirania da maioria". Muito espaço para os aspirantes à ditadura, num mundo em que dois terços da população vivem com renda *per capita* anual de menos de trezentos dólares, quase metade da população mundial vive subnutrida. Existem hoje mais cem milhões de pessoas analfabetas do que há vinte anos atrás. A mortalidade infantil é quatro vezes maior nos países pobres do que nos ricos. Um quinto de todos os homens nos países pobres não tem emprego, enquanto se gastam centenas de milhões ainda em armamentos. O canadense Lester Pearson declarou: *"Um planeta não pode, assim como uma nação, assim como o ser humano, concordar com esse processo e sobreviver metade livre, metade escravo. A massa manobrável é capaz de confundir um museu de cera com um templo grego. E a desorganização mental que transforma a universidade num ginásio de asneiras, a justiça num circo de gladiadores, a verdade num instrumento dos medíocres, faz girar a roda da história velozmente para trás. O povo enquanto comunidade capaz de manifestação livre resiste aos iluminados e traça seu próprio destino, e o ser humano faz questão de respeitar as leis, pelas quais ele se sente responsável. O saber humanizado, inclusive o direito à desobediência, é o antídoto para a demagogia, o totalitarismo e a corrupção. E deve servir ao discernimento como substitutivo da mobilização passional. Eis que a forma de evitar a fúria do bandido é conhecer seus mecanismos e desarmá-los, inclusive dentro de nós mesmos. Viver nesses termos significa estar de acordo com modelos impostos por meio de gestos paradigmáticos e cerimoniais. Sua existência é um investimento para o clichê e o arquétipo".* Muito obrigado.

Ana Sofia de Oliveira: Bom, acho que agora vocês devem ter entendido um pouquinho do que eu falei no início, quando comentei o que senti quando ouvi o Professor Jacob pela primeira vez. Nós, que estamos acostumados a discutir "regime progressivo de pena", termos que passar para Caim, Abraão e *Crime e Castigo* é uma coisa um pouco complicada, mas tenho certeza de que somos capazes disso. Eu passo a palavra, então, para o nosso primeiro debatedor, Doutor Elias Buenem, que é psicólogo, tem mais de dez anos de experiência no sistema carcerário e é professor universitário na região de Taubaté (SP).

Elias Buenem: Bom-dia. Eu agora estou com uma difícil missão.

Atendendo à sugestão do professor no início da palestra, eu me deixei levar também pelas minhas associações. "Vamos fazer um debate não linear, vamos fazer um debate de configurações, elementos que desafiam o despertar de coisas novas, coisas que ainda não estão bem claras para mim mesmo." E eu me deixei levar por essa onda de associação livre, de atenção flutuante, seja o que for. E foi muito interessante para mim. Não sei se para vocês, mas para mim foi muito interessante. Porque quando eu vim falar aqui, eu não estava familiarizado... O Dr. Rui Carlos me convidou, fomos colegas muito tempo, mas eu não sabia exatamente o que ia ser falado. Para confessar realmente, eu não sabia nem qual é o papel que cabe a um debatedor. É meio nova essa forma de encarar uma mesa-redonda para mim. Então eu vou fazer o que eu acho que é o meu papel aqui e, a propósito do professor, não tenho a intenção de fazer perguntas a ele, tenho intenção de reagir ao que ele colocou. E foi interessante porque eu pensei algumas coisas: "Bom, de repente pedem para eu falar; não sei se é só para fazer perguntas...". Então eu pensei: "O que é interessante para os advogados ouvirem?" Eu fiquei com algumas ideias na cabeça, e a palestra do professor me ajudou a deixar tudo mais claro.

Um tema que estava meio na sombra das minhas ideias, no fundo das minhas ideias, era "a humanização e a desumanização". E talvez por coincidência, talvez por sincronicidade, o professor trouxe coisas que se relacionam com isso dentro dos diversos textos, nas diversas citações, nas diversas referências que ele fez. Pelo menos foram os pontos que ressonaram em mim as colocações dele com essa questão: uma dialética entre a humanização e a desumanização. E isso parece uma coisa muito presente não só na psicologia do criminoso, do sentenciado, mas também na própria psicologia do sistema judiciário, do sistema penitenciário e também de nós que trabalhamos nessa área: sejamos advogados, psicólogos, pessoas que estão envolvidas num papel meio ambíguo, que de um lado é defender a sociedade, defender as leis, que são emanações da sociedade, mesmo do cidadão, da comunidade; e, de outro lado, é considerar aquele indivíduo que transgrediu e que está sendo punido, que está sendo sentenciado, como ele disse. E esse tema parece que está presente em diversos momentos dessa questão.

O professor citou muito bem o filósofo Martin Buber, que coloca que basicamente existem dois tipos de atitude diante do mundo: uma atitude humana, uma atitude de diálogo, como ele fala, uma atitude "eu-tu", "eu" e os irmãos, "eu" e o outro, "eu" em diálogo, uma atitude humanizadora; e uma atitude, digamos assim, desumanizadora, objetificante, atitude "eu-isso", "eu sou diferente, o resto é um 'isso'". De certa forma, é a atitude do delinquente quando ele assalta. Os outros não são pessoas, que têm sentimentos, que sofrem quando ele comete um crime. Muitas vezes o outro é uma fonte de renda, é um objeto. Mas até que ponto essa atitude dele também não é uma reação, como o professor disse, da massificação? Para ter uma relação "eu-tu", "eu" e outra pessoa, é preciso, em primeiro lugar, que eu seja uma pessoa, que eu seja um "eu". Para eu chegar ao altruísmo, como se diz, chegar a considerar o outro, é preciso que eu tenha o meu "eu". Para eu chegar ao esquecimento de mim no fim da evolução, é preciso que eu desenvolva minha identidade. Para eu chegar a ser um ser que vive numa relação de igual para igual com os outros seres, com os meus pais, com meus superiores, eu preciso nascer, eu preciso me separar primeiro, até aquele que um dia foi "um" com a mãe voltar a ser carne com a sua esposa. É preciso que haja separação, que eu me separe dos meus pais: um dia o homem cresce, sai da casa dos pais e busca a esposa. É preciso formar um "eu" primeiro. Porque, se não, não é altruísmo; se não, é uma despersonalização da pessoa; é seguir o que os outros dizem sem eu ter conquistado a minha liberdade. É a situação de Adão. Se Adão foi expulso do Paraíso, foi nesse momento que ele se tornou homem, que ele se tornou indivíduo, que ele se tornou digno de um dia voltar em liberdade. Antes ele era igual aos animais, no meu entender. Ele obedecia porque era assim. Ele não tinha escolha, ele não tinha possibilidade de escolher entre o bem e o mal, não existiam dentro dele as duas possibilidades.

Nós somos descendentes de Caim e não de Abel. Caim se revoltou contra aquela circunstância que lhe parecia absurda, sem sentido. Ele era o primogênito, mas era o outro que recebia todas as vantagens. O sacrifício do outro era sempre maior que o dele, por mais que ele se esforçasse. É uma situação de revolta do indivíduo. É a situação de um sujeito que nasce numa classe às vezes nem miserável, e ele vê o mundo com regras para ele, mas que não tem lugar para ele. Quem segue aquelas regras (ele observa nos colegas dele, nos companheiros) acorda cinco horas da manhã, pega um trem, vai pro trabalho, chacoalha o dia inteiro, tem um emprego ruim, infeliz, ganha pouco, casa com uma mulher feia, mora mal, vê televisão... E ele olha e vê o outro, que brilha, outro que tem correntes no pescoço, que está bem-vestido, que está alegre, que é forte, que é bonito, ri alto, fala alto nos bares, tem mulheres, é corajoso, ousa... "O que eu quero ser?" Ele tem escolha? "Eu quero ser alguém, eu não quero me massificar. Eu quero fazer alguma coisa, não importa que isso vá durar pouco, mas eu quero sentir o vento no rosto, eu quero sentir aventura." Põe uma arma na cintura e vai à luta. Tem um ditado dos presos que diz assim: "O malandro vive pouco, mas vive à pampa". O malandro vive pouco, mas vive intensamente. O que ele faz é realmente detestável, mas ele segue um impulso que eu acho que é humanizador: "Eu quero me afirmar como pessoa, eu quero ser alguém". O mesmo impulso talvez de Caim.

Tem uma certa carga de raiva também dessa sentença que é dada para as pessoas honestas, não para os ladrões, mas para as pessoas honestas: "Você está condenado a ser babaca, você está condenado a ser normal". De certa forma, há uma revolta contra essa sentença. Então, o criminoso tem um espírito de revolta. É o advogado dele mesmo que fala: quando a pessoa faz as contas das culpas, existe realmente a culpa neurótica, eu diria até em certo sentido, mas é a culpa civilizadora, que é a culpa de não fazer o que os outros fazem, de não fazer o que me foi dito que eu devia fazer, de não ser igual ao outro, de não ser igual ao que os meus pais mandaram, que me ensinaram de não seguir o que Deus mandou, que é o caso do mito do Adão. "Não toque nisso." Ele tocou, mas ele se sentiu culpado, ele se escondeu, ele se cobriu, ele sentiu vergonha. E é uma culpa, até certo ponto, doentia.

Pessoas que sentem muito essa culpa de não fazer o que os outros mandaram, como o professor lembrou bem, às vezes são os criminosos também, que querem ser punidos para poder aliviar essa culpa: "Eu me sinto culpado, eu me sinto culpado de existir, eu me sinto culpado de ter desejo". É muito comum em estupradores isso. O estuprador é muitas vezes um sujeito que foi certinho demais a vida inteira porque ele reprimiu a tal ponto aquele desejo que ele se sente angustiado. Mas, ainda assim, quando ele comete o crime, parece que ele quer ser punido – certo tipo de estuprador, o mais clássico. Ele não é aquele cara lascivo, que nós imaginamos fortão e primitivo. Não, muitas vezes ele é um cara supercertinho, que teve uma mãe muito dominadora. Quando ele comete o crime, ele quer agredir, quer ter relação sexual, mas ele quer ser punido também. É comum os estupradores deixarem pistas: "Ah, meu bem, você gostou? Toma o meu telefone, me liga...". Como se ele não soubesse que ele vai ser procurado. Como há um certo desejo de ser punido...

Mas existe uma outra culpa, e essa nós, os honestos, talvez tenhamos muitas vezes, que é a culpa não perante a lei da sociedade, mas perante nós mesmos: o que você fez da sua vida? Essa é uma culpa mais profunda, a culpa perante o humano em nós, os nossos próprios valores. Você é honesto por quê? É a culpa que O Buscador do conto sufi foi capaz de superar. "Eu sou culpado perante o rei, mas eu não vou ser culpado perante mim mesmo, eu confesso quem eu sou. Eu sei que pela lei é proibido pensar nisso, mas eu confesso que eu penso. Se eu vou morrer de qualquer maneira, essa culpa eu não vou ter comigo mesmo, eu estou absolvido comigo porque eu não menti para mim mesmo. Eu não fugi da minha própria lei, eu a obedeci ainda que o preço fosse a morte." E o rei falou: "Você não é medíocre como os outros. Você transgrediu a lei, mas você afirmou a verdade".

Eu vejo nisso, nesse impulso de afirmar a verdade dentro de cada um de nós, a sinceridade. Essa é a verdadeira honestidade, mesmo que essa honestidade se choque com a lei. Até que ponto o criminoso, quando comete um crime, está sendo mais honesto que aquele outro que trabalha? Será que o outro queria fazer a mesma coisa e deixa de fazer por medo, e esse tentou se realizar de uma forma talvez inconveniente? Mas não é esse impulso que está no fundo, um impulso a ser considerado, a ser respeitado, o impulso do indivíduo contra tudo, contra todos? Não é isso muitas vezes (é minha fantasia, porque eu não sou advogado) que inspira um advogado? O papel do advogado... O papel de investigar se ele fez ou se ele não fez é da polícia. O advogado pode até estar colaborando para cumprimentar o criminoso pelo malfeito. Mas tem o papel de enxergar aquele indivíduo, aquele ser, os motivos dele... A lei é para todos, mas a lei para ele, para aquela pessoa... Não sei se vocês estão entendendo... Defender o indivíduo... não defender o caso, não defender a norma, não defender que ele é igual aos outros, mas defender que ele é único. Isso deve ser considerado. Os aspectos positivos desse comportamento devem ser considerados, esse desejo de ser alguém deve ser considerado. Não deve ser negado tudo: "Não, você deve ser igual aos outros. Você vai ser punido porque não é igual aos outros. Por que quer mais que os outros?" Será que você não tem direito de querer mais que os outros? Nós temos dinheiro, temos certa posição social, nós podemos ser advogados e psicólogos. Ele não pode. Nós temos muitos caminhos de autorrealização. Ele não tem muitos caminhos de autorrealização, mas tem impulso de autorrealização como todos nós. Então, esse é o lado da humanização, que o professor lembrou bem.

Eu acho que ainda há o aspecto positivo do crime, como a humanização. E há também o aspecto negativo da punição penal, que muitas vezes busca a desumanização, quando devia realmente resgatar esse impulso sadio. Nós não resgatamos o impulso sadio, nós devolvemos ao sentenciado o impulso negativo. Ele, buscando a humanização, tornou os outros objeto, tornou os outros "isso". Mas ele tentou se tornar um "eu" pelo menos. Nós, para curá-lo, não tentamos que ele veja nos outros um "eu", mas que ele volte a ser um objeto, tentamos colocá-lo no papel de objeto.

A questão dos laudos – uma questão muito apaixonante também –, os próprios laudos vão-se tornando massificantes, vão-se tornando padronizados, vocês criticam isso com razão. Mas eu digo também: as próprias defesas dos advogados, eu tenho visto em xérox, mimeografadas, são petições mimeografadas. Os laudos também estão se tornando mimeografados. Houve até recentemente uma sugestão de que nós computadorizássemos as frases, que nós só escrevêssemos os códigos dos laudos. De fato, no correr das coisas, muitas vezes o advogado também vem mimeografado... Vem o nome do preso e "ele se compromete a obter emprego em trinta dias". E tudo assim, fazendo uma papagaiada do que devia ser o normal: "Estou arrependido... estou não sei o que lá...". Então, ele vai perdendo a consideração do indivíduo.

Os próprios atendimentos, a própria forma de encarar o sujeito quando ele é atendido por um psicólogo ou por um advogado ou por um médico vai virando um artigo do Código Penal, vai virando uma situação, e ele vai dando informações e vai-se desumanizando... Então eu acho que quando ele estiver recuperado pela cadeia, ele estará recuperado para a sociedade, mas ele estará perdido para a espécie humana. É uma questão a ser pensada. É uma força muito grande, essa de desumanização dentro de tudo. E nós, muitas vezes, colaboramos com ela nos nossos trabalhos como advogados, como psicólogos. E nos tornamos também peças dessa engrenagem. Não são pessoas que estão ali, são artigos 157, 155, caso de reunificação de pena, caso de regime semiaberto... Não são indivíduos mais. Nós também, psicólogos, são 15, 20 laudos, é favorável, desfavorável, favorável, desfavorável... É isso que você tem que pensar. Vai virando um padrão, vai virando um tipo de crime, a ninguém interessa saber a história desses sujeitos. Os juízes também, eles vão lá e leem o final do laudo, eles leem o que é para dizer e então está certo: é favorável, desfavorável. De vez em quando você pega lá um promotor que implica com uma história ou outra, um termo que você usou ou outro, mas, na verdade, não há essa defesa, essa consideração do indivíduo, isso está-se perdendo.

Eu vejo, há uns dez anos, vem piorando a situação. Há mais técnicos hoje em dia, há mais advogados, há mais psicólogos, há mais juízes, há mais promotores, mas está piorando. Talvez mais gente esteja sendo atendida, mas a qualidade humana do serviço está piorando, essa consideração do indivíduo está sumindo.

Essas foram algumas questões que, não vou me prolongar mais, foram-me despertadas pelas palavras do professor.

Jacob Goldberg: Eu acho que o único comentário que eu faria seria mais ou menos na seguinte linha... Eu até fiquei um pouco surpreso porque foi muito curioso. Antes da minha formação como psicólogo, eu tive uma formação como advogado e assistente social e, ouvindo você, você me dava muito mais a impressão de ser advogado do que psicólogo. Um advogado até brilhante, advogando pelos, vamos chamar assim, "sentenciados". O único comentário que eu faria é que, não obstante muitas vezes compreender essa dimensão social à qual você se referiu, que é a dimensão da miséria, que eu acho que é muito importante de ser colocada, parece-me que – e daí aquela minha referência a uma sociedade politicamente se encaminhando a uma abertura sempre maior em termos de participação política e ideológica –, em termos de democracia, a resposta a essa desumanização não pode ser uma resposta na base da lei do cão. Quer dizer, não pode ser uma resposta muito individualizada porque me parece que corre o risco de ser uma posição infantil e, inclusive, ineficaz, sob o ponto de vista social. A resposta tem que ser uma resposta de trabalho e de luta, que nós sabemos que é difícil, mas dentro da condição humana. Quer dizer, junto aos seus pares. Desde as organizações sindicais até as organizações partidárias, enfim, a procura do outro na desgraça. Senão corre o risco de uma resposta que é, como você disse e disse bem, como a de Caim.

Ana Sofia de Oliveira: Eu passo a palavra então à doutora Dalila Suannes Pucci, advogada da Fundação Professor Doutor Manoel Pedro Pimentel (Funap) da equipe de distritos policiais, que fará então a sua indagação.

Dalila Pucci: Bom-dia a todos. Eu acho que nós viemos preparados para ouvir os psicólogos e não estávamos preparados para voltar até Caim, mas, se vocês prestarem atenção, nós estamos com Elias, Jacob e Dalila. É o Velho Testamento presente.

Elias Buenem: E tem a Sofia, que estava com Deus na criação.

Dalila Pucci: E num cacoete de advogada, quando o Doutor Jacob contou a história da princesa, eu já achei os que foram mortos em atitudes suspeitas, em o que seria "atitude suspeita".

Eu acho fascinante o estudo do ser humano, acho até que eu sou uma psicóloga frustrada. Vocês enxergam o ser humano numa outra ótica, o que me fascina. E aí eu fico muito indignada com os laudos criminológicos apresentados exatamente como o Doutor Elias colocou. É uma massificação, é uma robotização. Esquecem, os que fazem os laudos, que, pelo fato de o entrevistado estar cumprindo pena, ele já não se adaptou à sociedade, certo? Então, eu acho que não tem cabimento aparecerem nos laudos termos como "imaturo" ou qualquer coisa que o seja. Lógico que ele ia ser encarado como uma pessoa não adaptada à sociedade e ser analisado com essa premissa.

Nós, os advogados, o nosso contato com a Psicologia é através do laudo. E o que nós notamos é que não só os psicólogos, mas também os psiquiatras, cometem absurdos, descrevendo se o sujeito é portador de arcada dentária completa ou não. E para minha surpresa, com relação aos laudos criminológicos, o Dr. Alvino Augusto de Sá fez uma publicação na *Revista Brasileira de Ciências Criminais* exatamente apontando toda essa nossa frustração, dizendo, inclusive, que os termos são usados de uma maneira muito geral e que dariam espaço a diversas interpretações. Parece-me que o excesso de trabalho faz os profissionais esquecerem que todo pedido, que toda vida futura do sentenciado, vai-se basear na conclusão desse laudo.

E uma coisa que é buscada no preso é o sentimento de culpa. Parece-me que é exigido desse sentenciado que ele tenha esse sentimento de culpa para que haja uma reabilitação. Eu gostaria de saber qual é a visão do Doutor Jacob sobre isso.

Jacob Goldberg: Eu realmente não tenho familiaridade com a metodologia que é usada. Eu desconheço as fórmulas que são aplicadas. Realmente, eu sou estranho a esse processo. E eu sou estranho por duas razões: em primeiro lugar, por não ter a habitualidade, não faz parte do meu trabalho; e, em segundo lugar, tem uma questão de filosofia de Psicoterapia. A minha formação básica é uma formação que se reporta às concepções freudianas e lacanianas e não comportamentais. E, embora eu desconheça as fórmulas, eu tenho a impressão de que, em geral, elas são mais próximas, não tenho certeza, da Psicopatologia forense, clássica, psiquiátrica e assim por diante... Então, é muito distante.

Agora, quanto à questão do prognóstico e quanto à questão da culpa, o que eu poderia dizer é que é muito importante para qualquer pessoa que passa por um processo patológico do comportamento, que essa pessoa faça uma catarse. Ou seja, a catarse é uma noção grega de você exorcizar os fantasmas, poder colocar para fora. Eu não sei se essa oportunidade é dada dentro da estrutura penitenciária.

Dalila Pucci: Não.

Jacob Goldberg: Eu tenho até receio, é claro que até por ter sido advogado antes, de que, se ele fizer isso, aí é que nunca mais sai.

Então, a catarse é essencial. Pelo que eu tenho aprendido nesses anos, na prática clínica da psicoterapia, sem catarse não é possível arrependimento. Só existe verdadeiramente o arrependimento quando você faz uma reflexão profunda sobre aquilo que aconteceu, situando-se dentro do contexto naquilo que nós chamamos de "mecanismo de ab-reação". Quer dizer, você vai, você vê, você trabalha e, se possível, interpreta, com auxílio, no caso, eu presumo, dos próprios psicólogos. Deveria ser assim, pelo menos.

Agora, parece-me que a solicitação, a exigência, a imposição de um arrependimento sem este processo pode até levar a algo perigoso, que é o retorno do reprimido. Quer dizer, tudo aquilo que é reprimido de uma maneira não resolvida retorna, segundo a teoria freudiana, com mais violência depois. Talvez nós possamos entender um pouco até, através desse raciocínio, os sistemas de reincidência. Por isso que àquela hora eu disse que achava curioso que o sistema respondesse com paralisia a um impulso de onipotência. O indivíduo que já teve um impulso de onipotência, você o paralisa... É uma repressão muito perigosa.

Quanto à questão propriamente dita do prognóstico, eu entendo que, se, de uma parte, talvez o sistema tenha necessidade, eu não sei, de uma variação; de outro lado, é preciso uma certa cautela, porque, com relação a nós todos aqui, creio que existiria um certo consenso nisso, não sei, de que o que caracteriza o ser humano, como disse o Doutor Elias, é a capacidade de refazimento, a noção básica de fênix, a ideia de que cada um de nós, a cada instante, pode renascer. Nós não estamos condenados, pelo menos internamente (às vezes externamente sim), a exercer um papel. Daí a noção grega de "pessoa", a noção de "persona", de "máscara", porque hoje eu uso uma máscara porque eu defini um tipo. Sartre coloca muito bem isso quando ele diz: "O que importa não é o que a sociedade ou o mundo fez conosco, mas o que nós fazemos com aquilo que a sociedade faz conosco". Quer dizer, a cada instante, o ser humano pode nos surpreender e você não pode roubar essa possibilidade de surpresa. Então, a previsão deve – não sei, eu também tenho minhas dúvidas – ser um dos elementos, mas não acredito que possa ser antecipada dessa maneira rígida.

Dalila Pucci: Agora, Dr. Jacob, partindo desse seu raciocínio, enganchando nesse seu raciocínio, o senhor não está familiarizado com os laudos, mas muitos, 90% deles, trazem "tendência a voltar a delinquir". O Dr. Luís Ângelo Dourado, em "Ensaio de Psicologia Criminal", disse que se pronunciar sobre a periculosidade ou dizer que alguém voltará a delinquir é pedir conta de uma coisa que não aconteceu. Na sua visão como profissional, você acha que os profissionais podem se pronunciar a esse respeito com tanta certeza e sempre de maneira negativa?

Jacob Goldberg: Respondendo estritamente à sua pergunta, eu diria o seguinte: em primeiro lugar, é claro que é muito mais fácil para alguém, num exercício de prospectiva, rascunhar que alguém que cometeu 15 crimes vá cometer mais um. É muito mais fácil para ele dizer isso do que assumir o risco de que, não obstante ter cometido 15 crimes, o sujeito possa ser livre, que é o pressuposto fundamental do regime democrático inclusive. Bem colocou o estudioso que você cita. Não sei se essa seria a expressão correta, mas seria quase uma "pré-penalização".

Dalila Pucci: Sim. Obrigada.

Doutor Elias, eu gostaria de perguntar para o senhor, como advogada, apesar de psicóloga frustrada: nós, como advogados, não temos conhecimento do significado de muitos dos termos empregados nos laudos e nós temos que exercer uma defesa analisando esse laudo. Então, se aparece "mesocriminoso preponderante" ou "normovigil", eu não faço a mínima ideia do que seja. Não haveria condições de esses laudos serem traduzidos para nós, ignorantes na área?

Elias Buenem: É uma boa pergunta. Não são termos próprios dos laudos psicológicos, mas dos laudos psiquiátricos.

Dalila Pucci: Não sei. Como o senhor vê, eu não sei.

Elias Buenem: Não, mas tem escrito lá o que é do psiquiatra e o que é do psicólogo. Os psicólogos têm suas gírias também, mas os psiquiatras têm mais gírias: "personalidade anancástica", coisas que nem eu sei o que são. O caso do "mesocriminoso preponderante" é um caso da denominação do Hilário da Veiga de Carvalho, em que ele põe que o meio provocou o crime. Tem o biocriminoso, o mesocriminoso... O biocriminoso é aquele que foi por meio de doença que ele cometeu o crime. Talvez essa classificação tenha motivo para ser usada porque é uma classificação feita especialmente para o meio criminal, mas está fora de moda já e nunca chegou a estar em moda. Eu acho que realmente essa é uma questão importante, que os laudos sejam mais traduzidos.

Dalila Pucci: É, porque o próprio entrevistado tem direito de saber o resultado do laudo. Eu entendo que ele deveria ler e saber a que conclusão chegaram. Se nós, como profissionais, não entendemos, imagine um miserável, com um analfabetismo tão grande no país.

Elias Buenem: Bom, mas geralmente eles também não entendem as petições jurídicas com termos latinos... Cada profissão tem suas gírias e preza um pouco por elas. Como são relações meio novas – não são tão novas, mas que estão se desenvolvendo – entre área médica, área psicológica e área jurídica, nós vamos provavelmente chegar a algum tipo de gíria comum algum dia. Mas, por exemplo, esse "mesocriminoso preponderante" já é uma terminologia que é própria dessa gíria comum, que é da área de Psicologia Forense.

Dalila Pucci: E qual é o caminho que o senhor acha que nós podemos tomar para deixarmos de tratar o sentenciado como um robô?

Elias Buenem: Sobre a questão da culpa, é difícil, porque nós mesmos somos robôs. Não sei qual é a situação geral. Já vi, por exemplo, o Doutor Ricardo, que é um sujeito extraordinário, que mantém a paixão, que mantém essa coisa que é necessária. Mas, no geral, não só advogados como psicólogos e o próprio serviço público têm um espírito de robô. Por exemplo, fazer um laudo bem-feito dá trabalho e dá trabalho psicológico. Você tem que penetrar no mundo daquele sujeito. É como fazer uma defesa bem-feita. Mas eu sinto que o que eles querem no fundo saber desse trabalho é que você diga no final: é favorável ou desfavorável. E você pode dizer que é um abuso o psicólogo dizer isso, mas a lei exige um parecer opinativo conclusivo. Se você não põe, eles reclamam e devolvem. "Mas o que você achou? Qual foi o voto da Comissão Técnica de Classificação (CTC)?" Você precisa dar o voto, você precisa se manifestar. Aliás, o mais importante do laudo é a sua manifestação, porque o resto é tudo uma papagaiada.

Às vezes dizem que o advogado precisa contestar, mas o advogado raramente contesta um laudo. Talvez se os advogados contestassem mais, eles ficassem mais bem-feitos, mas raramente é contestado. Às vezes eu tenho a impressão de que eles não são nem lidos porque são muito repetitivos, mas existem variações nisso.

Eu estou no regime semiaberto agora, e uns 90% dos laudos são favoráveis. Você diz que a maioria dos laudos são negativos, mas não é verdade. Pode ser que num outro tipo de estabelecimento. Talvez numa casa de custódia, que é um instituto de reeducação penitenciária; o anexo, que é o presídio dos presídios – realmente ali a maioria é desfavorável. É o que o professor falou, o princípio do beneficiário real em caso de dúvida é invertido nesse caso. Em caso de dúvida, nós seguramos em benefício à sociedade. Por que quem vai dizer que um cara que matou três crianças não vai matar de novo? Quem vai dizer que num caso como aquele do Robertinho, que matou a família, que ele não vai matar outra família? "Não, ele está liberado. Ele pode sair quando a família vier buscar".

Realmente, é um peso muito grande dos dois lados. Eu acho que os juízes, em muitos casos, livraram-se desse dever de julgar e o passaram para os psicólogos. Nossa função seria só a de peritos: informar a situação, mas nunca manifestar-nos de forma conclusiva. Mas é assim que a lei é. Em certo sentido, são questões filosóficas. Ficou aí um espalhamento entre o poder judiciário e as "ciências humanas".

Bom, essa questão da culpa também, eu acho que a culpa é um abuso realmente. Dizer assim: "Não se arrepende e por isso eu sou contrário", "não manifesta arrependimento", "não assume o delito", principalmente. Eu li recentemente sobre um caso bonito, eu não lembro qual foi. Um advogado apelou e foi dado ganho de causa. O psiquiatra disse que dava o negativo porque o sentenciado não assumia o delito, esse era o principal motivo. Ele dizia que não tinha feito o crime, não assumia. E perdeu o caso. O advogado apelou e o juiz disse: "Não, realmente, ninguém é obrigado a assumir o delito". Ninguém é obrigado a se acusar. Então, isso é um abuso, como outros abusos, tipo: tentou fugir, então isso prejudica. Por que prejudica? Isso é um direito também. Já existe jurisprudência nesses casos. Então, é o caso de vocês criarem jurisprudências. Argumentar contra um parecer modelar, criarem jurisprudências, então: "Ninguém pode ser condenado porque não assume o delito", "ninguém pode perder um exame porque não assume um delito", "se o psiquiatra afirmou isso, mande-o engolir".

Sentimento de culpa não existe em presídio realmente. Porque mesmo que houvesse certo sentimento de culpa... Por exemplo, um crime grave: "Eu roubei dois bancos. Que sentimento de culpa eu vou ter depois que eu peguei 14 anos de pena? A culpa que eu tinha já está mais que paga, eu não devo mais nada... Eu vou ficar me culpando ainda? Ah, foi pouco, podia ter mandado mais pena, eu estou arrependido...". Não existe isso. Existe arrependimento sim: "Fiz uma p. besteira, eu perdi minha vida por causa de um banco". Sobre isso tem arrependimento, um arrependimento pragmático: "Eu achava que o crime era fácil... me empolguei com os amigos... vou roubar, não vai acontecer nada... Agora que aconteceu e eu estou sentindo, eu estou arrependido". Mas não é um sentimento de culpa, é um arrependimento: "Marquei..." Existe, às vezes, um sentimento de culpa: "O sofrimento que eu causei para os meus familiares...". Às vezes isso existe e é sincero: "Poxa, eu vejo minha mãe sofrendo... não devia ter feito o que eu fiz". Mas não há culpa por causa da vítima.

O sentimento de culpa pela vítima existe em caso de homicídio. Os homicidas geralmente não são vistos como bandidos no sistema penitenciário. Para o senso comum, o homicídio é o pior crime. Dentro da cadeia não é o pior crime. O homicida é respeitado pelos funcionários como um sujeito igual a nós que cometeu um delito numa fraqueza. E eu acho que é uma concepção muitas vezes realista essa. Não são bandidos. Eles são pessoas normais, que tinham uma vida social normal, e que, de repente, um dia, cometeram um crime. E geralmente contra pessoas queridas, pessoas que estavam envolvidas. Matou a mulher numa discussão... Aí, há arrependimento, sim, grave. Já vi caso até de suicídio por arrependimento em casos assim. Lamentar muito ter feito aquele ato naquele momento, independentemente de estar pagando pena ou não, isso existe.

Agora o que o professor falou, a catarse. Realmente o psicólogo deveria trabalhar essas questões também profundamente, mas é uma situação difícil. As condições são muito distintas das de uma psicoterapia normal. A começar disso que ele falou: se ele tiver a catarse, ele não vai sair. Se ele realmente trabalhar a culpa, ele não vai sair. Quando eu comecei a trabalhar, eu pretendia fazer terapia num grupo de presos e falei: "Olha, terapia é isso... Vocês vão contar os problemas, discutir...". E um preso definiu bem a questão. Ele disse para mim: "Olha, doutor. Eu tenho muitos problemas, realmente. Só que o meu problema maior é sair daqui. E se eu contar os outros, eu não saio".

Ana Sofia de Oliveira: Todos nós que trabalhamos no sistema penitenciário percebemos que principalmente o poder judiciário faz ainda muita ligação de tudo isso que nós estamos falando aqui como uma coisa muito forte ligada à religião. Parece que o que se espera é esse arrependimento que tem muito mais a ver com uma postura religiosa do que com uma postura do preso diante do poder judiciário. Parece que o que se espera é que ele bata no peito e diga: "Mea-culpa". Aí sim ele vai poder retornar à nossa sociedade "tão pura" aqui do lado de fora.

Elias Buenem: Muitas vezes, o honesto é o que fala que não está se sentindo culpado. E esse é punido. Agora o que finge... não precisa nem fingir bem. É só dizer: "Ah, estou arrependido... Vou me recuperar...".

Ana Sofia de Oliveira: A maioria dos diretores, funcionários e juízes tem mania de dizer que o preso é dissimulado. E eu acho que é por causa disso, porque ele não sabe que máscara ele tem que usar em cada momento. Então ele acaba perdendo a própria identidade por causa dos papéis diferentes que são exigidos.

Eu acho que o Doutor Jacob quer fazer mais algum comentário e depois a palavra está aberta a quem quiser se manifestar.

Jacob Goldberg: Eu gostaria de dizer que, de certa maneira, eu me sinto um pouco também surpreso com algumas afirmações que eu estou ouvindo hoje aqui. Por exemplo, nessa questão do reconhecimento da culpa, eu creio que existe já uma certa unanimidade internacional estabelecida, depois dos famosos processos de Moscou, os famosos processos stalinistas, em que era exigida a confissão da culpa. Parece que a criminologia e a ciência política estabeleceram que isso era um dos agravos mais sérios aos Direitos Humanos: a exigência de que alguém reconhecesse a culpa. Hoje, isso é clássico: os livros, principalmente os do Arthur Koestler a respeito, como *Iogue e o comissário* e outros trabalhos. E isso sempre foi, inclusive, uma característica dos sistemas autoritários. Todos nós aqui... Todos não, a maioria do auditório é jovem e talvez não tenha acompanhado isso. Mas muitos aqui se lembram dos presos políticos na época da ditadura que tiveram que ir à televisão e confessar (e nós sabemos como essas confissões eram arrancadas) que teriam cometido crimes.

Como disse, muito bem, aliás, o Dr. Elias, talvez o fato de alguém se negar a fazer o que é pedido possa até ser um sinal de defesa do núcleo básico de dignidade, que na psicologia norte-americana chamam de núcleo, que é um território, um espaço de dignidade que todo ser humano tem e que tem o direito – mas não tem só o direito, tem o dever – de manter debaixo de qualquer pressão. Até eventualmente reconhecendo, mas não sendo em hipótese nenhuma obrigado a declarar.

Eu queria deixar bem claro que isso me parece ser absolutamente uma conquista internacional prevista em todos os organismos de defesa dos Direitos Humanos em todo o mundo, o que me leva a ficar muito surpreso com isso. Eu acho que realmente seria uma tarefa séria consequente de vocês a de eliminar até essa possibilidade, e não só a exigência. Eu até avançaria um pouco nisso: que isso fosse retirado como um dos pré-requisitos para qualquer concessão de vantagem.

Ana Sofia de Oliveira: Existe até a previsão de um atenuante legal quando o réu confessa, diminuindo a pena.

Jacob Goldberg: Quando isso pode, na verdade, significar uma diminuição do senso de personalidade, que amanhã vai resultar muito provavelmente em revolta e crime.

Ana Sofia de Oliveira: Bom, a palavra então está aberta ao auditório.

Espectador 1: Eu gostaria de efetuar uma pergunta para a mesa. Se for possível, eu gostaria que os senhores efetuassem algum esclarecimento acerca da aquisição de "características de prisionalização". Ou seja, sobre a possibilidade de que o convívio de pessoas que trabalham dentro do sistema penitenciário possa fazer com que elas se tornem permeáveis a características prisionais. Elucidar um pouco esse termo. E se esse termo estaria relacionado com a elaboração sintética de laudos. Enfim, em que medida essa aquisição de características poderia afetar o dia a dia do preso?

E também aqui, agora pro senhor Jacob, comentou-se acerca da catarse dos presos. Aí eu me lembrei que li, há algum tempo, de um articulista do *Estado de S. Paulo*, um artigo em que ele tratava da estética da fome e da catarse das elites. Não mais a catarse dos presos, mas a das elites. E nesse artigo, ele comenta que as elites, a propósito da campanha do Betinho contra a fome, as elites estão atuando mais como alimento catártico. Elas estão querendo se purificar de culpas, estão querendo se conscientizar de algo que já deveriam ter feito há muito tempo: erradicar a fome. Será que seria possível estabelecer um paralelo entre essa conscientização das elites com relação à fome e a conscientização das elites com relação à condição do preso? Seria possível? Ou o senhor, na sua visão de psicólogo, de assistente social, acha que seria possível as elites também se preocuparem com a situação do preso, tendo em vista que o Estado se demonstra ineficiente nesse ponto? Ou de imediato ou se isso poderia demandar algum tempo. Então seria, voltando, a catarse das elites com relação à situação dos presos em geral.

Jacob Goldberg: Quanto à primeira pergunta, existe uma expressão nesse sentido que é a da "contaminação e pregnância". Existe, sim, um processo de contaminação, principalmente levando em conta que nas prisões existe a homorreclusão. A informação que eu tenho, pelo menos, é a de que as prisões não são mistas. Então, só este fato, por si só, independentemente de qualquer outra consideração, parece-me que já seria um elemento que favorece determinados comportamentos patológicos mórbidos. Só isso, independentemente de qualquer outra coisa.

Então, existe a contaminação e a pregnância, e, quando o Doutor Elias se referia ao linguajar do preso, aquela expressão de que "o malandro vive pouco, mas vive à pampa", é claro que isso implica uma cultura, e é uma cultura criminosa. E é óbvio que existe uma pressão social centrípeta muito forte. Então, quanto à primeira pergunta, eu acho que existe, sim, a possibilidade de contaminação e pregnância. O que nos leva a imaginar que seria muito mais necessário seriíssimos trabalhos de retificação desses sistemas de punição.

Quanto à segunda questão, eu vejo da seguinte maneira (aliás, eu achei que essa segunda questão que o senhor levantou é muito própria, muito pertinente): as sociedades, em geral, procuram o chamado "bode expiatório", e eu acho que o preso é um bode expiatório quase ideal, como é também o criminoso. Nós observamos frequentemente. Nos grandes momentos de tensão, de crise social, a impressão que se dá é a de que a mídia privilegia o noticiário referente aos crimes bárbaros.

Eu observei isso, e, os senhores, é claro que também devem ter observado. Para fazer a correlação assim direta, eu não me lembro, mas foi um dos instantes dramáticos do desenvolvimento da situação política do país, em que houve também um crime, que foi a morte daquela atriz, Daniela Perez, no mesmo dia do *impeachment* do Collor. Quer dizer, é claro que se tratava de um crime horrendo, é claro que se tratava de uma atriz da Globo, mas nós percebemos. É uma questão. É uma questão até de proporcionalidade social. E de repente havia esse favorecimento.

Então, eu não sei até que ponto o preso e suas condições horríveis não acabam correspondendo a uma forma de *manipulação* da própria chamada elite, da má consciência dela. Quer dizer: "São maltratados porque realmente merecem ser maltratados. São maltratados porque nós somos bons e eles têm que ser muito maltratados". Seria quase uma catarse ao inverso.

Elias Buenem: Eu não entendi bem essa questão da prisionalização, mas eu acho que a prisão, como instituição, provoca efeitos nas pessoas que trabalham nela e nos presos. E são realmente efeitos nefastos em quase todos os sentidos.

Um psicólogo disse que isso não é só do presídio, que todas as instituições têm isso: elas acabam adquirindo as características daquilo que elas queriam combater. Acho que o mais brilhante Secretário da Justiça que já existiu, Manuel Pedro Pimentel, falou isso várias vezes em discurso: que realmente a prisão é um paradoxo, é uma contradição em si mesma. Ela quer humanizar desumanizando, ela quer ensinar a liberdade na prisão, ela quer ensinar o sujeito a ser responsável tolhendo ele de todas as responsabilidades, ela quer lhe ensinar a ter escolhas mais conscientes não lhe permitindo nenhuma escolha. Isso é um absurdo, não tem sentido a prisão.

Eu, por muito tempo, achei que tinha jeito. Hoje eu acho que não tem jeito. Depois que eu li Foucault, eu acho que não tem jeito. Você pode pôr mais advogado, mais psicólogo, mais trabalho que não tem jeito. Ela não funciona. Ou pior: ela funciona. Segundo Foucault, a prisão é uma coisa extraordinária: nunca deu certo. Esse tipo de cadeia que existe hoje, que do século XIX em diante passou a existir, nunca deu certo. Sempre fracassou, sempre provocou mais reincidência do que recuperação. Nunca diminuiu propriamente o crime o fato de se ir para a cadeia, isso nunca recuperou propriamente ninguém. Você pode até entrar sem culpa lá e sair sem cometer crime que você é um criminoso. Você se torna um reincidente, há toda uma força. Ela nunca deu certo e, no entanto, tem um sucesso extraordinário. Hoje em dia, praticamente não existe outro tipo de punição. Existem poucas exceções de outros tipos de punição a não ser a prisão, de outros tipos de medidas. Mas como é que uma coisa que nunca deu certo faz tanto sucesso? Porque a função dela é essa. É criar, como o professor falou, os bodes expiatórios; é criar a figura do criminoso.

Eu gosto de dar o exemplo: na época da repressão, como o professor citou, havia "terroristas". Não havia terroristas. Havia meia dúzia de sujeitos idealistas. No entanto, criou-se um aparelho extraordinário para prender os terroristas, para acabar com os terroristas. Mas não havia necessidade porque não havia terroristas. Tanto que, depois que sumiu o aparelho, sumiram os terroristas. Depois que sumiu a repressão, acabaram os terroristas. A repressão, na verdade, criou a imagem do terrorista. Havia meia dúzia de sujeitos, mas todos nós éramos controlados pela possibilidade de sermos considerados subversivos. Nós íamos falar, pensávamos no que íamos falar. Nós íamos falar alguma coisa na sala de aula, pensávamos no que íamos dizer, se não tinha alguém observando. Nós íamos nos manifestar publicamente e pensávamos. Então os terroristas na verdade não eram uma ameaça ao sistema; eles prestaram um serviço tremendo ao sistema porque eles possibilitavam às pessoas controlar a vida de todo mundo, não só dos terroristas, mas de todo mundo. O caso da Inquisição também, não havia hereges, havia uns bobões que falavam umas coisas, meio loucos. Mas a Inquisição tornou-se um poder extraordinário. Ela podia controlar a vida de todo mundo, de reis a pobres, porque todos podiam ser considerados hereges. Então, a função da cadeia é criar o bandido. Criar não só a pessoa bandido como criar a noção de "bandido", porque é um controle muito útil para o controle social. Quem faz carteira de identidade é a polícia, por exemplo. A polícia é feita para controlar o bandido, mas ela controla todo mundo. Quem faz carteira de identidade é ela.

A função do bandido é muito interessante. Todo mundo comete um ato contra a lei num momento ou outro, seja no estacionamento, seja no recibo de imposto de renda, seja andando a mais de oitenta na estrada, mas ninguém é bandido por causa disso. Mas criar uma área dessa ilegalidade que seja crime possibilita controlar muita gente. Possibilita entrar numa favela e dar geral em todo mundo porque pode ter um bandido lá e manter todo mundo sob pressão, sob medo. Possibilita parar um cara na rua e, se ele não tiver carteira de trabalho, prendê-lo, porque "estou protegendo a lei". Possibilita essas catarses sociais, essa necessidade de achar bodes expiatórios. Todo mundo está sofrendo, mas a culpa é dos bandidos. "Vamos matar", "vamos linchar", "vamos prender".

Acho, realmente, que a cadeia não é uma solução. Há sujeitos que se recuperam na cadeia, há sentimentos humanos na cadeia. A vida humana, apesar de tudo, floresce; nos meandros do cimento nascem flores, mas não é por causa da prisão. A prisão tem uma força contrária, que é a de desumanizar. O arrependimento não existe lá dentro. Se existir um pouco, some. A sensibilidade não existe. Se existir um pouco, some. Tanto nos profissionais como nos presos. Nós pensamos: "vamos reformar", "vamos humanizar", mas é um absurdo porque é uma instituição por natureza contra isso.

O professor Manuel Pedro tinha essa visão também. Ele dizia que essa coisa de Comissão de Solidariedade que o Doutor José Carlos Dias tentou implantar foi uma boa intenção, mas é muito contraditória, porque você não pode instalar uma democracia num regime que é ditatorial por definição. Se você instalar a democracia, a primeira lei que se vota é a de que se abram as portas. Como essa lei não pode ser votada, o resto é hipocrisia. É um trabalho delicado para nós que trabalhamos lá. Até que ponto essa coisa da catarse, da psicoterapia... Como vou chamar um sujeito na sala e dizer "seja você mesmo", "diga o que você pensa"... "agora volte para a cela". É muito contraditório... É uma coisa realmente absurda.

Há a coisa humana, a pessoa. Você pode ver a pessoa num momento, pode ajudar aquela pessoa, mas que o sistema tenha futuro como sistema... ele não foi feito para isso. É declarado que ele é feito para recuperar, mas ele não é feito para recuperar. Ele é feito para criar o personagem do criminoso e criar um controle social. Aliás, não importa quem está preso, se é o bandido ou não. Importa que tenha alguém preso servindo de exemplo. Muitas vezes não é o bandido. Muitas vezes são os mesmos, que saem e voltam, saem e voltam... alguns nunca vão presos. É uma coisa triste até nesse sentido.

Mas eu acho que, com o tempo, nós temos não que melhorar a cadeia, mas criar alternativas à cadeia, sistemas de trabalhar com o criminoso na comunidade, sistemas de acompanhamento porque, realmente, isso é absurdamente falho no sistema penal brasileiro. Você gasta um dinheirão com o preso durante dez anos e, no dia que solta, você não gasta nada. Ele vai sozinho, "que se vire". Quando é lá que deveria ser feita a recuperação, na própria comunidade, na própria sociedade, com a sociedade participando também. Mas a comunidade não quer participar ou é manipulada a não querer. Ela quer distância: ou ela quer matar ou quer que esteja preso – são as duas alternativas. Os mais humanos não querem matar, mas querem que fique preso, querem que os psicólogos recuperem. Mas não recuperam. Pessoas se salvam, mas não o sistema.

Ana Sofia de Oliveira: Bom, em virtude da exiguidade do tema e do tempo, aliás (o tema, ao contrário, nós poderíamos passar o dia aqui discutindo essas questões), eu pediria brevidade nas perguntas e, tanto quanto possível, nas respostas também.

Espectador 1: A minha pergunta vai para o Doutor Elias, sobre a linguagem que é utilizada nos laudos.

O senhor falou que nós também utilizamos linguagem jurídica. Só que nós utilizamos linguagem jurídica para aqueles que são técnicos do Direito tanto quanto nós, que são os juízes. Agora vocês, aos fazerem os laudos, utilizam linguagem técnica da área de conhecimento de vocês dirigida a técnicos do Direito, que são os juízes. Daí a nossa indignação, porque nós temos que entender, porque os juízes também têm que entender os laudos, temos que saber digerir aquilo tudo que vocês colocam no papel, ninguém entende e todo mundo se conforma.

Segunda posição é a seguinte: eu queria dizer que quando um técnico coloca lá a conclusão "desfavorável à concessão do benefício", isso só cria uma revolta muito grande no sentenciado, um sentimento de impotência. Ele fica revoltado porque nada lhe é dado em troca. Ele tem alguma terapêutica prisional? Ele pode conversar com técnico fora dessa possibilidade de ser examinado em razão de um laudo criminológico? Não, então ele não sabe o que fazer. Só queria um esclarecimento acerca disso.

Elias Buenem: Sobre a questão da linguagem, eu acho que vocês têm razão. Mas não vamos generalizar também. Tem laudos mais herméticos e laudos menos herméticos. Inclusive, não há um padrão, não existe um padrão de laudos. Há a tentativa de colocar esse padrão e até de computadorizar, como eu disse. Eu acho que isso não é vantajoso porque nós perdemos um pouco da dignidade profissional. O fato é que não há um padrão. Então, cada profissional pode fazer o laudo do jeito que ele quiser. Existem certos jargões que vão se tornando comuns de tanto você ler, que estão a caminho de um padrão, mas eu não sei se deve haver um padrão. O professor perguntou: "Que tipo de orientação é dada?" Não há uma orientação básica. No caso dos psiquiatras, sim, porque eles têm toda uma formação dentro de um tipo de psicopatologia, que usa certos termos, certo exame psiquiátrico clássico, com termos também que são meio herméticos para quem é orientado psiquicamente.

E tem uns que têm gosto em inventar mais, isso é verdade. Tem psiquiatras que gostam de usar palavras difíceis. Outros não. Não sei qual é o caminho para isso. Talvez os advogados tentarem entender esses termos. É um caminho interessante porque muitas vezes você pode desmistificar. Porque mesmo ele sendo um psiquiatra, ele pode usar um termo e o termo estar mal usado. E aí você pode combater e ele cair no ridículo: falando bonito sem estar dizendo nada. Ou passar a exigir esclarecimentos. Um pedido oficial eu acho que seria bem-vindo.

Eu, pessoalmente, não gosto de usar termos difíceis, não me sinto vestindo a carapuça. Mas eu acho que varia muito isso. Não há uma orientação geral. Está-se caminhando com relação a isso, mas eu acho também que o próprio Poder Judiciário está se encaminhando para começar a exigir certas colocações nesse sentido. É uma forma de pressionar também.

Sobre a outra questão que você falou, o fato de o psicólogo colocar "desfavorável"... Ele tem que colocar alguma coisa, ele é obrigado por lei a colocar alguma coisa. Ele não pode dar um parecer não opinativo. Se ele der, devolvem. O juiz pergunta: "Qual foi a votação da comissão técnica? Quem foi favorável e quem foi desfavorável?" É uma exigência. E não é só o psicólogo que tem que votar: é o chefe de segurança e disciplina, o chefe do serviço de qualificação profissional... Todos têm que votar. E isso é exigido. E também, se o psicólogo não pode ser desfavorável, qual é a função dele? Ele tem que poder pôr o que ele acha: se ele é favorável ou se ele é desfavorável. Ele tem que opinar, é pedido a ele que opine. Você pode dizer se você acha que isso é uma coisa certa ou não, mas é a lei. Se ele pessoalmente acha que não tem capacidade, ele pode pedir demissão. A função que ele aceitou foi essa.

Agora, não é a única função dos técnicos do sistema emitir pareceres. Eles trabalham num grupo de orientação que tem por função a reabilitação terapêutica biopsicossocial dos reeducandos. Eles fazem atendimentos, são feitos trabalhos com psicólogos e assistentes sociais com outras funções além dessas. É que essa é intersecção nossa com os advogados. E de fato é a que é mais enfatizada nos estabelecimentos, embora não seja a única prevista. Mas é a única que a lei exige. Até para os próprios reeducandos. Se os psicólogos param de fazer laudos, os reeducandos acham ruim. Os internos, os presos acham ruim. Eles querem isso também. Eles precisam do parecer para sair. Quando há problema por causa de psicólogo, é porque ele está atrasando os laudos, é porque estão demorando os pareceres. Nunca é porque não teve um atendimento psicológico bom.

Essa é uma exigência que a partir da linha de execução penal tornou-se mais premente. Antes era só em alguns casos que era exigido o parecer do psiquiatra, das perícias criminológicas. Depois dessa lei, não. Generalizou. É uma exigência para qualquer progressão de regime, para qualquer tipo de benefício é exigido um parecer de comissão técnica que inclui psicólogo e inclui assistente social. Eu acho um progresso.

A nossa posição é muito difícil porque, para fazer uma terapia, é preciso haver confiança, precisa ter a confiança do cliente. Já é difícil para o cliente, num consultório, abrir-se com o psicólogo. E o máximo que pode acontecer é o psicólogo pensar mal de você. Imagine em um presídio, onde o máximo que pode acontecer é ele ficar mais dez anos preso se ele causar uma má impressão para o psicólogo. Por isso ele é muito dissimulado. Alguns colegas sugerem, está em discussão isso, que o psicólogo que faça o laudo seja um e o que atenda seja outro, que sejam profissionais diferentes. É uma questão que está em discussão. Mas que há atendimento também há. Os presos têm direito e recorrem a atendimento psicológico, psiquiátrico, como a outros tipos de atendimento também.

Espectador 2: Eu só faço uma última sugestão: que, então, seja informado ao sentenciado, que o técnico dê o porquê daquele posicionamento. Porque nem isso é dado ao sentenciado. Normalmente, a direção do presídio quer esconder o teor dos laudos. Nós não entendemos por que, e o sentenciado fica sem saber por que lhe foi negado o benefício.

Elias Buenem: É uma questão controversa também: Você fala ou não fala o resultado do exame para o preso na hora? Eu acho que devia falar. Às vezes surgem problemas: problemas de agressão, problemas de descontrole do preso...

E aquele laudo não é o definitivo. Tenho visto raros casos, mas há casos em que o juiz vai contra o laudo. Há casos. Quem julga é o juiz, não é o laudo. Se ele não assume isso, não é culpa minha. Mas há casos em que ele vai contra os laudos favoráveis que têm posição contrária à do juiz. E quanto aos laudos desfavoráveis, é muito raro, mas acontece.

Bom, então essa é a questão. Alguns profissionais acham que devem dizer, outros acham que não devem dizer. Eu, pessoalmente, acho que posso dizer. Isso é uma questão de orientação. Em todo caso, é um direito do preso saber, e é direito do advogado informar. Então, muitas vezes recomenda-se isso. Aquela peça é pública. Pelo menos para o preso, ele pode ler aquele laudo. Ele não entende, mas o advogado pode ler e explicar: "Foi desfavorável". Cria conflito no presídio: "O preso está xingando lá, está querendo bater no doutor... Quem contou para ele?" "Ah, foi o advogado...", "Ah, foi o assistente social...", "Foi o psicólogo...". "Ah, então está querendo criar problema...". Vai ter um pessoal que vai querer que você não conte, mas ele vai saber. Ele vai saber o resultado de algum jeito porque ele lê a peça da sentença para tomar ciência de que foi negado tendo em vista o parecer psiquiátrico, colocando lá que ele é impulsivo ou outra coisa. Ele pode saber, mas realmente é complicado... Eu particularmente acho que posso dizer que ele tem direito de saber. Mas entre o que é direito e o que é feito... Muitas vezes precisa que alguém exija esse direito.

Ana Sofia de Oliveira: A questão aí é mais orientação dos próprios diretores. Nós temos já, faz tempo, em todas as visitas, em todos os contatos com os diretores, sempre colocado isso: que o preso tem direito de saber (não o parecer de cada um, eu acho que isso importa menos, saber exatamente qual foi a votação) pelo menos o resultado final do laudo, se é favorável ou não.

Eu acho que é um dever mesmo do advogado de conscientizá-lo. Até naquela resolução que nós mencionamos ontem, tem um item lá que diz isso: que o advogado deve informar o preso e conscientizá-lo da conveniência do encaminhamento do pedido com laudo desfavorável ou não. Essa tem sido também a orientação da Corregedoria em várias viagens que eu fiz acompanhando os juízes corregedores pelo interior. Eles sempre colocam isso para os diretores, mas existe uma resistência enorme.

Acho que foi em Presidente Venceslau (SP), quando nós fomos para lá, que nós fizemos uma reunião com dez presos, indagando sobre os pedidos de benefícios, e todos falavam: "Com o meu laudo está tudo bem". E nós não sabíamos o que tinha acontecido depois, porque todos os pedidos vieram indeferidos. E aí que o diretor falou: "Não, nós dizemos para ele que está tudo bem, mas não dizemos nem que o laudo está favorável nem que está contrário. 'Bem' quer dizer só que já foi". Só que ele interpreta esse "tudo bem" como "favorável" e fica naquela expectativa...

Isso nós vamos discutir mais tarde, sobre aquelas posturas profissionais que vamos buscar adotar. Uma questão que vamos discutir entre nós é como atuar nesses casos.

Espectador 3: Bom, sou Procurador e trabalho na equipe de Distritos Policiais. Doutor Elias diz que o laudo é uma peça pública, então o advogado que mostre ao sentenciado e explique para ele. Só que nós vamos passar vergonha porque nós não sabemos explicar. Eu tenho um exemplo que eu me vejo na obrigação de sempre trazê-lo, onde quer que se venha a falar de "laudo criminológico".

Eu estou errado em universalizar um fato singular. Não me lembro o nome da psicóloga nem do sentenciado. Era um crime contra o patrimônio, e a psicóloga dizia o seguinte no laudo: que o sujeito teve um problema na fase fálica, o que lhe ocasionou uma inadequação fálica, de modo que ele não podia progredir de regime.

A princípio, nós estávamos entre procuradores, e isso causou uma surpresa. Primeiro porque nós fomos tentar entender a coisa toda, o que era essa "fase fálica", o que era essa "inadequação fálica" e quanto tempo essa psicóloga deve ter passado com o sujeito para chegar a essa conclusão. Enfim, nós não conseguimos resultado nenhum. Nós até brincamos muito na época e não chegamos a resultado nenhum, e eu fiz uma manifestação enorme dizendo que aquilo tudo era um absurdo.

O que eu quero aqui não é bem fazer uma pergunta, mas é até me adiantar um pouco ao segundo período da manhã. Eu quero, de uma certa forma, conclamar os colegas para que, recebendo os autos para manifestação e ocorrendo esse tipo de absurdo, digam ao juiz que baixe os autos para o psicólogo, para que ele explique exatamente o que é aquilo. É um direito do advogado. Agora, é uma faca de dois gumes também, porque nós vamos atrasar o processo do sujeito. Só que é uma faca de dois gumes na qual um lado não corta muito bem porque nós sabemos que ele não vai progredir, porque essa "inadequação fálica" deve ser uma coisa que pesa muito pro promotor e pro juiz.

Então, eu sugiro a todos aqui que façam isso. Receberam os autos e verificaram esses absurdos, peçam ao juiz, em diligência, que baixe os autos para que o psicólogo, o psiquiatra, o assistente social, ou mesmo o parecerista e o jurista, explique exatamente o que ele quer dizer, em palavras que qualquer leigo possa entender. Então, essa é uma sugestão a todos.

Obrigado e eu agradeço bastante as palavras do Doutor Jacob porque eu tive a grata satisfação de estar presente há oito anos na palestra em que a Doutora Ana Sofia estava, assim como a Doutora Raquel, e, com absoluta certeza, o que o senhor disse mudou o caminho de quase todos os que estavam presentes na sala do estudante, para melhor. Obrigado.

Espectador 4: Atuo como advogado no Presídio de Pirajuí (SP), mas eu quero fugir um pouco desses assuntos todos aventados aqui, em função da própria palestra do Doutor Jacob.

Eu senti que o Doutor Jacob foi muito profundo com relação a uma psicologia de vida ou uma filosofia de vida. Ele nos trouxe alguns conhecimentos grandiosos e que nos obrigam, a partir de então, a fazer certos raciocínios junto às nossas funções perante o sentenciado.

Em primeiro lugar, ele nos disse que nós devemos nos pôr na posição do outro, devemos fazer um senso crítico, devemos saber da provação, nós devemos sentir a sentença de fora, não a sentença íntima, nós devemos ter uma razão de analisar a psicologia agressiva que o preso se envolveu quando a oportunidade surgiu. E aí nós entendemos que, dentro da minha filosofia de vida, que nós nascemos, crescemos, morremos. Devemos renascer para progredir sempre e assim vamos nos conhecer. Ao nos conhecermos, nós vamos ter os nossos momentos de culpa, os nossos momentos de razão. O sentenciado (não o "reeducando", porque ele nunca teve educação; não o "ressocializado", porque ele nunca foi um social), ele tem que entender que tem que excluir a culpa e não manter a culpa no seu íntimo. Então, quando a Doutora Sofia falou no aspecto religioso, creio eu ser esse o ponto fundamental dos estabelecimentos penais.

Esta é a observação que eu faço, pedindo que, com base nessa maravilhosa palestra, os pontos de vista do Doutor Jacob pudessem auxiliar os demais membros da direção e que os estabelecimentos recebessem orientação nesse sentido, para que todos nós, advogados e procuradores, possamos conhecer mais de perto esse lado íntimo de alguém, partindo de quatro perguntas fundamentais (não quero a resposta, a resposta fica na consciência de cada um de nós): É a verdade o que fazemos? É justo o que fazemos? É benéfico o que fazemos? Vamos construir algo melhor neste mundo atual? Obrigado.

Espectador 5 (Flávia): Eu vou ser breve. Eu tive a oportunidade de acompanhar uma reunião da CTC. Era avaliada ali uma sentenciada que havia sido condenada pela prática de um homicídio a mando da amante, havia um relacionamento amoroso entre elas. A psicóloga e o psiquiatra se adiantaram: disseram que opinariam contra porque ela era homossexual.

Sem entrar no aspecto jurídico da discriminação, mas no laudo não constou essa questão da homossexualidade, constou "desvio de conduta". E eu gostaria de saber, na opinião dos profissionais do ramo, se "desvio de conduta" é óbice fundado na premissa de que nós sabíamos da questão da homossexualidade; se isso é óbice à concessão de progressão de regime ou de qualquer benefício no processo de execução.

Elias Buenem: Depende do desvio. Se desvia muito é óbice. Se desvia pouco, não é.

A questão que você falou é interessante. Eu estava pensando nessa questão também. Eu estava pensando que há um jogo de forças nessa questão. É como ela falou: o interesse do diretor às vezes é não dizer, o interesse do preso é dizer. Mas se o advogado não fala nada, fica do jeito que o diretor quer. Então, há uma luta de forças nessa questão. O psiquiatra vai falar na linguagem que ele está acostumado. Se o advogado não fala nada, ele vai continuar falando desse jeito. O interesse do advogado é que nós façamos laudos favoráveis. Se eu me sentir pressionado a fazer laudo favorável para não ter problema com advogado, vocês ficam quietos também. Mas eu também não posso fazer isso. É uma luta de forças, uma dialética, cada um tem que defender o seu lado. Eu acho isso interessante. Teoricamente, todo mundo está do mesmo lado, mas não é verdade. Cada um tem certos interesses particulares. O interesse da segurança de disciplina é um, o interesse da qualificação profissional é outro. Se todo mundo ficar na cela sem trabalhar, é melhor para segurança de disciplina. Se todo mundo trabalhar, tem problema: surge faca, surge tráfico, surgem outras coisas. Tem várias forças nesse jogo. Mas cada um tem que ter a dignidade de defender a sua força sem destruir a do outro.

Eu temo que uma pressão muito forte dos advogados... Acho que devia haver, mas se o sujeito é mal-intencionado, o profissional, ele disfarça, ele quer dar opinião contra e arranja um motivo. Se ele não gosta de homossexual e quer se posicionar contra, ele não vai pôr isso porque ele sabe que vai cair no ridículo. Se disser que vai dar voto contra porque a pessoa é homossexual, ele vai dar margem. Então ele inventa outra coisa.

Há profissionais que não têm essa consciência de dizer por que são contra e usam termos que são mais fáceis de entender. Dizer: "Tem um desvio de conduta". Pronto. E se alguém questionar, ele responde: "Ah, mas é um desvio grave...". "Que desvio?" "Ah, ela é assassina, ela sai matando as pessoas...". É uma conduta desviante... Ele não põe que ela é homossexual porque ele sabe que se ele disser isso ele cai no ridículo e dá ponto pros outros pegarem. Mas ele não teve vergonha de confessar isso perante os outros...

Agora me ocorreu, devia ser exigida a presença do advogado também na reunião da comissão técnica: alguém estar ali a favor do preso, com entendimento profundo da parte jurídica também. Não sei se isso entra em choque com outras filosofias, com outros tipos de questão, mas você pode colocar: "Se você está dizendo isso, então você vai escrever". Porque aí a pessoa tem que assumir.

Espectador 5: Não é nem a questão de assumir, mas a questão do rótulo que se deu: "desvio de conduta". Isso é considerado um óbice para galgar regimes mais favoráveis?

Elias Buenem: "Desvio de conduta" é um diagnóstico retroativo. Ninguém tem desvio de conduta no futuro. Se ela matou, ela teve um desvio de conduta.

Espectador 5: Mas a questão é o homossexualismo...

Elias Buenem: Você pode entender que o homossexualismo, dependendo da cultura, seja um desvio de conduta. Cada vez menos, mas ainda é um pouco. Não é tão grande mais. Tem vários tipos de desvio de conduta. Poderia dizer "desvio de conduta sexual". É um desvio de conduta sexual? Pode ser homossexualismo como pode ser outro tipo de desvio de conduta sexual. Alguns são mais doentios, realmente. O homossexualismo se discute hoje em dia e já está com uma certa aceitação cultural.

Espectador 5: Eu, pessoalmente, acho um absurdo a preferência sexual de uma pessoa poder interferir na evolução carcerária dela.

Elias Buenem: É... A não ser em crimes de natureza sexual. Quando tem sentido na dinâmica do crime, é um dado importante. Quando não tem sentido, é preconceito. Parece-me isso.

Espectador 5: Obrigada.

Jacob Goldberg: O que eu gostaria de dizer é o seguinte: em determinados instantes, ouvindo algumas das perguntas, que foram perguntas-depoimento, eu fiquei em dúvida e devo confessar isso para vocês, até que ponto eu não estaria tomando uma atitude covarde.

Às vezes, a vida, sob a capa de moderação, acaba nos ensinando a covardia. E como eu tenho um processo interno complicado, de judeu e mineiro, em relação a essas questões de consciência, eu não ficaria sossegado com a minha consciência se não dissesse o seguinte: eu ouvi certas coisas aqui que são autênticas e corajosas denúncias de aberrações, que passam de qualquer limite do bom senso científico, seja na área da Psicologia, ou seja, inclusive, na área do Direito. E o que eu gostaria de sugerir (é uma sugestão que, se eu não fizesse, eu não ficaria em paz comigo mesmo) é que, de alguma maneira, vocês levassem isso até às últimas consequências.

Não é possível, por exemplo, esta última colocação e a anterior, do "fálico". Isso não tem o menor sentido. Eu nem sei o que é isso. Eu não tenho a menor noção do que é isso. O que eu sei é que é um horror. O que eu sei é que isso foi usado sistematicamente em todos os regimes autoritários.

Também não consigo entender como é que alguém poderia funcionar, como disse o Doutor Elias, como psicoterapeuta e, depois, quase como promotor, como juiz, pior ainda! Na última instância, ele vai decidir.

Isso é um vício de conteúdo absoluto no exercício dessa profissão. Não é possível. Quer dizer, o exercício da psicoterapia, ele se caracteriza quase que pelo oposto de tudo que nós ouvimos hoje denunciado aqui. Eu não tinha intenção de fazer essa definição, mas fui levado a ela, partindo do pressuposto de tudo que está sendo espelhado hoje aqui. Eu tenho certeza e espero que a maioria dos psicólogos esteja envolvida, como disse o Doutor Elias, por um processo. Porque isso é muito comum acontecer historicamente. Eu acho que é muito frequente que isso aconteça. Como ele disse, as pessoas se sentem dentro de uma engrenagem, mas essa engrenagem pode e deve ser modificada. É assim que se tem desenvolvido a própria busca da ciência.

Ana Sofia de Oliveira: Infelizmente, nós temos que encerrar por aqui. Eu acho que o tema é realmente apaixonante. Tem tudo a ver com as nossas angústias diárias, e a minha intenção, quando eu convidei o Doutor Jacob para vir aqui hoje, era exatamente essa.

Eu recebi várias sugestões de temas. Entre elas, de discutir prescrição, de discutir os crimes hediondos de uma forma mais aprofundada e outras tantas coisas técnicas. Eu falei: "Mas, por mais que nós discutamos as questões técnicas, nós sempre podemos pesquisar, ir à jurisprudência ou discutir de outra forma". Então, eu queria era exatamente isso: discutir com vocês essas questões mais profundas, para que nós analisemos, de fato, a nossa responsabilidade.

Aproveitando as falas dos psicólogos, já que ontem foi dito que nós vivemos aqui em relações neuróticas... Apesar das neuroses das nossas relações, que nós consigamos enxergar um pouquinho mais além, reanimar dentro de nós o ideal, que por vezes fica adormecido no meio da burocracia e da quantidade de trabalho, para conseguir fazer de fato alguma coisa melhor. A nossa responsabilidade nesse campo é enorme, e eu acho que são oportunidades como essa que vão reavivando em nós o ânimo para cada dia fazer de fato um trabalho mais sério, mais consciente, mais político até, dentro da nossa área de atuação.

Então, eu agradeço demais a presença do Doutor Jacob e dos demais debatedores nessa manhã e espero que essa oportunidade se repita porque o tema de fato é inesgotável.

É isso. Nós vamos fazer um intervalo agora de cinco minutos e em breve voltamos para discutir a nossa parte prática.

São Paulo, 29-4-1994

NOTA:

Com a edição da Lei 10.792/2003, muitos dos problemas debatidos no curso foram superados porque o exame criminológico deixou de ser exigido para a análise dos pedidos de progressão de regime e concessão de livramento condicional. Os requisitos que o sentenciado deve preencher para fazer jus aos benefícios são, agora, de ordem mais objetiva: deve cumprir uma determinada fração da pena e manter boa conduta carcerária. Na vigência do texto original da Lei 7.210/84, exigia-se o exame criminológico, e os membros da equipe técnica, incluídos psicólogos e psiquiatras, analisavam o mérito subjetivo do condenado, o que dava margem a posicionamentos preconceituosos e visões estereotipadas. A mudança da Lei de Execução Penal ainda gera polêmica e não faltam vozes em defesa do modelo anterior. Daí a atualidade não apenas histórica do texto.

Ana Sofia Schmidt de Oliveira

Procuradora e Mestre em Direito pela USP

São Paulo, 13-1-2008

II

ADVOGAR, PENSAR

ADVOGAR, PENSAR

CONFERÊNCIA NA USP HOMENAGEIA SOBRAL PINTO

O Departamento de História da Faculdade de Filosofia, Letras e Ciências Humanas da USP discordou da posição de seu atual Conselho Universitário, que decidiu não conceder o título de "Doutor *Honoris Causa*" ao jurista Sobral Pinto. O chefe do departamento, Carlos Guilherme Mota, optou então por uma homenagem ao jurista, através de conferência proferida ontem, às 17h, pelo psicólogo Jacob Pinheiro Goldberg, 51. Na presença de cerca de 150 pessoas, entre representantes da Ordem dos Advogados do Brasil e da comunidade universitária, reunidos no anfiteatro Fernand Braudel, do Departamento de História, o psicólogo discutiu o tema "Psicologia de um Rebelde: Sobral Pinto".

Estudioso da psicologia do rebelde, Goldberg lembrou que Sobral Pinto encarna o papel do menino que cada um tem dentro de si. "O moleque Sobral não tem levado desaforo para casa durante sua vida. Mesmo tendo posições rígidas sobre os assuntos, ele representa a voz consciente da sociedade. Conhecido anticomunista, mesmo assim defendeu o dirigente comunista Luís Carlos Prestes", disse. Na opinião do psicólogo, a Psicologia do rebelde representa a ideia que se faz de "marginais", como Carlitos ou Dom Quixote, contrários às representações institucionais.

Goldberg traçou na conferência um perfil do jurista, lembrando desde o depoimento prestado aos treze anos na delegacia, quando testemunhou um carroceiro ser arrastado pela polícia. Essa atitude foi constante em sua vida, "contra a injustiça, o arbítrio e a violência". Falou ainda que Sobral tem um compromisso, o de que vai viver para votar em um presidente civil. Ao se referir à importância do jurista Sobral Pinto para o Brasil, ele a comparou com a de Sartre para a França e a de Borges para a Argentina.

***Folha de S.Paulo*, 22-3-1985**

Sobral Pinto, psicologia do rebelde

Dia 21, 17 horas, Auditório de História, Cidade Universitária. O tema – a personalidade, vida e obra de um "justo", segundo os padrões da lenda, que se fez vida. Com 13 anos de idade, em Porto Novo da Cunha (nasceu em Barbacena), o "peru", seu apelido porque ficava vermelho quando enfurecido, viu um carroceiro ser arrastado pela polícia. Foi testemunhar na delegacia. Testemunho que passou a prestar pela vida afora, contra a injustiça, o arbítrio e a violência.

Em 1940, escreveu no "Jornal do Comércio": "Em se tratando de advogado que se fez tal por obediência aos impulsos de sua vocação jurídica, cabem-lhe todas as energias de que é capaz o desobrigar-se dos seus deveres de Estado com a bravura do militar, a lealdade do cavaleiro, a finura do diplomata, a imparcialidade do magistrado, a tolerância do sábio, o espírito de sacrifício do sacerdote".

Sua intuição de poesia enlouquecida, que reveste a alma quixotesca, se exprime no critério que usou para contratar a advogada, defensora dos direitos humanos, Eny Moreira, para trabalhar em seu escritório: "Baixinha, muito atrevida... condição essencial para um advogado".

Com os problemas no pulmão, ou a nevralgia dos trigêmeos, entende-se na paixão religiosa e tranquilidade espiritual que o faz um católico militante.

Em 1903, a opinião pública torcia pelo Japão, Sobral Pinto torcia pela Rússia, que perdia a guerra. Já a Primeira Guerra Mundial, com a destruição da ordem mundial assentada, obrigava o advogado à reflexão sobre mutações contemporâneas. Acompanhava, estudante, a campanha civilista de Rui Barbosa. E desaguou nos governos a partir de 1931, sua solitária cavalgada do herói solitário, "Chevalier san peur et sans repoche", com suas cartas em defesa do Direito e da Justiça. Defendeu a candidatura de Juscelino Kubitschek quando foi vetada e lutou pela posse de João Goulart.

Nomeado por Juscelino para o Supremo, não aceitou por ter-se comprometido neste sentido com seus amigos. A partir de 64 descreve a saga contra a tortura, a violência e a morte.

Cinco filhos, oito netos, quatro bisnetos, Sobral Pinto repassa seu pensamento com posições e filosofia conservadora. "A mulher só pode ser enfermeira ou professora." Mas sua defesa de Luís Carlos Prestes e Harry Berger arrebata a fantasia do Direito, não só brasileiro, mas internacional.

"Fui convocado para defendê-los. Do ponto de vista da acusação nada havia a fazer, porque os dois confessaram que estavam desencadeando a revolução comunista no Brasil. Mas quando fui vê-los, Berger sobretudo, estava em condições inferiores às de um animal. Aí lutei contra tudo e contra todos para que lhes fosse restituída a dignidade humana. Nunca fui tão religioso como com esta atitude, em toda a minha vida."

O Dr. Sobral, um advogado de porta de xadrez, como se apelida, é um signo de consciência do psiquismo brasileiro, no que tem de mais íntegro. Uma espécie assim de Miguel de Unamuno, no cantochão da alma nacional.

Sobral tem um compromisso de que vai viver para votar em um presidente civil, e a sociedade brasileira tem o compromisso do reconhecimento, que o Professor Carlos Guilherme Mota destaca, do seu lugar assegurado no Panteão do homem anônimo, das praças e ruas, frustrações e esperanças, que se aninham na cerviz indobrável deste profeta moderno.

São Paulo, no que tiver de *outsider*, pode encontrar no paradoxo deste comportamento um alento utópico, no Auditório de História da USP.

Uma espécie, assim, de catarse e exorcismo que se afirma: "Apenas vivo a minha fé que não é ornamento sobre os ombros, mas está impregnada em minha carne, em meu sangue, em meu espírito".

***Tribuna da Imprensa*, março 1985**

Liturgia autocrática

Num rasgo original, KOESTLER chama a atenção do leitor para a mutação social resvalando para o fascismo, que se dá lentamente, vagarosa, que se infiltra viscosa em toda a comunidade: a criança e o velho, a Igreja e o sindicato, o clube e o quartel. Num determinado dia, a Nação e o Estado estão, através de um golpe de mão, ou até de eleições regulares, imersos na realidade brutal da ausência da liberdade, fim dos direitos civis, abolição das prerrogativas políticas e da soberania popular.

No Brasil, a Revolução de 32, por exemplo, marcou um tempo de impulso contra esta moda cinzenta; uma espécie de esquina moral limitando a nacionalidade, no drama mundial. Sua importância decorreu do esforço em defesa da Carta como primado ético, e da congregação da inteligência, no contexto da ascese paulista.

O delírio fantástico deste século, atrás da morte, impregna as ideologias da sensação de poder absoluto; o estupro da História. Nenhum dos pesadelos de BORGES ou KAFKA pode equiparar-se com a brutalidade de AUSCHWITZ. Nenhuma síndrome persecutória retrata fidedigna a sutileza do controle imposto pelo GULAG russo.

Estas são as matrizes que aninham as disposições da extrema direita e extrema esquerda, que, debaixo de arrazoados idealistas, justificam seu mando, com o horror: pela propaganda e suplício, o atentado e o terrorismo, a suja guerra da calúnia e a insídia da desmoralização pessoal do adversário, os rigorosos instrumentos de frenesi que tentam esconder a falácia real; a decadência da civilização que é o sobrevoo da mediocridade, do medo, da incapacidade de enfrentar o descontínuo dos módulos de modificação da consciência. EINSTEIN disse que *"a violência fascina os seres moralmente mais fracos"*.

É razoável considerar que o progresso tecnológico e as taxas de desenvolvimento não são suficientes para evitar a angústia que leva ao despojamento da decisão da maioria, nos negócios comuns. Pelo contrário, as ditaduras, às vezes, vicejam no clima de melhoria das condições econômico-sociais.

Se contrapomos a força estatal absorvente e tentacular ao resistente, indicamos disputa desproporcional. O espaço daquela alarga-se à custa deste perturbado, drenado pela crise de valores, numa escala de fúria sexual, violência urbana, suicídio, corrupção, droga, alcoolismo, desorientação juvenil, niilismo filosófico, auto-ódio. Desequilíbrio e achatamento intelectual reduzem a capacidade de questionar, resultando na megalomania do princípio da autoridade que privilegia o que FREUD denominou *"estruturas libidinosas do Estado"*. E essa mentalidade verifica a ocorrência de SATÃ polimorfo, na repressão onipresente.

O que existe de mais assemelhado com o Inferno do que uma câmara de torturas? As máscaras dos interrogadores, o sangue da vítima e o ritmo dantesco contribuem para a comprovação da tese.

O substituir felicidade por funcionalidade cria uma pedagogia de recalque patogênica. O uso e a disposição da lei para a fecundação do arbítrio são um objeto de escárnio do fraco, do insubmisso, do marginal ou do explorado.

Cultuar a forma física e a fixação narcisista na estética aparente une umbilicalmente as maratonas de MUSSOLINI e as batalhas oníricas de IDI AMIN.

O descuido pelo isolamento e a solidão do humano, desprezando-o como *"traidor, pequeno-burguês, antissocial"*, é a constante neste sistema de paranoia que evidencia o agressivo e a perseguição, promovendo o instinto da malta, o pensamento coletivo e homogêneo, usando preferencialmente os elementos de TV, a imprensa de serviço e o rádio alienado, cuidando de manipular a mentira, mas não hesitando, *ultima ratio*, diante da carnificina e da crueldade policial.

A instabilidade espiritual criou a *achieving society* (sociedade de êxito), em que "*chegar lá*" é o estilo de viver, a aspiração do indivíduo ou do grupo, na escola, no futebol ou até no trânsito...

Coincidentemente, o egoísmo aumenta na sociedade coletivizada. Se o liberal tem a preocupação tradicional com o discurso da atuação fraterna, o radical tem a categoria de sua anulação como ser estimulado pelo amor de si mesmo – os comícios imensos com a oratória teatral, a supervalorização dos "*quadros*" partidários, o parentesco entre o fechamento mental diante da dúvida e o uso da *intelligentsia* através da cultura oficial.

O robô alimentado pelo primitivo é a observação simétrica da realidade unânime. Se uma sociedade pretende resistir à "*demência*", tem de encontrar a saída do consenso para suas dificuldades e desacertos. A resposta concentracionária é a extensão desta loucura, no grotesco, pairando sobre a servidão. E aí a autofagia se torna o ciclo da tentação. Diante dessa obscuridade do inquisidor, existe um mandamento imperativo, que a sabedoria da resistência consagrou: falar, claramente, ao homem. Esta fala lúcida, a última esperança na sobrevivência da dignidade; porque esta é a hora; depois da hora, a 25ª, na feliz expressão do romancista.

***O Estado de S. Paulo*, 10-7-1981**

Genocídio na origem da América

Antes dos espanhóis e de Portugal, havia um mundo nas terras da América.

As nossas palavras e a nossa mente não podem traduzi-lo. Mas podem chorar por ele.

Este mundo tinha, em 1492, entre 2.000 e 2.200 línguas faladas. Choremos e oremos.

Estão mortas como os desertos costeiros do Peru e do Chile. Mas uivam nas lembranças como os povos que riram, sonharam, caçaram, amaram e foram traídos.

Ou, em asteca-tanoan, otoman gean, chibcha, iroques, cadoan, jicaque – línguas índias – ou cada susto, osso ou marfim, pedra, as casas portáteis para viajar, se pode contar sua saga guerreira, na voz de xamã – espécie de sacerdote.

Vamos seguir o caribu – animal do Canadá – na rota selvagem, com tobogãs, arcos e flechas, pinhões, cactos, raízes e salmões.

No Chile de então, comer marisco e, mais embaixo, caçar guanaco e ema, mandioca na floresta tropical, nos Andes meridionais, com os atacamento e diaguita no Norte, e os araucanos no Sul – índios –, uma corrida para as canoas em troncos, com figuras verticais.

No útero de Tamaulipas e Tehuacan moram ossos de veado, antílope e uma raça extinta de cavalos, por quem choram malhos, cachimbos tubulares, gorjeiras, secadores e pilões dos Salishan – cultura, história dos EUA.

Oito mil anos antes de Jesus, nos Andes, havia pontas lascadas, raspadeiras e um garoto travesso brincando com o osso de uma lhama selvagem.

Nas savanas de São Paulo e Paraná, pedra e osso, cerâmica tupi, machados de pedra lascada são os embriões de um salto na escuridão.

Em Wari, milhares de casas encheram os horizontes, como o Império Inca podia calcular pelo quipu – auxiliar mnemônico, representando números – os horizontes de cada um, nas ordens do Sepa Inca – Imperador.

E, para concluir, uma garganta gemendo sem norte, como cogumelo, as gentes e suas falas (porque um homem sem fala morreu).

Os atacamento, os diaguita, o temível Topa Inca Yupanqui – chefe Inca –, o atlatlo dos Anasazi – objeto para arremessar a lança dos índios –, os ornamentos de conchas, por que acabaram?

Senhor?

Por que o braço teve ódio, os dados foram mortalha do povo, Senhor?

A água proibida, o sangue escorrendo, o orgulho escarmento, uma dor lancinante, um enterro sem glória, um desterro maldito, uma virada felina, a brasa purificadora, em nome de quê?

Do dono da terra que veio de longe daqui massacrar, rezando e matando, levando a prata, o sonho, à quimera, sem nada deixar.

Deixando ataúde, jejum e jejum.

Em nome de quê, Viracocha?

Em nome de quê, meu Senhor?

***Diário do Povo*, 30-12-1981**

O Direito Penal e Martin Buber

A perspectiva histórica tem-nos permitido avaliar, na justa extensão, o impacto da filosofia de Martin BUBER no pensamento filosófico contemporâneo.

Seu conceito mais lapidar é a expressão do "*Eu-Tu*", a visão humanística mais enriquecedora de nosso tempo.

Com raízes no discurso mágico de HILLEL que a tradição retrata na fábula: *"Certa vez um gentio indagou se HILLEL seria capaz de resumir a sabedoria enquanto estivesse com uma perna levantada. HILLEL respondeu ao desafio, afirmando AMA AO PRÓXIMO COMO A TI MESMO, conseguindo a conversão do gentio"*. Martin BUBER ultrapassou as limitações do discurso científico da filosofia existencialista, presa à angústia da unidade pessoal.

A valorização extraordinária desta concepção do homem visto no outro, como uma interação absoluta, teve um momento artístico culminante no filme polonês "*Madre Joana dos Anjos*", onde se observa que, realmente, somos o resultado de nossa projeção, no outro, nos jogos da interação psíquica. Tema este que Antonin ARTAUD e Arthur MILLER retomaram no Teatro, em escolas diversas.

A singular contribuição de Martin BUBER foi de acrescentar uma fenomenologia integral a esta concepção.

Passou a ser caleidoscópica: ética, psicológica, social e até fisiológica, mas, principalmente, mística.

Obviamente, esta fértil generosidade acabaria por se sobrelevar aos limites da filosofia para todos os ângulos do comportamento humano.

No Direito Penal, como advogado, tenho me interessado em estudar os influxos deste pensamento, constatando que a ideia da "*pena*", desde a mais remota antiguidade, esteve ligada aos fantasmas de culpa demoníaca, necessitando de uma catarse que somente o castigo e a punição poderiam oferecer.

No entanto, a compreensão do nosso semelhante como reflexo (o eu-tu) passou a desempenhar um papel saliente na modificação dos parâmetros de aplicação da pena.

Para Pedro NUNES a pena (*sanctio legis*) é o *"meio pelo qual o poder público reage contra o fato antissocial que a lei punitiva define como infração, modo de intimidação pelo qual se pune o delito"*.

As avançadas experiências no campo penitenciário, desde as "*prisões abertas*" até o cumprimento da pena domiciliar, começaram a permitir uma realidade da pena como fórmula educacional, perdendo seu aspecto punitivo. Diga-se de passagem que é matéria, objetivamente, das mais polêmicas e mais atuais para todas as autoridades preocupadas com o tema.

Inúmeros são os tratadistas unânimes em atribuir este apuro à influência filosófica de Martin BUBER.

E o conceito de destino comum do homem, acima de sua singularidade, acabou por ter uma influência benéfica sobre todo o Direito Penal, nas figuras de ilícito, no enfoque do criminoso, como só poderia, aliás, acontecer com uma postura que parte da superação do "ego" para a ideia da RESPONSABILIDADE COMUM.

Como ver o agente criminoso, isoladamente, num ato de ação pura, se TODOS somos responsáveis uns pelos outros?

Esta é uma das facetas fascinantes da influência de BUBER no pensamento e na sociologia contemporânea.

Despir o Direito Penal de qualquer tradição da "*caça às bruxas*", seja pela exasperação do "*pecado*" do "*Demônio*", e emprestar-lhe uma definitiva ocupação humanística é um desafio que os juristas tanto melhor poderão enfrentar, quanto melhor puderem conhecer os veios do pensamento de filósofos, como BUBER e outros inseridos na corrente de revisão do crime, como "*maldição*" ou "*acidente*" e preocupados na problemática global do comportamento: "*homem comunidade-castigo-recompensa*".

Punição e gratificação

Os ímpetos de compulsão para limitar e restringir o comportamento humano, endurecendo as normas sociais, segundo Erich FROM, que no campo da Psicologia se inspira profundamente na obra de BUBER, estão ligados ao processo do "*distanciamento*".

A oposição que começa a se fazer clássica entre o SER e o TER já marcou sua fase na história jurídica.

Em vários países o Código Civil prevê penas mais severas para os atentados à propriedade que para os atentados à vida, ou à dignidade humana.

A "*res*" (coisa), que para os romanos se corporificava na posse do indivíduo, enquanto escravo, foi a raiz cultural deste fenômeno.

"Embora tudo seja permitido para com um escravo, existem coisas que não podem ser autorizadas em nome do direito comum dos seres animados.

Quem podia ter para com Védio Pólio um ódio maior que seus escravos? Ele engordava moreias com sangue humano e mandava jogar quem o ofendia num lugar que não era senão um viveiro de serpentes..." (Sêneca, Sobre a Clemência).

Ser como suprema aspiração da integração individual; completo, e por isto autossuficiente, não dependente da natureza ou do outro, prisioneiro ou aprisionado, sem dúvida nenhuma é uma conquista-base da civilização, que marca o pensamento freudiano e, na Ciência do Direito, os estudos de "*prisões abertas*", "*prisão domiciliar*", "*penitenciárias agrícolas*", e assim por diante.

Ser no outro

Compartilhar a "*responsabilidade*" na interação Eu-Tu não pode ficar unicamente presa a um enfoque filosófico, espiritual ou mesmo psicológico.

Para CAMUS a culpa de todos é a culpa de cada um, diluída na destinação comum, da condição humana, reverenciada por André MALRAUX.

E esta simbiose somente pode ser fruto de uma compreensão mística, com base ética, sem a qual, novamente, o *"outro"* se transforma em OBJETO DE REALIZAÇÃO, dando margem à violência retratada e motivo de atenção legal.

Isto, particularmente, se torna visível e com profundas repercussões no campo sexual, onde, a não ser nos casos de onanismo, a companhia do "*outro*" é elemento essencial.

Exercida na sua plenitude afetiva, talvez seja a mais absoluta conjunção de dois seres.

Porém, deturpada conduz à "*invasão*" do outro, refletida nos devaneios ou relatos de Sade.

E o jurista equipara o "*Stuprum Violentum*" ao "*Stuprum per fraudem*", ou seja, a posse sexual mediante fraude à posse sexual mediante violência.

No Brasil, os Códigos de 1830 e 1890 não conheciam ainda como entidade criminal autônoma a posse sexual mediante fraude.

O extraordinário penalista GARRAUD argumenta perante a lei francesa defendendo a identidade entre o estupro violento e a posse sexual fraudulenta. "*Si l'on admet, en effet, que la loi incrimine, sous la qualification de viol, toute conjonction illicite, sans le consentiment de la femme, il es difficile de croire que celuiqui profite d'une surprise d'une erreu materialle de la victime por satisfaire sa lubricité, ne commette pas un viol*".

Quanto ao elemento de unidade ESPIRITUAL acima da conjunção física, nos parece que a correlação é instrutiva:

a) o **encontro** de dois seres, de tal maneira afinado, que todo o seu relacionamento leva à ideia de uma terceira entidade idealizada, que seria o "eu-tu" neologismo adequado;

b) o **encontro** de dois seres, por violência ou fraude (exemplificados na relação sexual), que dá origem a um processo sempre de destruição ética, individual e social.

Portanto, seja no campo específico do Direito ou nas áreas mais diversificadas em que transitam os seres humanos, esta colocação é uma resultante acima da realidade linear.

Alcança e beira, nas finitudes da palavra, do pensamento, do desejo e, principalmente, da ação, a realidade mágica do universo.

Sem limites e sem linearidade. Por isso, multifacética e capaz de compreender aquilo que os filósofos e os poetas, as crianças e os puros de espírito adivinham: o laço fraterno, na exasperação do outro, motivado pela IDENTIFICAÇÃO somatória.

Não a equação matemática de 1 + 1 = 2, porém as quatro mãos que se entrelaçam, os sorrisos que não disfarçam, o relâmpago do pensamento conjugado no ser uno.

O Sexto Mandamento

Ao "*não matarás*" responde o homem com o impulso filogeneticamente programado para a agressão, herdado de uma era pré-histórica.

Realmente, os proto-hominídeos e os homens primitivos eram caçadores, consumidores de segunda ou terceira ordem. Depreendemos esta informação pelos ossos animais encontrados de mistura com os *australopithecus* sul-africanos e outros depósitos de fósseis. Mais tarde, o homem escolheu uma variedade de carne crua, ostras e insetos para pescar e caçar. Só com o aprendizado do controle do fogo ele pôde transformar-se, predominantemente, em vegetariano.

Tanto na pesquisa relativa ao *australopithecus* como ao homem de Pequim ou de Neanderthal, parece que o estranho padrão comportamental de matar um ao outro começou cedo com os hominídeos. A vontade de matar, recalcada pela cultura, prosperou procurando justificativas ideológicas, capazes de inibir o tabu, evitando arrependimentos, na linha da história primitiva da Humanidade, um rol de assassinatos individuais e coletivos.

O homem é o único primata capaz de torturar e eliminar membros da mesma espécie, sem razão biológica, econômica, e com prazer.

A violência vem resistindo às tentativas de enquadramento da civilização e, contemporaneamente, acabou-se transformando numa cosmologia que cria seus mitos, exorcizando seus horrores.

Pode-se falar num tempo de criatividade imaginativa e fantasia intensiva, de agressões delirantes.

De tal sorte que existe uma "*consciência*" a serviço da violência. Caim recusa-se ao limbo da marginalidade e pleiteia o papel de carrasco, em nome da moralidade social.

Tentemos compreender a dialética desta irracionalidade – dimensões, características e repercussões, como fórmulas de alternativas, no espaço do livre-arbítrio e da decisão. Porque é dado ao homem escolher entre o convívio e o conflito.

Alguns dos elementos de pressão que provocam aumento da violência devem ser equacionados. Travamos uma corrida contra a fome, em que constatamos que dois terços dos três bilhões de habitantes do mundo estão subnutridos, sem moradia adequada, saúde e educação, e a demografia nos informa que até o ano 2000 seremos seis bilhões de almas exigindo um mínimo de condições para a sobrevivência. E a pressão populacional aumenta nos países menos desenvolvidos que dobraram sua população nas últimas décadas, exatamente os menos preparados para as demandas. Outrossim, essa questão é tratada com passionalismo, diante das variáveis políticas e religiosas que apresenta. A taxa de reprodução do homem moderno é a mais baixa entre os mamíferos, com exceção dos elefantes, e mesmo assim o crescimento é estonteante. Consequência esta da natalidade e da mortalidade decrescente; processo que começou com o homem pós-neolítico, o desenvolvimento da agricultura e uma série de fatores tecnológicos, escapando aos ordenamentos biológicos.

O fator energia é considerável para essas cogitações. Mais combustíveis de hidrocarbonetos, ferro e cobre têm sido consumidos desde 1900 do que em toda a vida anterior do homem na terra. Em grande parte, isto se deve à aplicação das máquinas de combustão interna nos transportes. A preocupação no transporte cada vez mais rápido de maior número de pessoas resultou, num ano, nos Estados Unidos, em um milhão de lesões pessoais. Isto para consignar um número que levanta a questão da opção dos modelos, que exigem ainda, na construção das modernas superestradas, rupturas geológicas que removem terras, alterando o equilíbrio ecológico sem uma visão abrangente.

A exaustão das reservas energéticas não se vai limitar ao petróleo. A importância da madeira, a situação da água, os minerais levam-nos a perceber que o meio ambiente é físico.

Os estudos dos problemas de saúde, tanto física como mental, exigem uma redobrada atenção, num contexto global de transformações aceleradas. E um paradoxo crítico é a contradição de que a manutenção da vida até idades mais avançadas acaba sendo uma agravante na explosão populacional.

As ciências da saúde descobrem meios cada vez mais efetivos de resolver os desafios das doenças e as novas técnicas exigem fórmulas pioneiras para serem aproveitadas pelo maior número possível de usuários.

O fato é que novas clínicas e redes hospitalares terão de ser construídas, unicamente, para manter o padrão atual que, unanimemente, é considerado deficitário.

Na área da educação acumulam-se conflitos interiores resultantes das dificuldades de adaptação às explosivas solicitações comunitárias, somados aos inquietantes saltos qualitativos exigidos por novos conceitos da própria inteligência, cultura e aparato de formação.

Mais habitações, sistemas de esgoto, suprimento de água, uma urbanística que não se definiu ainda para a ultrapassagem das simples concentrações que formaram as megalópoles apresenta baixa qualidade vivencial, mesmo para as classes mais abastadas.

Neste fluxo e refluxo das grandes cidades, desenha-se a legenda da Rainha Vermelha do "*Through the Looking-Glass*" de Lewis CARROLL, onde se tem que correr o mais ligeiro possível para ficar no mesmo lugar.

As guerras, localizadas e não convencionais, vão-se disseminando com o nacionalismo chauvinista, ameaçando a segurança do globo, com armas, inclusive atômicas, aliciando adeptos, por intermédio dos meios de comunicação, penetrando em regiões próprias à propaganda e ao proselitismo, inclusive com o uso da religião e do fanatismo ideológico.

Nos acampamentos verticais em que se transformam nossas cidades, qual a esperança de progresso no sentido da civilização? Se o século XVIII foi chamado "*o Século das Luzes*", a eclosão da Primeira Guerra Mundial, em 1914, pôs em dúvida o valor da ciência, da filosofia, das atividades do espírito.

As causas que desencadearam a Segunda Guerra Mundial enterraram as promessas de democracia e justiça que haviam sido cultivadas no século XIX e no começo do século XX.

A tortura e a matança foram institucionalizadas e transformadas em hábitos aceitáveis.

A radicalização partidária, o racismo, o terrorismo correspondem à brutalidade que povoa as artes, deserdadas pelos sentimentos nobres, servindo à exposição vulgar e grosseira do crime, do vilipêndio sexual, das aberrações desumanas. O conflito de gerações toma caráter de diálogo dos surdos, diante da formação de verdadeiras quadrilhas juvenis que infestam os quarteirões mal iluminados dos guetos fantásticos que dividem as metrópoles, para quem a competição selvagem é a cínica finalidade.

Se queremos controlar os mecanismos da agressão, temos de desativar as ansiedades de poder e promover uma floração de alegria.

Para isto, teremos inteligência que altere ou limite impulsos atávicos que levaram ao impasse da civilização? E até para uma revolução da esperança, capaz de reverter as expectativas, abrindo o espaço da liberdade na terra dos homens, em direção a um novo reino de possibilidades, experiências e promessas?

***Tribuna da Justiça*, 20-8-1981**

Voto, manifestação de um Estado babá?

Uma das piores tradições da sociedade brasileira é a obrigatoriedade do voto. O voto é uma conquista democrática e não deve se transformar em uma manifestação do Estado babá, que cuida e zela dos pobres cidadãos. O Estado, as organizações corporativistas, todos se acham no direito de exigir voto de seus congregados, até para votar na folclórica "chapa única". Mas é preciso acabar com o autoritarismo do voto obrigatório. Não é menos cidadão e não deve ser penalizado quem não acredita mais na farsa esquizofrênica da política atual.

O Estado de S. Paulo

Representação ou projeção

Na história do povo, no Brasil, frequentemente, as superstições, o obscurantismo, um radicalismo personalizado e a miséria econômica têm favorecido o surgimento dos messiânicos, em condições místico-religiosas ou político-ideológicas.

Fatores psicológicos e sociais interpenetram motivações para que episódios de "revelação" se repitam ciclicamente.

O processo obedece a determinadas etapas, que são o módulo da modificação global, início e apoteose do tema.

A sequência começa com a escolha providencial do carismático, que se pode dar por um "chamamento" interior, uma eleição popular, um golpe militar ou uma pressão de grupos marginais da sociedade, e, em geral, com apelos ao lúmpen, o fronteiriço mental e cultural, por excelência, passionalizado.

O segundo passo é o sacrifício, que se caracteriza por sua prisão, forças indistintas que perseguem o personagem, a renúncia aparente ao poder ou a doença, fase em que as características fantásticas são aprofundadas.

Daí segue-se o despojamento. O escolhido abandona tudo e vai para o interior do País, recolhe-se à humildade do seu destino, resigna-se a um momentâneo cotidiano comum de simples cidadão. Com isto ameaça seus partidários ou acólitos com a síndrome da rejeição, o abandono edipiano – os filhos ingratos são punidos pela incompreensão, a ingratidão que mostraram em relação ao idealismo e à "missão" do iluminado. Não se entregaram suficientemente. Não valorizam o tanto necessário o espírito e a grandeza do mestre, do visionário. E este se volta para sua horta, seus livros, seu escritório. Substitui o macrocosmo da salvação da humanidade e da pátria, ou do seu grupo, pelos afazeres domésticos, com a mulher e os filhos ou uma introvisão. Vai escrever suas memórias, ou estudar línguas mortas. Está pronto o patético do degredo, que pode ser espacial ou emocional.

De qualquer maneira, efetua uma viagem. Para dentro de si mesmo, à procura de novas forças ou, mais contemporaneamente, a bordo de confortáveis meios de transporte. O romântico exílio, cheio de lembranças para as personalidades infantis e mistérios para os adultos inseguros, prepara a última jornada, o retorno triunfal.

Aos rogos dos filhos arrependidos, da massa feminina apavorada diante das dificuldades, o revelado exalta o paraíso moral e material que vai estabelecer a qualquer custo. Sangue e revolução, depuração moral, perseguições, tudo será permitido em nome da glorificação do reino celeste, no aqui e no agora.

O modelo sobrenatural vai justificar que os adeptos possam compartilhar das virtudes e do poder do personagem santificado.

A expectativa do anúncio é discutida. Revoltado com os homens, ainda assim seu altruísmo e sua vocação vencem os bloqueios e a resistência.

Arien Van DEURSEN ressalta o comportamento dual no herói. No Brasil, HAMLETS provincianos de uma shakespeariana tropicália, oscilando entre o Corinthians e o São Paulo, Portela e Mangueira.

Realmente, e o fabulário registra que ele é, a mais das vezes, de um brutal e simplista moralismo, que contrasta com a safadeza e o pecadilho; tem grandiloquência e magnitude angelicais misturadas com mesquinharias; junta a aparência de erudição e sabedoria com imbecilidade inacreditável. Veste à roupagem e a estatura de um semideus grego, combinando com o ridículo de um amanuense de quinta categoria.

Tudo isso favorece as projeções sociais dos frustrados e obsessivos no ídolo.

O perigo das ondas na sociedade, que se dirigem para o milenarismo, e a tendência ao clima de apocalipse nem sempre são percebidos em tempo. As elites culturais tendem a considerar como simples "loucura" passageira os esquemas que despontam.

Sabemos o quanto a cultura brasileira, enquanto realidade de uma civilização do campo e agrícola, desembocando na grande cidade, vivenciou essas verdades.

Desde Antônio CONSELHEIRO até Getúlio Dornelles VARGAS, os "sinais" da anunciação se fazem presentes, seja pela Voz do Brasil, aos trabalhadores, à classe eleita ou no sermão recolhido por Euclides da CUNHA: *"Em verdade vos digo, quando as nações brigam com as nações, o Brasil com o Brasil, a Inglaterra com a Inglaterra, a Prússia com a Prússia; das ondas do mar, D. Sebastião sairá com todo o seu exército"*. O taumaturgo usa o discurso apropriado, pleno de metafísica do horror e do socorro.

Canudos e São Borja são duas faces do mesmo impulso inconsciente. A compensação da inteligência, pelas matrizes operacionais do pensamento. A participação substituída pela obediência mansa. O ressentimento e a agressividade aguda que tomam o lugar do otimismo e da esperança lúcida.

Será que a contemporaneidade de uma sociedade industrial, com grandes polos urbanos, em que uma população oriunda de condições arcaicas que sofre os confrontos de uma expressão nova, não sustenta a ameaça do mistagogo, que pode emergir de um sindicato, duma academia literária, ou duma ânsia religiosa não resolvida?

Eis uma interessante questão a desafiar os cuidados democratas e a voracidade da demagogia.

A Psicologia Social mostra que, entre a máscara do terror e um palhaço imperador, às vezes, só existe o espaço da consciência.

***Tribuna da Justiça*, 30-10-1981**

Uma séria ameaça à estrutura da saúde

O Projeto de Lei nº 2.726, apresentado à Câmara pelo deputado Salvador Julianelli, é uma séria ameaça à combalida estrutura da saúde no Brasil, por significar uma tendência à desvalorização profissional, regressão científica e tumulto organizacional.

São de tal maneira absurdos seus delineamentos que uma pergunta paira em sua leitura: a quem interessa?

De má política legislativa, permite confusão jurídica, dificultando uma análise em detalhes, por não ter uma estratégia global de objetivos claros.

Foi repudiado, por unanimidade, pela assembleia geral da SBPC, através de moção de minha autoria, e está a exigir a presente denúncia.

No Brasil, existem mais de 5.000.000 de deficientes mentais e cerca de 10.000.000 de deficientes físicos, sendo que somente 94.000 crianças recebem atendimento. Mas ainda não foi regulamentada a Emenda Constitucional nº 12, que reconhece que o Estado é responsável pelos deficientes e a criação de um órgão nacional congregando as verbas para a educação e atendimento do excepcional. Em compensação, o projeto Julianelli vai criar obstáculos à formação e exercício profissional de categorias básicas na área, motivo pelo qual sofreu o repúdio global no XI Congresso de Universitários da Área de Reabilitação.

O consultor jurídico do Ministério da Saúde, Edelberto Luiz da SILVA, afirma que o projeto é "dispensável", porque o Conselho Federal de Medicina é o órgão competente para o reconhecimento das especialidades médicas.

A presidente da Associação dos Fonoaudiólogos do Rio, Eloisa de Castro SILVA, chama a atenção para o fato de que a profissão de sua categoria não foi ainda regulamentada e de que o projeto Julianelli nem sequer entende a ciência que pretende regulamentar – o estudo básico da linguagem simbólica, reduzindo um processo complexo aos elementos menores de articulação, dicção e colocação. No País existem dez universidades formando profissionais que serão atingidos.

O projeto tem uma conotação restritiva completa. No seu artigo 2º, exclui qualquer possibilidade de um esforço multidisciplinar em favor da saúde – por exemplo, por sociólogos ou outras categorias não incluídas no seu quadro –, o que vai contra toda a tendência interdisciplinar moderna.

Solicitei um parecer sobre o projeto ao Dr. Michel TEMER, professor de Direito Constitucional da PUC/SP, que assinala: *"Vários dispositivos do aludido projeto de lei vulneram a Constituição Federal... Não é livre – nem chega a ser profissão – aquele núcleo de atividades que não é desenvolvido soberanamente por alguém, mas que é simplesmente objeto de comando de outrem. Se ao médico se conferem poderes capazes de lhe permitir dizer ao dentista, ao psicólogo, ao veterinário como suas atividades devem ser efetivadas, tais profissões não são livres, não são soberanas. O mesmo ocorreria se ao advogado fosse dado dizer ao contador, ao administrador, ao cientista social qual deve ser sua conduta profissional. Não haveria liberdade, mas subordinação... liame que não retire a liberdade profissional, porque estaria agredindo a Constituição (art. 153, § 23)"*.

A Associação de Psiquiatria e Psicologia da Infância e da Adolescência do Rio de Janeiro e a Sociedade de Psicologia Clínica, que congregam médicos, psicólogos e psicanalistas, afirmam que o projeto Julianelli "pretende de forma ignóbil e antiética jogar categorias profissionais umas contra as outras, visando dividir-nos, confundir-nos, para que, sem que nos apercebamos, possam grupos de interesses inconfessáveis apoderarem-se da saúde do povo" e que "*certos artigos do projeto são de uma comicidade trágica, quando, por exemplo, vedam ao psicólogo a prescrição de medicamentos e a psicanálise, o que demonstra claramente não saber o autor do projeto discernir o que é realmente Psicologia*".

A Associação Brasileira de Psicologia afirma que o projeto Julianelli foi *"elaborado sem qualquer fundamento científico ou técnico e carece da mais elementar seriedade"*. Não leva em conta a análise do trabalho (profissiografia), relativo ao psicólogo, que é o único profissional, preparado, no Brasil, para o Diagnóstico Psicológico e também para a Psicoterapia em geral e suas modalidades psicanalíticas, lembrando a citação de FREUD – *"A Psicanálise não é um ramo especializado da medicina. Não vejo como é possível discutir isso. A Psicanálise é uma parte da Psicologia; não da Psicologia médica no velho sentido, não da Psicologia dos processos mórbidos, mas simplesmente da Psicologia"* ("A Questão da Análise Leiga", FREUD, volume XX, Ed. Imago).

A Psicanálise desenvolveu-se por trabalho de cientistas excepcionais que não eram médicos: Anna FREUD, Melanie KLEIN, Theodor REIK, entre outros. Já em 1973 numa tentativa congênere à deste projeto Julianelli, o "*Parecer Alcântara Cabernite*" foi arquivado, pela reação que produziu. Outrossim, existem hoje no Brasil mais de 20.000 psicólogos democratizando o atendimento à comunidade, que era de uma pequena elite.

Aliás, essa elitização imoral e absurda de seus desacertos se observa, quando a professora Diva MOREIRA, da Fundação João Pinheiro de Minas Gerais, afirma que "*cerca de 80% das internações nos hospitais psiquiátricos brasileiros são desnecessárias*" e que os "*hospitais psiquiátricos servem de colônia de férias, local de repouso e restauração de energias; albergue de velhos e menores abandonados; meio de se conseguir auxílio de doença do INAMPS; refúgio para pessoas condenadas pela Justiça; prisão; máquina de ganhar dinheiro, comercializando a loucura e até para esconderijos para mulheres solteiras que engravidam*". Um trabalho sério de Psicologia – psicoterapia e psicanálise – seria um obstáculo ao quadro dantesco das "*Colônias Juliano Moreira*". O artigo 8º do § 2º do projeto Julianelli vai impedir a atuação, no Brasil, de cientistas estrangeiros. Um Christian Barnard ou um Sabin só poderão atuar como "consultantes ou colaboradores", e as demais categorias são, simplesmente, excluídas, na hipótese.

O artigo 15 do projeto vai impedir que um assistente social possa fazer uma "*pesquisa de campo*" junto à família do assistido. O de número 18 praticamente transforma a investigação científica e a pesquisa num esforço burocrático.

Pelo artigo 19, um escritório de estágio universitário das categorias ficará na dependência das "*autoridades sanitárias*". Acabaremos tendo ginecologistas supervisionando nutricionistas. O § 1º do artigo 20 é insultuoso ao dentista pela alternativa de ser dirigido por profissional de outra área.

O projeto Julianelli é um gravame para o cirurgião-dentista, o farmacêutico, o enfermeiro, a obstetriz, o ortótico (e não ortopedista, como ficou constando nesse estranho "projeto"), o fonoaudiólogo, o fisioterapeuta, o terapeuta ocupacional, o psicólogo, o fisicultor, o nutricionista, o educador sanitário, o assistente social, o tecnólogo, o veterinário e, principalmente, o médico, pela confusão de atribuições, e a desqualificação de papel.

O projeto Julianelli é tão infeliz que no seu artigo 29, letra "a", I, pretende regulamentar até as relações profissionais com o ecossistema, numa ameaça ao teólogo (*sic*).

Finalmente, urge compreender que a ciência moderna tende para a autonomia de pesquisa e atuação, o aumento da especialização, valorizando o profissional. Não se pode querer voltar ao "esquema da roça", simplista e deficiente de um Brasil de 50 anos atrás. Hoje, cada carreira das explicitadas é um universo sofisticado que exige respeito e interação, e não o tratamento autoritário do obscurantismo mandonista e interesseiro.

***Jornal de Brasília*, 10-8-1980**

Consciência e justiça social

Paralelamente a uma ordem, passível de leitura, na conduta individual, acontece uma sistematologia no pensar da atuação política, enquanto reflexo da organização do poder, da ideologia e da administração. Diante disso, ressalta-se a importância do entendimento dos componentes desta articulação para desmitificá-la, evitando sua degeneração ou instrumentalização voluntarista – *hendiadys*, conceito grego para essa estrutura, *"uma através de duas"*.

A tenuidade e o silogismo crítico do motivo perguntam um autocontato distinguindo o oportunismo autoritário da ambiguidade especializada, paradigma das hipóteses de razões democráticas. Tanto o cientista quanto o editorialista usam seus sentidos em intercâmbio com a multiplicidade das respostas aos estímulos impostos e eventuais resultados sobre o comportamento grupal.

O sorriso irônico do locutor de TV lendo texto causa efeito esperado, com maior eficácia que um discurso doutrinário ou um assalto a mão armada. Esta sequência pode ser invertida, na dependência de outras variáveis. Tais evidências incorporam-se ao desenvolvimento de objetos para formação e mobilização da coletividade.

O diretor cinematográfico que orienta o ator, personagem de *cowboy*, conhece truques gestuais para evitar deslize de atitudes menos viris, contrastando a agressividade com movimentos efeminados. Empostação de voz e mãos na cintura, pernas abertas, olhar duro e fixo, brusquidão compõem o elemento patético da imagem. A mesma cena numa sátira se interrompida com a introdução chocante de um passo falso.

O fotógrafo cobrindo evento saberá intuitivamente captar o instante em que o entrevistado desmente com o corpo a verbalização de seus elevados princípios morais na ruptura entre o determinado consciente e o reflexo automático, compulsivamente, transmitido. A foto do mistagogo de a cômica máscara tem construído carreiras promissoras.

"O Grande Ditador" é o filme genial em que CHAPLIN fragmenta a pesquisa que GOEBBELS havia projetado do artificial hitlerista. A mixórdia decodificou-se na ilustração de juízo percuciente com os resultados que assinalam capítulo nobre da decência: o riso e a observação, contra a raiva, o preconceito e o ódio.

A linguagem emocional, sua teoria e experimentação ocuparam lugar especial nos debates finais que decidiram as últimas eleições nos EUA e na França. A ansiedade do esteta CARTER perdeu para a determinação de REAGAN. A equipe de MITTERRAND investigou as possibilidades e riscos da exposição de seu candidato, exigindo, nos debates, equidade de tratamento com *d'Estaing*, receosa de armadilha.

Com efeito, um mestre do instantâneo pode mudar o destino de uma nação: o cochilo do parlamentar, o dedo no nariz do carismático, o risco hipócrita da falsa vestal são insultos que ganham força no ritmo, permeabilizando a forma e o conteúdo, tornando-se uma sonda espiritual.

Majestade, delicadeza ou cordura reforçam ou aliviam a frequência e intensidade para atingir-se o alvo desejado.

O ritual é parte do ambiental e do invisível, uma deformação intencional ou inconsciente da nossa fala real, dificultando separar o ensino, a propaganda e a cultura.

Avivar a percepção é manter a liberdade, ameaçada pela paixão no sentido do eco. A exigência do clima neutro e da discussão aberta permite declinar, consecutivamente, os valores. Um prélio esportivo é um prélio esportivo, mas também pode ser a manobra feliz na catarse angustiante de uma crise de rir ou chorar, exaltar ou comover, é uma verdadeira possibilidade humana, mas pode tornar-se enganosa exploração de bastidores, corrupção psíquica, com consequências colaterais.

O pseudoacontecimento resulta na mimese preguiçosa, uma espécie de subcultura de relações públicas; aprender a especular o quê e o como é compreender parte do drama euclidiano do nosso tempo de total perda de objetividade, *ricorso* poluído do despotismo. Nem todos estamos mortos: a recusa do império e o antagonismo à técnica industrial da repetição podem tornar-se, nos versos de Yeats, *"De ouro martelado e ouro esmaltado para manter desperto um Imperador sonolento..."*.

Na hipótese em que os meios eletrônicos de comunicação servem ao desempenho político, tendem à tribalização do procedimento pessoal. O repúdio ao "plástico" no comportamento político é uma saída, substituindo o deboche pela honestidade.

O que se esconde atrás do vocábulo rebuscado do vazio demagogo? E da aparência de força numa repressão ilegal? E da frase feita no jargão do populismo que promete a salvação, no reino do conflito?

A psicologia, enquanto humanismo, pode repetir o *"mundo absurdo"*, nas palavras de Camus: *"Para falar de todos, é preciso falar daquilo que todos conhecem"*.

***Tribuna da Justiça*, 30-6-1982**

O sagrado e o profano no social

A perspectiva emocional e o impacto ao crescimento são dois elementos constitutivos de qualquer análise sobre a crise do nosso tempo.

Cabe indagar que atitude uma sociedade toma em relação ao meio ambiente; se de confiança, alegria, indignação, desespero, hilaridade, indiferença, porque esta postura é que vai levá-la a um comportamento de aceitação, resignação, revolta ou serenidade.

MERLAU-PONTY afirma que *"nada veremos se não tivermos, em nossos olhos, o meio de surpreender, questionar e dar forma a um número indefinido de configurações de cor e de espaço"*. O esforço de entendimento do universo é a base para o nosso sentimento da realidade, da qual percebemos o que nossa educação permite, conforme estereótipos e modelos. Para RONCHI, *"cada observador localiza seus fantasmas segundo sua maneira de raciocinar e os elementos que traz em sua memória, ou, ainda, seu treinamento"*, devendo-se acrescentar as demais possibilidades sensoriais do indivíduo relativas ao tato, audição, paladar, movimento e o próprio pensamento, para aquilatarmos seu espaço crítico.

Vivemos a primeira época em que existe uma proposta concreta de dessagrar a ótica do homem. O objetivo de retirar Deus do centro da comunidade afiniza a sistemática totalitária com o materialismo teórico; é sua práxis.

Trata-se de um esforço orgânico para a mudança da posição tradicional do observador. Do fundo das idades vinha uma cultura que se refletia, por exemplo, na arte Zen, atingível quando o espírito do sábio tornava-se o espelho do universo, o *speculum* da criação.

O culto pagão cria a mitologia secundária e, em AUSCHWITZ e no GULAG, Deus é aprisionado pelo poder secular. A fé no *Führer* ou a sacralização partidária são as distorções que deslocam a perspectiva psicológica, diante dos desafios do desenvolvimento.

A perda da esperança é a traição que se esconde atrás da pobreza, da deterioração urbanística, da insegurança nos empregos, da alienação dos jovens, da rejeição dos valores éticos, das dificuldades de inflação e dos esquemas econômicos e monetários. População, produção agrícola, recursos naturais, produção industrial e poluição são as variáveis do problema.

Cuidemos que é uma inversão patológica o que foi descrito por ARISTÓTELES: *"A maioria das pessoas pensa que uma nação para ser feliz precisa ser grande; mas mesmo que estejam certas, elas não têm a menor ideia do que seja uma nação grande, ou uma nação pequena... Há um limite para o tamanho das nações, assim como há um limite para outras coisas: plantas, animais, instrumentos; pois nenhuma delas retém seu poder natural quando é muito grande, ou muito pequena; ao contrário, ou perde inteiramente sua natureza, ou se deteriora"*.

Pois que o homem não quer só existir quantitativa, mas qualitativamente, como ser com sentido.

A atual convulsão educacional esconde a batalha da vontade do poder enquanto uma cantilena repete que o mundo consciente pode ser um coral de estatutos comunitários no qual a natureza é colonizada pela razão. Ave, fracasso!

ROQUENTIN, o personagem sartriano, acha que o sentimento comum da vida perdeu a graça porque não pode ser reduzido ao racional. Aliás, alguns homens acham que são racionais, mas as mulheres não, ou que os brancos são mais racionais que os negros.

A função totalitária é reduzir o homem a uma máquina impessoal, cobaia do progresso, no qual em vão procuraríamos uma expressão de amor.

Um exemplo pode espelhar esta intenção. Em fazendas modelo tiram das porcas os seus porquinhos, logo depois de nascerem. Os leitões são alimentados com leite sintético; mamam em mamilos artificiais, e um alto-falante transmite os grunhidos duma porca quando está a amamentar. Desta forma, as fêmeas têm crias três vezes por ano ao invés de duas.

Neste universo não existem flores. Seringas e agulhas ocupam o lugar de guitarras e preces. Isto culmina com a caricatura demagógica do pai protetor e do chefe predestinado, que se presume capaz de construir um mundo melhor acionado pelo progresso científico ou por modificações dos estratos sociais.

A noção de que a justiça pudesse triunfar porque a democracia se estava expandindo; de que a educação iria igualar as pessoas; de que a corrupção iria acabar; de que a tortura desapareceria da Terra; de que a prosperidade prepararia o terreno para instituições internacionais fundadas na liberdade, igualdade e fraternidade, a partir de 1914 passa a ser questionada.

STALIN criou um regime mais funcional do que o do Czar, sacrificando a piedade. O nazi-fascismo banhou em sangue a Humanidade, exilando Deus.

Só a teosofia pode despertar o homem para a vida misteriosa, sem a qual o Ser se transforma em Nada, e a sociedade se brutaliza. O homem não pode e não quer viver sem Deus, porque isto significa viver com culpa e sem esperança.

A loucura de NIETZSCHE o fez predizer a morte de Deus. E esta sentença levou a Humanidade ao ódio racial e nacional, à alienação e ao risco da carnificina nuclear.

Quando John LENNON informou que o "sonho acabou", estava entoando a *"aleluia"* de um tempo.

Os nossos problemas não têm soluções tecnológicas ou radicais, e é preciso uma hipótese sustentável, como padrão de verificação do mundo, em que a alma possa frequentar sua carência, no horizonte infinito.

No meio da selva peruana existe uma construção inca, *"Huinay Huayana"* – *"eternamente jovem"*. Na selva de asfalto e desodorante, que templos construiremos?

A essência do processo político, hoje, exige uma resposta espiritual. Podemos determinar as tramas das relações físicas, biológicas, psicológicas e econômicas que ligam a população, o ambiente e suas atividades. Mas, se não houver a consciência do sagrado, não haverá liberdade e a dialética da ideologia será uma estratégia de perversidade vazia, conduzindo à violência, desespero e destruição. Ideologia servida por manipulações que castram os órgãos de comunicação, sacrificam a universidade livre como espaço de pesquisa independente, atrelam os sindicatos ao centralismo burocrático, desagregam a família por um individualismo caótico e tornam a religião um movimento sem Deus. E toda essa distorção da perspectiva do humano faz-se com a cumplicidade do intelectual, expressão de ansiedade e de ceticismo, pronto a pregar o álcool, a pornografia, a excitação artificial, o ativismo compulsivo, mecanismos de fuga da angústia existencial.

A dimensão espiritual, o senso do divino, pode inverter esta tendência suicida, manifesta, às vezes, por meio do próprio fanatismo religioso, incapaz de entender que *"a vida como um domo de vidro multicor / mancha a branca radiância da Eternidade"*, nos versos de SHELLEY.

***O Estado de S. Paulo*, 24-10-1980**

Crise na crise

A sucessão de crimes, com implicações sexuais, está a merecer uma reflexão, por se tratar de sintoma significativo sobre as reações da comunidade – que têm variado, desde a aceitação em Belo Horizonte até o linchamento em Macaé.

Não existe uma psicologia do indivíduo sem o entendimento, também, de sua inserção social.

O conceito de sanidade mental está estritamente ligado à posição cultural que a sociedade estabelece a respeito de seus valores morais e de comportamento. É louco quem não corresponde a um mínimo da expectativa exigida pela sociedade no seu procedimento comum.

MAQUIAVEL disse que *"um povo é mais sábio e mais firme que um príncipe, e tem opinião mais bem formada. Não sem razão compara-se a voz do povo à voz de Deus"*.

A sabedoria do povo, a do príncipe e a de Deus costumam equivaler. As três coexistem num sistema de ajustes mútuos, concessões e voz média.

Mais sábio e o único critério a mais é do indivíduo, juiz maior de sua vida, atos e coisas.

Por isso, o respeito ao indivíduo vai demandar a política comunitária, que deve ficar voltada para um florescimento do pessoal, contra as tendências de emasculamento e pluralização do grupo.

Não se esqueça que a saúde psicológica se transformou no maior desafio sociológico de nossa época. Quarenta por cento dos leitos hospitalares servem ao tratamento psicológico, nos países desenvolvidos, segundo STROTZKA. Trinta por cento da humanidade revela problemas emocionais; 10 a 15% de natureza grave.

Isto segundo apreciações institucionalizadas. E, infelizmente, o homem não sabe, só pela cultura, lidar com as suas realidades mais diretas. Os delitos sexuais tendem a uma frequência muito grande, quase como resultante catártica.

Os números falam em todos os aspectos por si mesmos.

E as causas?

A família, como instituição, se vê contraditada, sem que qualquer alternativa se apresente como válida e sem ter respostas dinâmicas para as contradições culturais.

O desenvolvimento econômico não vem acompanhado de uma distribuição de renda mais equitativa. E o desamparado ressente-se ainda mais dos problemas de interação.

Um trabalho de BROOKE, num registro de casos, em 100 mil pessoas, constatou a seguinte relação social na Inglaterra – classe 1-51, classe 5-229 esquizofrênicos, numa ordem de critério econômico.

O empobrecido se vitimiza psicologicamente. E o diagnóstico é válido para as demais dificuldades ambientais. De outro lado, entre os necessitados na classe social, 1,15% fica sem tratamento. Isto na Inglaterra, onde as estatísticas são dignas de crédito.

A civilização continua sem dar resposta aos dolorosos sintomas de insensibilidade e imaturidade espiritual.

A educação não está voltada para um esforço qualitativo de desenvolvimento emocional. Rende-se à quantificação sem objetivos singulares como se fora a repetição do Mito de Sísifo.

Se no Gênesis se afirma que *"comerá o teu pão com o suor de teu rosto"*, compra-se hoje o último modelo de televisão com o suor da *"angústia neurótica"*. O consumismo desenfreado é a *religião industrial.*

A habitação é mais um esconderijo contra a violência do meio que um módulo de paz e realização. A arquitetura se limita a um conúbio irresponsável entre a ânsia de simplificação e o desenvolvimento sem sentido.

A recreação apresenta-se como fuga. Inexiste criatividade e os elementos de prazer vêm sendo substituídos por farsas coletivas, verdadeiro *Ersatz* do trabalho. Profissão, ganho e lazer não estão equilibrados. Na verdade, servem ao deus *"processo social"*. Apavorado, o homem foge do sétimo dia. Coitado se tiver de descansar. Poderá até pensar. E não sabe (se é que algum dia soube) como fazê-lo.

A mobilidade social, migração e imigração, continua correspondendo às ansiedades de prestígio, como afirmação, conhecimento e renda. O desenraizado vai para a reação psicógena, suicídio e manifestações hipocondro-paranoides. E esses fenômenos todos vão desaguar na área da criminalidade.

SPINOZA já afirmou que *"cada um tem tanto direito quanto poder possui"*.

O doente mental, o desajustado, na falta de outras opções, vai procurar parcela de poder na violência.

O crime e a doença mental estão em função, muitas vezes, de uma incompreensão ao fato sexual. A educação e a legislação deveriam abordar o comportamento sexual de maneira científica.

E a sociedade tem que estabelecer uma política de respeito à pessoa, trabalhando para a sua elevação individual e social, segundo o entendimento freudiano de que, *"na vida espiritual de cada ser, o próximo está sempre presente, quer como exemplo, objeto, ajuda, quer como inimigo, e, por isso mesmo, desde o princípio a psicologia individual também é psicologia social, no sentido mais amplo, mas nem por isso menos válido"*.

***O Estado de S. Paulo*, 29-8-1980**

Política da educação

A matriz da evolução cultural dos povos reside na capacidade de realizar sua inteligência, entre a conservação social e a pulsão do futuro. Romper este equilíbrio significa a falência da estrutura educacional.

No último verão, por sinal, opaco de perspectivas, e hoje, quando já começa a correria desenfreada rumo às faculdades, a temporada do *"Vestibular"* (roleta-russa da ignorância) inspira considerações sobre o tema.

Determinou-se no currículo nacional um hiato entre dois momentos do processo de aprendizado, o colegial e a universidade.

Quando o moço verifica sua crise pessoal como indivíduo, na procura de consciência da condição humana, a sociedade lhe oferece um coercitivo ritual de passagem. Em torno deste drama, voejam protagonistas e cenários que confundem e mistificam, mas onde podemos determinar certos vetores: anomalias de organizações criadas para suprir as carências óbvias da escola testemunham de acusação contra a base do ensino; o total alheamento do significado da práxis da educação pelas autoridades, oscilando entre as verbas e o nada, como se o dualismo nesta área se prendesse à estratégia financeira ou à perplexidade; a intervenção dos exploradores da reflexão social. Motivados por confusas dedicações religiosas ou sub-reptícios interesses ideológicos, prontos para o proselitismo que impõe projetos históricos; salários desqualificados para os professores.

Seria inútil estereotipia repetir aspectos menores desta arquitetura. Trata-se mais do sacrifício de gerações perdidas entre vocações castradas e esquemas de ensino mortos. Para a comunidade, o medo provocado pelo vazio cultural que impede a Nação, objetivamente, de se renovar e, subjetivamente, transformar-se no sujeito fundamental da violência: a incompreensão do discurso universal, como causa da agressividade que se radicaliza na encarnação da impotência instrutiva. Uma trágica situação de quem não pode crescer pelo esqueleto da informação dominada pela redução socioeconômica asfixiante.

Tal desordem espiritual lembra uma falácia *hollywoodiana* de Cecil B. de MILLER: *"O modo de se fazer um filme é começar com um terremoto e partir daí para o clímax"*.

Nos últimos anos, até o personagem cadáver tem marcado sua presença. No holocausto de enganos, omissões, desacertos e irresponsabilidades, ocorre o martírio na boçalidade do trote, colhendo a vítima fatal que comparece para compor as cores alucinantes da trama; e, como lembra Machado de ASSIS, *"A ferocidade é o grotesco a sério"*.

Os alunos, introjetando a repressão do obscurantismo, oferecem um espetáculo de autoindulgência, no mútuo ódio gratuito, quando as palavras de baixo calão, a alegria mentirosa e o antagonismo entre veteranos e calouros formam a justaposição de um bambolê, cuja função é estreitar a autonomia crítica, o pensamento diferenciado, enfim, a democracia comportamental, subordinando o jovem ao reino da burrice paramentada pela carcomida aparência acadêmica, cujo título de glória seria o de doutor *honoris causa*, capaz da equivalência entre o letrado e o iletrado, no espaço de um museu de artefatos inúteis.

Temos enfrentado a tecnologia da comunicação, o jornal, o rádio e a televisão com sua força de irradiação, sem um pingo de criatividade, no campo pedagógico. A cadência acelerada das exigências de desenvolvimento esbarra em preconceitos de linguagem de um código tribal.

Capazes de investir num programa nuclear questionado por toda a ciência lúcida do País, recursos faltantes, instalamos conflitos na *"erudição ignorante"* de nossas faculdades, onde o aluno vai desfilar num mundo como um teatro de formas.

Caberia pedir-lhes que respondessem aos latifundiários da liberdade, aos filósofos totalitários, aos condôminos dos diplomas, com as palavras de DESCARTES: *"Dubito ergo sum..."*.

Na Espanha, diante de Unamuno, um fascista humilhou a Universidade gritando: *"Viva la muerte!"*.

Com mais insídia, entre nós, a partir do Estado Novo, tenta-se criar uma simbiose entre o Poder e a intelectualidade, cooptada para a função do pensar. Resultado desta triste realidade, num texto de questões para o vestibular de uma prestigiada universidade, verificaram-se a convicção da mediocridade na versão cabocla e o induzimento totalitário nas alternativas.

Resta a esperança registrada na *Ética dos Países*, onde se diz que o sábio fala, primeiro, sobre os primeiros e, por último, sobre os últimos. O sábio, não o fanático nem o burocrata.

***Tribuna da Justiça*, 15-10-1982**

Última sessão de política

Entre o sentido e a inteligência aninha-se o mito político, incorporado em personalidades e fatos. Escrevendo-se o *script* épico ou depressivo, com fundo musical ilustrando nomes que guarnecem nossa lembrança, inserida na vida social, robustecendo o sentimento do mundo, pertencer e participar.

Projete-se o roteiro, sem cronologia ou lógica, na procura da identidade; versão cabocla da busca proustiana, entre cavaleiros do Apocalipse e vereadores analfabetos. Martela no cérebro, sincopando o estribilho de *"Brigadeiro"*. Garotos pela Rua Espírito Santo, em Juiz de Fora, carregando seu pôster, com *aplomb* para desempenhar o papel de mocinho no seriado que se exibia no Cine Central; caminhando pelo País, a legenda da UDN, depois dos negros anos das torturas policiais, da ditadura que, pressionada, concordou em enviar a FEB para a Itália. Os pracinhas retornando, a cobra tá fumando, a turma no Colégio Normal, correndo atrás da tropa. Na recepção, o político menor saudando Zenóbio da COSTA: "*General José Nóbio da COSTA*". O assessor cochicha: *"É Zenóbio"*. E o pelego: *"Eu lá tenho intimidade para chamá-lo de Zé?"*.

No mergulho ideológico, Paulo DUARTE, figura fabiana do socialismo; Otávio MANGABEIRA, falando da *"tenra plantinha"*, a democracia; Mattos PIMENTA, o criador do Jornal de Debates, uma tribuna redigida com cartas do leitor, onde se travaram candentes polêmicas de nosso carisma. Direita, centro e esquerda, obrigados sob VOLTAIRE: *"Não concordo com uma só palavra do que dizeis, mas defenderei, até a morte, o vosso direito de dizê-lo"*.

Perplexidade no GRANBERY, o missionário *Mr. Moore* lamentando a Guerra da Coreia com sotaque sulista: *"Oh, meus filhos, tem sangue correndo, numa triste batalha..."*. E quem não iria sobrepor a Imagem do pastor grisalho com a de Dom Pedro II, há pouco descrito na sala 10, *"erudito e paternal imperador"*, a quem chorávamos o exílio. Se o objetivo era mudar o regime, por que não eleger Pedro Presidente da República?

Às 4 da tarde, na HALFELD, esperando a Tribuna da Imprensa e a Última Hora, que decidiam nas rotativas a sorte do Brasil; os editoriais discutidos aos gritos no DCE.

Os Aliados derrotando com EISENHOWER e TIMOSCHENKO o Eixo; confundindo, na veracidade de fatos, a bandeira americana, IWOJIMA e o Arco do Triunfo. *"Adeus amor, eu vou partir... ouço ao longe os clarins..."*

José Américo de ALMEIDA, Júlio de MESQUITA FILHO, Juarez TÁVORA, capítulos de rígida coerência moral e seriedade doutrinária.

A cassação de Barreto PINTO, provocador queremista, na denúncia de David NASSER: *"Integralista até o integralismo cair. Seria comunista, anarquista, peronista, chafurdista, salazarista, o que vier eu traço. Não hesitaria nunca por uma questão de consciência. Seu preço é o prolongamento indefinido da vida boa que ele leva... Ele diverte e faz rir, mas é bem pago. Bobo é o povo, que lhe paga por essas graças"*. Foi o escalpelo do ridículo – que é o eleito do totalitário. Peter FARB disse sobre os iroqueses: *"A cara falsa não deve ser tomada por uma máscara, uma vez que não se pretende com ela ocultar coisa alguma"*. Em contraposição ao conceito *"voto não enche barriga"*, que percorre como nota de desalento o País. A mente se acendeu com os gritos nas passeatas. Voto é tônus de paixão, infla o sonho infantil, agiliza o moço.

A saudade de Carmem MIRANDA e ARMSTRONG, o bordão dos sons na BR-3.

História, sátira ou festa, a política parte dos arquétipos para cimentar a hipótese de redenção da vida. Cabanagem, Revolta dos Farrapos, Tiradentes, decorar matéria para a prova mensal. Se tirar 4, precisa de 6 para passar, nota de reprovação entre o gênio e o escroque, mediocridade suficiente para sobreviver.

Histórias ressaltando a filosofia de que *"governo admissível"* é a coexistência de pressões mútuas na comunidade e não uma compulsão tecnológica e burocrática.

Caracteriza este filme, estilo, ambiente, o anseio pela reforma de costumes, no trato da coisa pública, um propósito contra a miséria ética e social; ordenando lembrar, pois assim há de ressurgir a viabilidade da Utopia. MACLUHAN descortinou o possível, atrás do fantástico: *"Ajude a embelezar o depósito de lixo. Jogue fora algo bonito"*. A insensibilidade é forma pré-agônica de revolução maldita. A incapacidade de reação a constantes estímulos promove o desespero no mecanismo da emoção. Cumpre que a Nação vivencie a experiência agradável ou desagradável, com o absoluto consciente, desprezando a asséptica encenação autoritária.

***O Estado de S. Paulo*, 5-6-1981**

Técnicas medievais de interrogatório – Fogo no circo

As notícias que os jornais publicam sobre o incêndio do circo, em Niterói, acontecimento pavoroso que enlutou o País, ensejam certas observações, tristes e desagradáveis, que, não obstante, somos obrigados a fazer, compelidos pelos sentimentos de humanidade, Direito e Justiça.

Traumatizada pelo impacto doloroso do acontecimento, evidentemente, a população fluminense e a opinião pública de todo o País ficaram aguardando que as autoridades daquela cidade explicassem, em público, como foi possível que um incêndio, em rápidos instantes, houvesse tomado tamanhas proporções. Evidentemente, era preciso encontrar alguém, mãos criminosas, que houvesse ateado fogo ao pavilhão circense. Porque senão ficariam, como de fato ficaram, sob suspeita de falta de exação no cumprimento do dever, as autoridades encarregadas de conceder alvarás para funcionamento daquele gênero de atividade de divertimento e as outras encarregadas de policiarem-na.

Precisava-se justificar a velocidade de propagação das chamas, o número de inocentes mortos, com a atividade meticulosa, rápida de interessados.

E foi o que sem tardança ocorreu. Tumultuada por uma série de desentendimentos, incidentes, a polícia afirma de pés juntos que tem, em mãos, confissões e depoimentos dos criminosos. Os *"sherlocks"* teriam localizado e prendido os autores, que com louca premeditação teriam provocado a autêntica hecatombe de Niterói.

Refoge ao objetivo deste estudo, e nem mesmo temos elementos suficientes para uma análise criteriosa sobre o valor probatório destas confissões, tão hediondas quanto pressurosas.

Contudo um detalhe, nos relatórios publicados na imprensa, nos chamou a atenção. Enche de suspeita o resultado conseguido, coloca em cheque os policiais envolvidos, as altas autoridades de Niterói e do Estado do Rio atestam a falência dos organismos daquela polícia e põem em dúvida nossos foros de cultura jurídica e nossos brios de humanidade.

Literalmente, dizem os jornais: *"O suspeito teria confessado, depois de exaustivo interrogatório, inclusive tendo sido submetido ao suplício do pau de arara".*

Deus meu! Onde estamos?

Como não se violenta a consciência do País? Então um homem, inocente até que prove sua culpa, não julgado, somente suspeito e mesmo que não o fora, ainda que culpado, é torturado, bestialmente, barbaramente, nos instrumentos de terror, concebidos pelas mentes sadistas, de monstros medievais e ninguém protesta.

A violência, a gravidade do crime perpetrado, o incêndio do circo não são motivos para que a polícia lance mão de outros recursos criminosos para arrancar confissões sem nenhum valor real, obtidas através do desespero do medo e da dor.

Qualquer, inclusive, desculpe-nos, Exa., o Dr. Secretário de Segurança Pública do Estado do Rio, submetido ao interrogatório *"científico"* do pau de arara, *"confessaria"* quaisquer crimes. Os responsáveis por esta violação, por este crime, devem ser responsabilizados.

Os direitos civis não podem ficar à mercê da sanha de homens sem escrúpulos, investidos de autoridade pública.

Tribuna da Justiça

Tribuna de debates

Acompanhei através do *Jornal do Advogado* a exposição das opiniões dos Ilustres Juízes Volney Correia Leite de MORAES e Adauto Alonso S. SUANNES sobre o trabalho do Juiz francês Oswald BAUDOT, referenciado por Geraldo Melo MOURÃO, transcrito na *Folha de S.Paulo*. Acredito que o tema, polêmico e fundamental, por sua natureza, deve motivar a participação dos advogados na discussão.

Além da postura do Juiz, diante da Lei e da Sociedade, sinto que um enfoque deveria ser acrescentado, o da PSICOLOGIA E DIREITO. A perspectiva histórica nos tem permitido avaliar, na justa extensão, o impacto da filosofia de Martin BUBER, no pensamento filosófico contemporâneo. Seu conceito mais lapidar é a expressão do *"Eu-Tu"*, a visão humanística mais enriquecedora de nosso tempo.

Com raízes no discurso mágico de HILLEL que a tradição retrata na fábula: *"Certa vez um gentio indagou se HILLEL seria capaz de resumir a sabedoria enquanto estivesse com uma perna levantada"*. HILLEL respondeu ao desafio, afirmando *"AMA AO PRÓXIMO COMO A TI MESMO, conseguindo a conversão do gentio"*. Martin BUBER ultrapassou as limitações do discurso científico da filosofia existencialista, presa à angústia da unidade pessoal.

A valorização extraordinária desta concepção do homem visto no outro, como uma interação absoluta, teve um momento artístico culminante no filme *Madre Joana dos Anjos*, onde se observa que, realmente, somos o resultado de nossa projeção no outro, nos jogos de interação psíquica. Tema este que Antonin ARTAUD e Arthur MILLER retomaram no teatro, em escolas diversas.

A singular contribuição de Martin BUBER foi de acrescentar uma fenomenologia integral a esta concepção.

Passou a ser caleidoscópica: ética, psicológica, social e até fisiológica, mas principalmente, mística.

Obviamente, esta fértil generosidade acabaria por se sobrelevar aos limites da filosofia para todos os ângulos do comportamento humano. No Direito Penal, como advogado, e na Psicologia Clínica, como psicoterapeuta, tenho-me interessado em estudar os influxos deste pensamento, constatando que a ideia da *"pena"*, desde a mais remota Antiguidade, esteve ligada aos fantasmas de culpa demoníaca, necessitando de uma catarse que somente o castigo e a punição poderiam oferecer.

No entanto, a compreensão do nosso semelhante como reflexo (o eu-tu) passou a desempenhar um papel saliente na modificação dos parâmetros de aplicação da pena. Para Pedro NUNES a pena (*sanctio legis*) é o *"meio pelo qual o poder público reage contra o fato antissocial que a lei punitiva define como infração, modo de intimidação pelo qual se pune o delito"*.

As avançadas experiências no campo penitenciário, desde as *"prisões abertas"*, até o cumprimento da pena domiciliar, começaram a permitir uma realidade da pena como fórmula educacional, perdendo seu aspecto punitivo. Diga-se, de passagem, que é matéria, objetivamente, das mais polêmicas e mais atuais para todas as autoridades preocupadas com o tema. Inúmeros são os tratadistas unânimes em atribuir este apuro à influência filosófica de Martin BUBER.

E o conceito de destino comum do homem, acima de sua singularidade, acabou por ter uma influência benéfica sobre todo o Direito Penal, nas figuras de ilícito, no enfoque do criminoso, como só poderia, aliás, acontecer, com uma postura que parta da superação do *"ego"* para a ideia da RESPONSABILIDADE COMUM.

Como ver o agente criminoso, isoladamente, num ato de ação pura se TODOS somos responsáveis uns pelos outros?

Esta *é* uma das facetas fascinantes da influência de BUBER, no pensamento e na sociologia contemporânea. Despir o Direito Penal de qualquer tradição da *"caça às bruxas"*, seja pela exasperação do *"pecado"*, do *"Demônio"*, e emprestar-lhe uma definitiva ocupação humanística é um desafio que os juristas tanto melhor poderão enfrentar quanto melhor puderem conhecer os veios do pensamento de filósofos como BUBER e outros inseridos na corrente de revisão do crime, como *"maldição"* ou *"acidente"*, e preocupados na problemática global do comportamento: *"homem-comunidade-castigo-recompensa"*. Os ímpetos de compulsão para limitar e restringir o comportamento humano, endurecendo as normas sociais, segundo Erich FROM, que, no campo da Psicologia, se inspira profundamente na obra de BUBER, estão ligados ao processo do *"distanciamento"*.

A oposição que começa a se fazer clássica entre o SER e o TER já marcou sua fase na história jurídica.

Em vários países o Código Civil prevê penas mais severas para os atentados à propriedade, para os atentados à vida, ou à dignidade humana.

***Jornal do Advogado*, Novembro de 1979**

Uma análise das relações Executivo e Legislativo

Esta resenha é uma tentativa de compreensão das relações entre o Legislativo e o Executivo, máxime das pressões e contrapressões que se estabelecem, usando elementos fornecidos pela Psicologia Social.

No Brasil, com interrupções históricas de menor significado, temos vivido sob um presidencialismo rígido, quando não, sob regime autocrático, quando, nas palavras de Sampaio DORIA "*o chefe de Estado ou é o rei hereditário e perpétuo, cuja vontade decrete e execute as leis, ou é um caudilho que, usurpando ao povo a soberania, decrete como poder pessoal as leis que execute, ou mande executar. Um e outro, onipotentes e irresponsáveis. Os governados estão paralisados e sem voz, sob o jugo sem partilha do déspota, coroado ou sem coroa*".

E esta é uma realidade profundamente estranhada no psiquismo do poder em nosso país, e que mereceu uma dissecação, em profundidade, por parte de Oliveira VIANA, em *Instituições Políticas Brasileiras*.

O povo não tinha a quem recorrer contra a autoridade onipotente; desarmado, não dispunha nem de independência de ação e do pensamento, nem do conhecimento prático de qualquer instituição democrática. Carecia de consciência jurídica, decorrente de costumes e tradições, para determinar o comportamento dos homens na vida pública.

Realmente, nosso domínio rural, tal como se organizou, não continha, nem em sua estrutura, nem na sua culturologia, nenhuma instituição que o adequasse, como o domínio rural europeu, a se constituir numa escola de preparação das nossas populações rurais para as práticas democráticas, para os hábitos eletivos, para a percepção objetiva do interesse público da comunidade. Das instituições democráticas, o que havia eram as ideias gerais hauridas nas universidades e no direito público dos povos mais cultos. A ausência de força afetiva, de um coeficiente emocional, só possíveis nos complexos culturais, a ausência em suma de um direito público costumeiro do povo ou consciência jurídica pública, conforme a expressão de BIELSA, teria gerado o artificialismo de nossas instituições políticas e de nossa formação cultural.

Um Poder que tenta se agilizar, tenta estender sua influência, tenta se fazer presente, o Legislativo, diante de um Poder onipotente (com todos os vícios que a exacerbação patológica possa significar), o Executivo.

Essa disputa, o conflito que se trava, encontra sua arquitetura de entendimento na concepção de FREUD – a revolta dos irmãos contra a tirania paterna, que, segundo MARCUSE, marca o início da civilização –, a fundação do governo do pai sobre os seus filhos.

Por suas características e tipicidades – um contexto que admite ideologias diversas, representadas pelos partidos políticos, discordâncias, propostas diferenciadas de encaminhamento dos conflitos sociais e dos choques de interesses, o Legislativo assume a condição natural de "*representante*" do povo e, em decorrência, uma identificação maior com a realidade social na sua globalidade e com a vida psíquica individual. A dinâmica daí originária, não obstante, pode levar, às vezes, a rupturas comportamentais infantis que ficam carregadas de *"tônus"* passional, por parte dos congressistas. Esta tendência a partilhar, pelo jogo das compensações, permite certo equilíbrio, evita o pior, mesmo admitindo que o poder único supremo possa dar excelentes resultados, porém mais frequentemente catástrofes, no entendimento de Alfred SAUVY – *A Opinião Pública*. O que redunda numa permeabilidade maior com o quarto poder – a Informação de Massa, que tende à valorização do debate.

Não é de se estranhar, por isto que hoje grande parte dos conflitos entre o Legislativo e o Executivo se estabelece sobre a área comum das relações com a imprensa, que deve ter, além dos seus tradicionais papéis de informar e ensinar, o de TESTEMUNHAR, como catarse da sanidade psicológica do cidadão, desamparado diante do Estado-Leviatã.

De outro lado, o Executivo, que se considera, a mais das vezes, mesmo quando oriundo do voto popular, o "*agente*" de uma abstrata "*vontade nacional*" que pretende encarnar. Poder que tende ao exercício individual, numa sistemática de centração autorreferenciada, dificultando a harmonia de inter-relacionamento, pesando-lhe o respeito à imunidade do mandato parlamentar, por exemplo.

Infelizmente, a sociedade hoje vive seduções de processos psicológicos regressivos – a minimização das faculdades de comunicação levando a um estado mórbido de não diálogo; a facilidade de apelo a elementos de necrofilia – a destruição e a violência substituindo o esforço de entendimento. De passagem, uma citação de Felipe RAMIREZ: *"O Parlamentarismo é cortesia cívica, tolerância, discussão pública, tradição; é, pois, sistema exótico em regimes de caudilhagem"*.

É fundamental uma tentativa de reflexão sobre estes processos. Pela demonstração da existência do inconsciente, FREUD estabeleceu o princípio do determinismo psíquico, evidenciando que a razão não é a condução única de nossos comportamentos infantis que ficam carregados de "*tônus*" passional, por parte dos congressistas.

Ou então ficaremos como SISIFO, *"cego que deseja ver e que sabe que a noite não tem fim"*.

Um ajuste harmônico, com destaques em comportamento de maturidade, entre o Executivo e o Legislativo fica na dependência básica da compreensão dos mecanismos internos e externos de tensões e contratensões. Ou, em detrimento da sociedade, ficam as relações entre os dois poderes condicionadas por impulsos de mútua agressividade, sem corresponderem às expectativas psicológicas da comunidade, necessitada de modelos de equilíbrio na condução dos negócios públicos como parâmetros de sanidade.

Cabe uma citação de Bernard CHANTEBOUT: *"... C'est en effet l'honneur de nos sociétés que d'avoir tenté d'enfermer la conquête et l'exercice du pouvoir dans das regles de droit"*.

Brasília, Distrito Federal, 21-11-1980

Totalitarismo e ontologia moral

Nossos tempos assistem a um autêntico apocalipse político-religioso, cujas batalhas se desenrolam desde os campos de luta armada até as sutilezas do pensamento ideológico, por meio das disputas que travam, pela imprensa, sindicatos, partidos e universidades.

Num dado momento histórico, o vulto da convulsão se cristaliza por meio da proclamação nazista, lida pelo *gauleiter* da Baviera, Adolf WAGNER: *"O estilo de vida alemão está definitivamente assegurado para os próximos mil anos"*.

GENOCIDA, o nazismo realizou a forma suprema de violência contra o homem, à 25ª hora de Deus. O espancamento, a tortura, a degradação correspondem às formas mais incríveis de consagração de uma filosofia que fazia a apologia da morte. Os campos de concentração eram guardados pelas unidades da Caveira, *Totenkopfverbaende*, que usavam a insígnia do crânio e do osso em suas túnicas negras.

Forjou-se, em ferro e fogo, a práxis do Mal, e sobre um monte de cadáveres, sonhos e esperanças de toda a Humanidade, HITLER, o vagabundo austríaco, desafiou Deus, arrasando as nações do Bem e da Moral.

Esta assunção da Morte, Dor e Destruição, como fundamentos do comportamento humano, foi alardeada por Gregor STRASSER, que afirmou: *"Tudo que sirva para precipitar a catástrofe é bom, muito bom, para nós e para a nossa revolução alemã"*, numa confissão de confusão mental, que seria cômica, se não fora trágica, por suas terríveis consequências.

Esta tendência, a necessidade de projetar a moléstia da impotência: "*humana na natureza*", conduz à metafísica do terror, que, na sentença de NIETZSCHE, dispõe a vida contra a vida.

Nossa especulação atravessa noutro capítulo a fixação ateísta de MARX, que desemboca no GULAG – o universo concentracionário de STÁLIN, o frustrado seminarista que ousa a pretensão de unificar o anseio dos pobres da Terra, numa ontologia messiânica, em que desempenha o papel de ungido, Misericordioso, que exige a dedicação, a inteligência, o coração de seus acólitos. Religião que começa sua agonia, nas revelações de KRUSCHEV, em que um deus enlouquecido (de que nos dá magistral descrição sua filha Svetlana) é enterrado para a orfandade autofágica de uma obsessão.

E, como se fosse uma seita de um movimento de mil faces, nos Estados Unidos, um grupo de professores lança a *Teologia da morte de Deus*, em que preconiza uma revolução cultural. No cinema, a diabologia encarna no *Bebê de Rosemary* a aspiração pelo absurdo da desintegração – a anti-humanidade.

Informavam os jornais que guerrilheiros urbanos, em Paris, fizeram experiências com bactérias mortais, inclusive a *Clostridum Botulinum*, capaz de envenenar alimentos, numa antevisão de uma teoria da cultura, uma *weltanschauung* de terrorismo, de ódio contra o homem, sob uma fraseologia de amor, uma doutrina da salvação, erguida num senso esquizofrênico.

Essas subjetivações da agressão, o acúmulo de culpa, são fatores precípuos na neurose social da Humanidade contra a atividade espiritual, que procura o equilíbrio entre o corpo e a alma. Contra o espírito de exaltação que anseia pela excelência superior, a sublimação de ser mais do que homem, objetivando a imortalidade que encontra no monoteísmo sua realização no tempo e a iniciação no mistério do divino. Nas palavras de PÍNDARO, a sombra de um sonho.

Nesta luta global de Deus contra Deus, de Eros contra Tanatos, os estabelecimentos se alcançam desde a sexologia de SADE até a angústia retratada nos versos de YEATS: "*Mas o amor escorou sua mansão no lugar do excremento*"; a razão estratégica de KHOMEINI é a semente da destruição que transita do vermelho ao negro, num processo em que a ideologia é só pretexto para o culto do ódio.

A natureza essencial do drama cósmico não pode ser resolvida pelos índices do Produto Nacional Bruto, nem pelas viagens interespaciais, apostadas numa corrida para o vazio.

A cidade se humaniza quando é eterna e o tempo é a vitória sobre a morte, e o mundo precisa de menos contenda, o fim da dialética, da insensatez, que recusa a noção da harmonia e humildade; a possibilidade de recusar a etiqueta da repressão, vendo no adversário um amigo imortal em Deus.

A esperança se encerra num encantamento quase utópico, a apologética radical do amor, para exorcizar os selvagens desígnios mal disfarçados de Satã – a paixão da metralhadora, o discurso do conflito, a ameaça nuclear, o anátema passional de raças, religiões, partidarismo, a linguagem hipócrita ou desvairada do terror.

O guerreiro é o órfão da noção de Deus.

Em 1876 MAINLANDER afirmou que Deus morrera. Propôs o suicídio universal e matou-se.

O culto da morte instrui a violência e ameaça a razão de nossa época, pelo homem que vê apenas o espelho da solidão.

***Tribuna da Justiça*, 20-5-1962**

Juristas debatem energia nuclear

"Não há uma divisão clara entre o uso pacífico da energia nuclear e o seu potencial militar", afirmou ontem o jurista R. H. RAINER, membro da Agência Internacional de Energia Atômica, durante o painel sobre "Direito da Energia", no 10º Congresso Mundial de Direito que está sendo realizado no Hilton Hotel.

RAINER, que também participou do painel sobre a não proliferação de armas nucleares na América Latina, revelou que trinta países já possuem capacidade material e técnica para fabricar estas armas. Para ele, estes países "ainda não construíram estas armas por não terem motivação política ou de segurança". RAINER se negou a revelar os nomes dos trinta países.

Liberdade de imprensa

No painel sobre "Sociologia, Criminologia e Violência", o advogado brasileiro Jacob Pinheiro GOLDBERG considerou reacionária e irreal a tese de que um "excesso" de liberdade de imprensa pode levar a uma distorção da opinião pública e transformar-se em fator de violentação grupal e individual.

Para justificar seu trabalho, GOLDBERG lembrou que em 1977 fez uma pesquisa de 60 dias sobre a morte, e a maioria dos entrevistados (91,16%) declarou que preferia evitar notícias sobre assassinatos e outros tipos de violência. Com a pesquisa, GOLDBERG quis provar que não existe relação de causa e efeito entre a divulgação de fatos violentos e o aumento da delinquência social.

Para o professor Alcides MUNHOZ NETTO, presidente da secção paranaense da OAB, "surto de delitos patrimoniais violentos só diminuirá com o estabelecimento de uma ordem social democrática, apta a reavaliar a justiça social, através de uma equitativa distribuição das riquezas". Num estudo sobre "Direito e Democracia", ele concluiu que os crimes violentos não terão solução com penas mais rígidas. E concluiu: "O Direito Penal é apenas uma parte da política social, ocupando posição secundária no combate à delinquência".

***Folha de S.Paulo*, 20-8-1981**

Direito, tempos e costumes

De boa política que uma nação prospere, em sua vida social, num ritmo normal, vivendo tempos comuns, por meio de comportamentos comuns.

Ainda se recomenda que os povos tenham como referencial básico a noção de que a Lei é geral, não privilegia, não discrimina, não favorece, não persegue.

Quando isto não acontece, manifesta-se o protesto incontido de dor e rebeldia que pode tomar inúmeras formas. Desde o discurso em que, em 8 de novembro de 66 a.C., Cícero, usando dos meios de comunicação de então, pronuncia sua catilinária, indignado contra seus "Tempos e Costumes", e lança seu exórdio fulminante: "Até quando abusarás tu, Catilina, da nossa paciência?", culminando no desespero moderno de Kafka, porta-voz da perplexidade de uma época de hipocrisia em que o sim quer dizer o não e o não traduz o talvez; em que o exercício do Direito não reflete a Moral, mas o império da habilidade; em que o talento é humilhado pela mediocridade e a virtude é acuada pelo azar.

E as ambiguidades entre o certo e o errado, que consequências podem provocar a nível individual e social?

Basicamente, o alastramento da corrupção, com todas as suas sequelas de inquietação e violência e que o próprio dicionário assinala quando considera que não só se trata do ato de corromper (decomposição, putrefação, desmoralização, depravação, devassidão, adulteração, sedução, suborno, prevaricação), mas também uma espécie de diarreia. Ou seja, uma fenomenologia infecciosa capaz de gangrenar indelevelmente os tecidos sociais, impregnando-os de moléstia irreversível. Que suga as suas forças íntimas, corroendo o psiquismo da sociedade, favorecendo o crime, no varejo e no atacado, desfibrando a consciência, na escola, na família, no trabalho.

A história ensina a respeito dos perigos da exceção nos negócios que conduzem a tempos acelerados (a cronologia perde seu ritmo) e sobre costumes flexíveis e maleáveis em demasia no trato da coisa social.

E a experiência vem demonstrando que esta é uma problemática que angustia países de regimes políticos e ideologias, as mais diversas, ligando-se a profundos condicionamentos da própria natureza humana.

Até uma nação já teve desfigurada sua imagem pelo escândalo causado por gastos e desperdícios na aplicação do dinheiro público. E embora "panama" tenha-se transformado em sinônimo de negociata de alto coturno, lembra-se que a Corte de Cassação de Paris anulou a sentença condenatória, beneficiando os acusados com a Lei de Prescrição, originando-se novos processos, e que todos os parlamentares franceses envolvidos foram absolvidos, não obstante uma comissão especial da Câmara dos Deputados ter manifestado de público uma censura às autoridades judiciárias encarregadas do caso.

E foi terrível o preço pago pela sociedade francesa ao longo dos anos, em decorrência dos fatos, não do escândalo.

Porque o escândalo, na medida em que significa uma depuração, pode servir de alívio e corretivo para as angústias subjacentes da sociedade. O escândalo pode ser a denúncia salvadora capaz de impedir a farsa, vestibular da violência social. É a contrapartida da imprecação de BERANGE: "N'allez pas, vous laisser de vivre: Bons esclaves, amusezvous".

Em nossa época, a corrupção se serve do desencontro da inteligência do homem – entre o progresso tecnológico e a sua exaustão espiritual, a incapacidade renitente para enfrentar a quantificação cultural sem a desqualificação ética. E este paradoxo faz aumentar os ossos de corruptos e corruptores, que se servem da comunidade como a imagem torta que o espectador tem que distorcer para descobrir o que representa a anamorfose. Vivemos uma época em que não só na botânica ou na zoologia constata-se a alteração de forma em plantas e animais, produzidas repentinamente por modificações no meio ou orgânicas. A arte da dissimulação dificulta a compreensão do fenômeno, muitas vezes uma série de superposições que devem ser decifradas para serem compreendidas.

Numa Sodoma e Gomorra, enlouquecidas pelas técnicas do computador e da comunicação eletrônica, a desinformação psicológica acarreta a acomodação e a covardia comportamental. Nas palavras de TALKIEN, "precisamos limpar nossos vitrôs para podermos enxergar perfeitamente, libertarmo-nos das manchas sujas do cotidiano dos hábitos e da passividade".

Nos requintados cassinos consta existirem salas adequadas para o suicídio, dispondo inclusive de revólver, indicadas aos infelizes perdedores como solução para sua irresponsabilidade, e mais papel e caneta para a despedida final.

A corrupção social, para o cidadão comum, é a roleta fatídica que causa sua derrota inapelável no dia a dia de infortúnios contra a realidade. Urge atentar para o significado da arma, do papel e da caneta, quando se monta um jogo de privilegiados vencedores.

Senão seremos vítimas da doença emocional do "Amolecimento ético", o triunfo da corrupção como sistema de valores.

Finalizando, constate-se que a corrupção, o peculato, a rapina, a concussão, quando endêmicas, são componentes explosivos da patologia política, de que um dia, em determinadas circunstâncias históricas, RASPUTIN encarnou a diabologia de exaustão espiritual à qual sucumbem as gentes.

***Tribuna da Justiça*, 20-6-1982**

Ecologia – visão política

A Ecologia é a divisão da Biologia que estuda e se preocupa com as relações entre os seres vivos, mutuamente, e o meio ambiente. A criação do termo se atribui a HAECKEL, que lançou a tese de que o indivíduo é o resultado da somatória do ambiente com os fatores de hereditariedade. Os primeiros estudos ecológicos com base científica começaram com FOREL, na Suíça, em 1892, e WARMING, na Dinamarca, em 1869.

Os seres vivos têm instrumentais que possibilitam uma adaptação às modificações do meio físico e biótico. Neste conceito verifica-se a ideia de adaptação que permite que o ajuste às condições mesológicas implique um dos fatores de evolução. O clima, bem como a atuação do homem sobre o meio, são dois elementos fundamentais para a compreensão do problema. Sabemos que todos os seres vivos são atingidos pelas variações do meio. Basta citar que um fator ecológico fundamental na vida do mar, por exemplo, é a profundidade, que confere aos seres nele vivos tipicidade: atrofia dos olhos ou hipertrofia, luminescência e forma achatada. Nas relações entre os indivíduos da mesma espécie, faça-se menção à reprodução sexual, assistência, competição e hostilidade. Já nas relações interespecíficas (diferentes espécies), observa-se que costuma ser decisiva a competição em relação ao alimento, espaço vital, parasitismo, mutalismo, comensalismo, simbiose. Referencia-se a Lei de CHAPMAN, que reza que a população de uma espécie é determinada pela relação entre o potencial biótico e a resistência do ambiente.

A chegada do homem à idade contemporânea levanta certas questões para nossa sobrevivência. Alguns dos problemas: a conquista do espaço, significando as possibilidades da comunicação entre o mundo e o Universo; a juvenilidade dos velhos, pelo avanço das Ciências da Saúde, acenando com um envelhecimento de faixas consideráveis da população, mudando em níveis etários a constelação da maioria dos homens, com o que isto pode representar em modificações de padrões culturais e de formulação social, econômica e política; impossibilidade de guerra atômica e imposição de critérios de pacifismo, pelo risco do desaparecimento da humanidade, numa catástrofe nuclear; a revolução dos cérebros eletrônicos, com a intromissão dos computadores, a televisão e os instrumentos de comunicação e cultura de massa; as pesquisas genéticas, disseminação dos anticoncepcionais, os abortivos e até a continuação do desenvolvimento da inteligência, nos mais fantásticos êxitos de laboratórios; a droga como tentativa de fuga e alienação de realidade social difíceis.

Um astronauta esclarece as pressões que o progresso pode significar: *"Eu sabia que, ao deixar a pátria, o homem é acometido de certa nostalgia. Sei agora que sentimos coisa parecida quando deixamos a Terra, mas não sei como deveria chamar esse sentimento..."*. Vivemos numa época de situações novas, onde a presença da tecnologia e os impactos históricos de duas grandes guerras mundiais e conflitos generalizados representam conjunturas que exigem análise.

O medo atômico, causando ansiedade, com ideias de perigo e tensão que acabaram levando alguns países a construir milhares de abrigos de emergência. A fuga do tédio pelo encadeamento de horários de trabalho e substituição da atividade humana pela máquina. Os surtos de violência que tomam aspectos epidêmicos, com o aumento assustador da delinquência. Homicídio como emoção despertada pela onda de agressividade. A procura de êxtase artificial, como sistema compensatório de um mundo de ilusões forjado pelo consumismo. Os tranquilizantes como conquistas de laboratório, para acalmar as tradicionais ondas de desassossego em substituição a uma atividade de criação artística ou esportiva. A proximidade com o desastre, através das corridas automobilísticas; o trânsito nas grandes cidades. O passionalismo do herói quase suicida. O contágio mental de histeria de massa, através dos grandes campeonatos esportivos. A família convidada a rever padrões sedimentados, por séculos de consenso. A poluição industrial, dos rios, mares, atmosfera, causando traumas psíquicos e complicações fisiológicas, pela quebra da harmonia vivencial. A explosão demográfica, sem o acompanhamento de condutos inteligentes, capazes de absorver a demanda inédita. Aquilo que foi exposto por um cacique norte-americano: *"Prometeram acabar com os nossos montes, rios, florestas. O branco cumpriu sua promessa. Tomou a nossa terra. Mas vai perdê-la, porque não sabe amá-la"*. E este dimensionamento tem prevalência sobre os desafios do desenvolvimento brasileiro. No Brasil impõe-se uma dúvida de grande responsabilidade para nossos pesquisadores e políticos: como conciliar a ânsia de crescimento e melhores condições de vida que a industrialização e o progresso podem proporcionar com a conservação do meio ambiente? Para Elliot JACQUES, a Psicanálise é relevante para a resolução de nossos dilemas ecológicos.

Faça-se a avaliação do conflito entre impulsos conscientes e inconscientes do trabalho: as ansiedades inconscientes que influenciam nosso comportamento na vida social, a conspiração inconsciente nas relações de grupo, o controle das conspirações sociais inconscientes, tudo para obter uma crescente sanidade social, gradualmente conquistada. O antropólogo Loren EISELEY qualifica o realismo de que o homem poderá vencer os desafios ecológicos: *"Os homens são súditos da sociedade. É verdade que carregam consigo bocados do passado, mas também se examinam, dissimuladamente, no espelho social das suas mentes".*

Urge incorporar ao debate brasileiro essa visão ecológica de problemáticas relacionadas com os anseios profundos do homem: a integração política do desenvolvimento com o respeito pela equação indivíduo-sociedade-natureza.

***O Estado de S. Paulo*, 12-10-1980**

Jânio – mito e personagem

Fui antijanista, quando o Brasil se dividiu, diante de sua carreira. Participei, intensamente, da campanha de Lott à presidência, integrado no grupo paulista que se agregava em torno da Frente Nacionalista, lembrando, com particular carinho, o General Stoll Nogueira e o jornalista Oswaldo Costa de "O Semanário", que me apoiou numa campanha surrealista a deputado estadual, em dobradinha com Dagoberto Salles, pelo então PSD. Já na ocasião vislumbrei a vocação presidencial de Ulysses Guimarães, com quem partilhei com Edna Lott a frustração da derrota. Vi, vivi e um dia vou contar grandezas e mazelas (Vou? Será que vale a tinta e o papel?), da estranha política partidária brasileira, feita mais de adjetivos que de substantivos...

Constatei, então, o carisma de Jânio Quadros, que me cheirava a mistagogo. Eleito, renunciou. Aí começou minha dúvida. O doente pelo poder não renuncia, como Jânio fez. Havia algo de patético e shakespeariano naquela renúncia. Passei a observá-lo com atenção.

Dedicou-se a pintar e a publicar livros. Um quase "scholar" no Guarujá.

Em 80, recebo uma carta de Jânio, com palavras nítidas: "Devorei o seu 'Psicoterapia e Psicologia'. Tive várias vezes a sensação de trabalho imortal, eis que a simplicidade casa-se com a erudição, o que é difícil, e faz a obra ao alcance de todos. O estudo 'Psicologia e Liberdade' eu gostaria de ter escrito e assinado. Já o admirava, mas agora vou a extremos! Saiba que tem em mim alguém que o admira e respeita, permanentemente. Abraça-o com carinho Jânio Quadros". Referem-se a um texto que publiquei e que fez parte de minha tese de doutoramento.

Outra carta, de 81: "... o seu estudo deveria ser objeto de debates nos Partidos, entidades de classe e universidades. Que tal um simpósio?... Registro, apenas, poucos dados sobre Londres, merecedora, agora, desse interesse. Se promover os debates, não deixe de convidar-me. Tenho pouco a oferecer – ao longo de suas linhas –, mas gostaria de fazê-lo!" Jânio, íntimo, de corpo inteiro, referindo-se às minhas pesquisas e trabalhos sobre violência urbana. Entre outras: "É incrível sua capacidade de trabalho! Um prodígio. Devorei o 'Psicologia da Agressividade'. A importância da Linguagem no sistema político legal é antológica. Mas sou suspeito... Creia-o! A admiração é imensa".

"Sabia você que o Stoll sempre foi meu amigo? Recebi o que escreveu de Juiz de Fora até Bauru... Passos largos. Oh, Deus! Deixo o PTB fisiológico. Uma vergonha mesmo nesta política rasteira, despudorada! Fico em casa, junto da esposa e das cachorras, que nunca me traíram ou morderam... Esse é o meu destino. O que releva, sim, é a amizade e o respeito em que o tenho, filhos dos que nutro por mim mesmo".

"De vários pontos do País, Minas, por exemplo, recebi o seu magnífico trabalho. Deus sabe o quanto me deixou perplexo; entre envaidecido e magoado. Conflitante como eu mesmo, ou qualquer homem... Mas, humano, decidi-me pela vaidade... Eloá e eu desejamos-lhe aos seus todas as venturas para este fim de ano e para 1984."

A obrigada discrição me impede outras revelações que, não obstante, guarnecem a minha memória. Todas na direção do verso, em Dante – "Chove na mais alta fantasia".

A primeira vez que tive contato pessoal com Jânio foi num programa de rádio (proibição de briga de galos), aonde fazia análise de comportamento. Perguntei a Jânio, a queima-roupa, no ar: "Qual o mecanismo emocional que impediu o advogado pobre de Vila Maria de prosseguir na presidência da República? Até onde a síndrome do fracasso não pesou na decisão da renúncia?". Mineira e habilmente, Jânio respondeu: "Esta é matéria para discutirmos no seu consultório, professor".

Ainda na mesma época, a campanha eleitoral para a governança de São Paulo, voltei a entrevistar Jânio, juntamente com a singular apresentadora, que é Xênia Bier, pela rádio Capital. Tentei penetrar publicamente no psiquismo defendido de Jânio: "Alguma vez cometeu adultério, Presidente? Como é a vida afetiva do político? Já pensou em outra mulher, depois de casado?". Citei Normam Mailer, que perguntou o mesmo a políticos norte-americanos. Foi corajoso, no limite. Rindo, avançou: "Ao psicólogo tenho que confessar. Já fantasiei traições". Convidado a avaliar os candidatos, psicologicamente, no programa do Ferreira Neto, fui severo na análise da imagem de Jânio.

Mais uma vez não votei em Jânio. Mas, no dia da definição do resultado das eleições, começou a dúvida, quanto ao papel de Jânio. Até onde não me deixava ludibriar pela aparência agreste de uma história tumultuada?

Trata-se de um gigante num cenário de pigmeus. Sua preocupação com o uso correto da língua (banalizado pelos medíocres, que têm raiva e preconceito contra a inteligência), o respeito pela autoprivacidade, a coragem de usar o pincel e a criatividade literária; a vontade e o império da seriedade combinando com a audácia; tudo está a compor uma genuína individualidade exuberante. Demagogo, histriônico ou estadista. Um Che Guevara postiço ou Nasser bêbado. Aliás, a frase do político – "Jânio é a UDN de porre".

Merece atenção especial o homem que, tendo sido Presidente, escrevia contos e expunha telas. Numa sociedade conservadora, ciosa até o fanatismo de poder pessoal e "status" a qualquer custo, sua humildade, repassada de orgulho, exige pelo menos uma leitura menos apaixonada do que aquela que lhe fazem os apressadinhos, donos da intelectualidade brasileira, que constroem e demolem ídolos segundo seus interesses, idiossincrasias ou patrulhamentos circunstanciais. Mesmo porque Jânio foi construído e desconstruído pela mídia.

Jânio, ou o direito universal de alguém ser gente, com genialidade e erros; sem o rótulo epidêmico do destino partidário.

Uma proposta para uma comunidade plural capaz de se rever, autoquestionar e respeitar seus contrários, iguais e vice-versa.

Finalmente, em Jânio me chamava a atenção sua capacidade de irritar os dogmáticos e os catões hipócritas.

Se o ponteiro do relógio voltasse, votaria outra vez em Lott, por quem era e pelo que representava. Sua eleição mudaria a história do Brasil no sentido da independência. Mas o Brasil não quis. No palanque, ao lado de Prestes, no Brás, assisti as bandeiras desertarem diante do militar rígido. Mas para Glauber, quando se trata de analisar o fenômeno político de Jânio, o epicentro é o foco da renúncia.

Trata-se de reducionismo. O conflito com seu pai e com sua filha, o papel de Carlos Lacerda – a síndrome da ógea e da calhandra – na pressão insuportável que levou Jânio ao abandono da presidência, o problema dos olhos, a feiura imediata e o carisma sedutor, sua cultura universal, a paixão pela fala erudita, nada disto tem empolgado uma opinião pública que sempre vacilou em relação ao ícone – fanatismo de seguidores ou ódio irracional.

Vereador, governador, deputado, presidente, no fundo Jânio era um insatisfeito com a mediania e frustração política e cultural – daí sua fixação numa Londres – Passárgada.

Mais do que isto, uma figura chaplinesca e hamleteana – insatisfeito com a vida, a sua e da sua espécie.

Um dramático figurante grego, viajando no delírio da vassoura.

Nos nossos contatos pessoais, o que observei foi o drama da ambivalência.

Nisto e em tudo mais errou como talvez ninguém.

Nisto e em tudo mais jogou alto nesta tragicomédia, que é a política nacional.

Se tivesse vivido mais tempo, tranquilamente poderia voltar a ser candidato a vereador pelo Guarujá ou à presidência da República.

Na realidade, os cargos, o aplauso ou a vaia, as funções, o dinheiro, o conforto, nada disto lhe dizia muito.

O que lhe embriagava (de verdade) era o espetáculo da vida.

Emprestava sentido e grandeza a cada pequeno episódio, a cada pequeno protagonista ou coadjuvante.

Se eu fosse historiador escreveria uma biografia autêntica de Jânio. Ou talvez não.

Como os homens que nasceram para perturbar, a ambiguidade, a dúvida, o lusco-fusco são a sua herança.

Onde estiver, agora, ironicamente, Jânio estará olhando para seus críticos, que interrogam sua vida com um microscópio, e monologando a expressão que tanto excitava aqueles que imaginam o Poder, uma trama de intrigas – "Fi-lo porque qui-lo". O desembaraço neurótico da independência onipotente.

E gargalhando à custa dos que se limitam a uma morte.

Quem viveu tantas vidas pode ainda assustar os fantasmas, e fênix, despertar tantas outras aventuras.

Talvez, quem sabe, voltar, eternamente, ao Palácio do Planalto, e, travestido de "cowboy", analisar o sonho (pesadelo) de um país, num outro tempo.

E, nas madrugadas insones, registrar num "bilhetinho" – Sim, porque não? Atenção, leitor, eleitor.

Um performático Narciso na sociedade do espetáculo. Não faltam herdeiros, à esquerda e à direita.

Tribuna da Imprensa

Tribunal repele parecer antissemita

O Tribunal de Justiça de São Paulo, julgando a apelação do advogado Jacob Pinheiro Goldberg contra a sentença de um juiz de primeira instância que se baseara em parecer enviado de conceitos antissemitas, decidiu por unanimidade dar provimento à causa de um judeu brasileiro que requerera a alteração de seu sobrenome por ter o mesmo sentido obsceno. Tratava-se de um caso característico que evoca episódios da época em que, com a chamada Emancipação, os judeus de várias regiões da Europa foram obrigados a adotar sobrenomes nos idiomas dos países onde viviam (alemão, polonês, russo etc.). Como se sabe, era muito comum nessa época os funcionários incumbidos dos registros atribuírem nomes obscenos ou pejorativos aos judeus que se apresentavam para dar cumprimento à determinação legal.

No caso em tela, tratava-se de um sobrenome baseado numa expressão pejorativa de uso corrente nas línguas *yidish* e polonesas, e eram perfeitamente compreensíveis os motivos que levavam o requerente solicitar a mudança de nome. O Curador de Registros, ao dar parecer no processo, aproveitou-se para formular extemporâneas diatribes em que dava razão a sentimentos odiosos em relação aos judeus. Nesse parecer, diz ele, entre outras coisas, que "o problema não é nosso". Insinua que o fato de se tratar de nome obsceno em *yidish* não tem importância porque no Brasil o que se fala é a língua portuguesa. E acrescenta: "A língua portuguesa é obrigatória no Brasil; portanto a comunidade israelita deve usá-la". Em outro trecho, afirma: "Além do mais, os requerentes são brasileiros e se usam outro idioma que não o português em seus contatos estão dando mau exemplo aos seus filhos". Diz ainda: "Há quem se queixe de perseguições raciais, mas, em se analisando muitas dessas queixas, verifica-se que a perseguição se dá em sentido inverso, através duma total aversão à integração aos usos e costumes locais. O meio social frequentado pelos familiares do requerente... prima pela antibrasilidade".

Ao responder a essas diatribes, no recurso, acentua notadamente o advogado Jacob Pinheiro Goldberg que o "apelante e sua esposa são bons brasileiros, patriotas, quanto mais quem o seja e hão de escolher seu meio de vivência social entre judeus, italianos, árabes e seus descendentes que constituem o formidável cadinho caldeador de nossa nacionalidade". Referindo-se à afirmativa do Curador de Registros, segundo a qual o "conselho a dar-se ao seu portador (do nome) é que não o use nesse país estrangeiro" (Israel), assinala o Sr. Jacob Pinheiro Goldberg que *yidish* não é língua em nenhum país estrangeiro e que o idioma falado em Israel é o hebraico.

Em outro trecho do recurso lê-se: "Os filhos de imigrantes, em geral, aprendem a língua de sua família e vemos o maravilhoso caudal linguístico em São Paulo... Tudo enriquecendo, humanizando e somando cultura. A cultura soma e não divide. Aproxima e não afasta. E a língua é o supremo instrumento da cultura".

III

DIREITO DE EXPRESSÃO

DIREITO DE EXPRESSÃO

ADVOGADO PEDE APOIO DA OAB PARA JORNALISTA

A angústia de Wanderley Barreto, contador desempregado, que assaltou a agência do Bradesco em São Paulo, para entregar à polícia documentos que, segundo ele, comprovam um processo de corrupção em uma empresa de engenharia, e o respeito aos mandamentos da ética jornalística, que podem exigir do repórter a violação da sua responsabilidade social, são os pontos básicos da moção de solidariedade que o Advogado paulista Jacob Pinheiro Goldberg encaminhou à 8ª Conferência Nacional da Ordem dos Advogados do Brasil que se reúne em Manaus.

A moção que o *Jornal de Brasília* publica hoje, na íntegra, coloca o sigilo profissional como um ponto crucial no exercício do jornalismo cujo espaço de trabalho se confunde, para Goldberg, com a própria liberdade dos povos.

Moção

Exmo. Sr. Dr. Presidente da 8ª Conferência Nacional da OAB:

Proponho seja dirigida por esta magna conferência moção de solidariedade ao jornalista Mário Lúcio Franklin, chefe de reportagem de *O Estado de S. Paulo* em relação ao episódio histórico, em anexo.

Considerações sobre o procedimento do jornalista Mário Lúcio Franklin em relação à extorsão cometida, segundo a imprensa, por Wanderley Barreto contra um banco em São Paulo.

"A simultaneidade obriga a focalizar vivamente o efeito da coisa feita. A simultaneidade é a forma da imprensa ao tratar da cidade terrena" (Marshall McLuhan).

Resenha do fato, segundo a versão dos jornais – o contador Wanderley Barreto teria procurado o jornal *O Estado de S. Paulo* pretendendo denunciar irregularidades que teriam sido cometidas por uma firma denominada Eletronorte. Contou que estava desempregado há dez meses e que planejava um assalto para ser preso em flagrante, a fim de que sua família recebesse o auxílio-reclusão. Teria escrito cartas de denúncias a várias autoridades e, inclusive, uma ao diretor-técnico da Eletronorte, ameaçando praticar um assalto a banco. Nenhuma das cartas mereceu resposta.

Na manhã do dia 15, Wanderley passou novamente pela redação de *O Estado de S. Paulo*, onde afirmou ao chefe da reportagem, Mário Lúcio Franklin, que iria simular um assalto para chamar a atenção da opinião pública e poder entregar documentos da corrupção que testemunhara à polícia. Reiterou assim Wanderley Barreto suas declarações anteriores, feitas telefonicamente ao jornalista. Este, então, procurou informar à polícia, não sem antes tentar demovê-lo – mais de uma vez – do seu intuito desarrazoado, embora Wanderley Barreto não lhe parecesse pessoa confiável. Em seguida, designou um repórter e um fotógrafo para a possível ocorrência do evento, que efetivamente aconteceu – foi documentado fotograficamente e por escrito.

Posteriormente, já em fuga, Wanderley resolve se apresentar em Uberaba ao promotor Silvio Fausto de Oliveira, que, julgando-o louco, manda que se dirija à delegacia.

Entendimento da reação do jornalista – segundo a Enciclopédia Britânica, "o chefe da reportagem programa e orienta a cobertura dos acontecimentos, aferindo a sua importância e indicando aos repórteres a forma de tratá-los". Exatamente o que foi feito por Mário Lúcio Franklin. O jornal desempenha na sociedade moderna um papel catalisador, como é o caso dos escritórios de advocacia, das clínicas médicas e psicológicas, das igrejas, do serviço social, dos sindicatos e da polícia. Um conduto onde desembocam reivindicações procedentes e inconsequentes – individuais e de grupo. Onde desfilam histórias lógicas e "kafkianas", diante das quais o profissional tem que ter uma alta dose de tirocínio, um agudo grau de observação e um *feeling* apurado para distingui-las e fazer o encaminhado adequado. E, muitas vezes, esta distinção é dificílima e fica na dependência quase exclusiva do subjetivismo do receptor.

Ameaças de suicídios e homicídios, denúncias estapafúrdias e verossímeis, projetos messiânicos e planos ordenados, dramas e tragicomédias compõem o vasto painel multifacético que se vai desenrolando no cotidiano da redação de um jornal importante e vibrante como é *O Estado de S. Paulo*. E o bom repórter não pode errar – para evitar o erro de avaliação deve ampliar ao máximo o leque de cobertura jornalística dos fatos possíveis. O que significa um aproveitamento mínimo para um material máximo que chega à redação do jornal. Qualquer "foca" tem esta experiência. E, muitas vezes, são horas, dias e até semanas atrás de uma notícia "fria".

A Sauvy explica a sutileza do fenômeno, com muita felicidade, em *A Opinião Pública* (Difusão Europeia do Livro); "A vida das notícias, o boato – um acontecimento impressiona os sentidos das testemunhas. A transmissão, porém, dos que viram ou ouviram não é instantânea, nem fiel. Somente se transmite e circula uma fração destes fatos".

Esta transmissão pode ser oral, de boca a boca, ou escrita (imprensa, obra literária etc.). Quem recebe a notícia pode, por sua vez, transmiti-la ou conservá-la em seu espírito, ou ainda esquecê-la. Algumas notícias morrem depressa, enquanto outras chegam a ter longa existência.

De resto, a transmissão pode ser deformada voluntariamente e conscientemente, ou por um mecanismo automático que escapa à consciência, e muito mais à memória de quem transmite. O esquecimento, a não transmissão, acarreta, além disso, uma deformação do conjunto de fatos. Tudo se passa como se um filtro retivesse uma parte da substância informadora.

A deformação e a seleção das notícias se fazem conforme leis determinadas que, pelo menos em certos domínios, já começam a ser bem conhecidas. Embora disponham de caráter individual, estas leis podem, no entanto, variar de acordo com os países e as épocas.

As notícias orais, de boca a boca, deformam-se com mais facilidade e mais rapidez do que aquelas que estão sujeitas a certo controle. Mas o sentido das deformações é o mesmo.

A informação que o jornalista recebeu – "vai haver uma simulação de assalto" – ele tem que cobrir para corresponder a um mandato de ética jornalística. Etimologicamente, "comum", do latim, leva a ideia de comunhão, comunidade. Schram afirma: "Quando nos comunicamos, tratamos de estabelecer uma comunidade. Isto é: tratamos de como compartir uma informação, uma ideia, uma atitude". Para Baragli, "o ato da comunicação – faculdade de tornar comum aos outros não somente as coisas externas a ele, mas também ele próprio e suas ações, estados de 'alma'. No enfoque psicológico, desde a retórica (comunicação) em Aristóteles até o psicológico-social em Stoetzel, com base em Cooley e Rousseau, impõe-se uma assertiva: considerada de modo abstrato, a comunicação tem por função transmitir informações. O que é informação? Algo que diminui a incerteza, isto é, que diminui o número de possibilidades dentre as quais escolher (Jean Storzei, 'Psicologia Social', página 222). Particularmente, para o jornalista urge levar em conta fatores da atualidade, oportunidade, universalidade e difusão coletiva. Luiz Beltrão define a atualidade como vivência do cotidiano, do presente, do efêmero, procurando o jornalista nele penetrar e dele extrair o que há de básico, fundamental e perene, mesmo que essa perenidade valha apenas por alguns dias ou algumas horas ('Iniciação à Filosofia do Jornalismo'). Groth afirma que a universalidade no jornalismo é teológica – "O jornal e a revista enfocam somente o que pertence aos mundos presentes dos seus leitores ou receptores, o que interessa a eles, o que olha com simpatia. Estes requisitos estavam presentes, com todo o impacto e a globalidade, no caso Wanderley Barreto. E pretender de um jornalista experiente que perdesse a oportunidade de um trabalho, quase antológico, seria exigir a subtração de informação ao público, ou seja, uma violação do seu compromisso ético. Ética compreendida como a série de princípios morais pelos quais o indivíduo deve guiar a sua conduta no ofício ou profissão que exerce".

Reflexões sobre a ação ética – toda a profissão tem seu código moral que precisa ser observado em benefício da comunidade. Em algumas delas o sigilo profissional é um ponto crucial que levanta dúvidas sérias e demanda profundas pesquisas para soluções altas. Assim na Medicina, no Direito, na Psicologia, no Sacerdócio, no Jornalismo.

Um *maquisard* na França ocupada, atendido por um médico, revelando a intenção da prática de um ato de sabotagem, deveria ser denunciado às autoridades?

Um paciente, acometido de PMD (Psicose Maníaco-Depressiva), a cada crise e ameaça de suicídio deveria ser submetido ao processo penal correspondente? Denunciado pelo psiquiatra ou psicólogo?

O adultério confesso, pelo sacerdote? E aquele que manifestasse a intenção de uma aventura de sedução?

Alberto Gomes da Rocha Azevedo, na revista da Ordem dos Advogados, vol. 35, afirma que "o dever de guardar segredo profissional é de ordem pública". Compreensível, portanto, nos parece a prevalência de atenção que o jornalista Mário Lúcio Franklin emprestou ao aspecto jornalístico das dramáticas opções que o caso Wanderley Barreto apresentava.

Precedentes históricos – O jornalismo contemporâneo está recheado de citações semelhantes àquelas que estamos discutindo. A necessidade de permeabilizar a atuação do repórter com a ocorrência do fato. E seria um desvirtuamento de função e de papel exigir que o jornalista deixasse sua preocupação principal por comportamentos paralelos. Inclusive, para exemplificarmos, a isenção que é exigida do jornalista correspondente de guerra.

No Brasil, temos alguns episódios antológicos: Edmar Morel publicou em *O Jornal* uma reportagem que causou sensação. O leite que, durante a guerra, depois de 1942, faltava até nos hospitais infantis, sobrava para cavalos privilegiados. A reportagem provocou até invasão e depredação de leiteria.

Carlos Lacerda publicou reportagem apresentando o deputado Barreto Pinto fotografado de casaca, mas em cuecas, o que leva o Congresso Nacional a caçar o seu mandato.

Em todo o mundo os objetos voadores não identificados merecem cobertura jornalística. Em 1952, O Cruzeiro publica matéria de João Martins e foto de Ed Keffel mostrando um disco. Os menos crédulos acreditam num truque fotográfico. O repórter e o fotógrafo afiançam que são fotos autênticas. Darwin Brandão, denunciando a morte de Nestor Moreira, leva o culpado a ser processado, pronunciado e condenado pelo Tribunal do Júri como assassino, a partir de uma reportagem na Manchete.

Ainda faz pouco, a notícia publicada do pouso de um disco voador movimentou milhares de pessoas.

O jornalista não pode se limitar à passividade de uma testemunha cinzenta da História. Muitas vezes, mergulhado no seu chamamento ansiolítico, ele será "a própria consciência do tempo", pelo relato e pela foto.

Implicações – que não cerceie nem se pretenda inibir o movimento nervoso do jornalista porque é através da sua atuação pronta e audaciosa que se faz o registro do discurso da sociedade. Sem ele a liberdade de imprensa é uma peça vazia, de retórica sem sentido. O seu espaço de trabalho se confunde, quase sempre, com o espaço de liberdade da comunidade.

O que Mário Lúcio Franklin fez foi correr atrás do fato para documentá-lo. Essa era a função, a tarefa do jornalista.

E entender a extensão do processo da simultaneidade, referido por McLuhan é compreender a dinâmica psicológica do jornalismo. A altura de uma sociedade sofisticada e tecnologicamente avançada.

***Diário do Congresso Nacional*, Maio de 1980**

Psicologia da linguagem

Todo aquele que tem desejo de aprofundar o conhecimento do "homem" sentirá a importância da compreensão do binômio linguagem-sociedade.

Neste binômio está implícita uma ambiguidade. De um lado temos a contribuição da linguagem no desenvolvimento da comunidade e na ligação de diversas culturas. De outro, fica claro que se for usada de forma inadequada através de sentimentos e atos aos quais está ligada, a linguagem promove a desorganização individual e consequentemente a social. É sabido que um dos componentes dos conflitos e ansiedade humanos é a comunicação imperfeita. Além do que só a linguagem verbal é um instrumento pobre se não se levar em conta a expressão corporal. Problemas surgidos principalmente nas áreas de Psicologia, Filosofia e Lógica, motivaram o aprofundamento de pesquisas no sentido de conhecer-se a natureza e os múltiplos papéis da linguagem na vida do homem. A linguagem então é muito importante tanto para a adequação do indivíduo à sociedade quanto para a conservação, propriamente dita, da sociedade em si. Quanto às origens, dúvida é a palavra-chave, valendo citar os estatutos da Société Linguistique de Paris: "a sociedade não receberá nenhuma comunicação a respeito da origem da linguagem...". Quanto à definição, consideramos a linguagem uma estrutura de símbolos que independe de lei ou regra através dos quais os indivíduos de uma sociedade se integram. A linguagem serve não só para a interação entre os homens vivos, mas também entre os vivos e os mortos; para a compreensão de quase tudo que aconteceu no passado, do que acontece e previsões futuras, ou seja, tem entre outras a função de ligar os tempos. Para o mundo infantil, lembrando Freud, desenvolve-se uma crença na "onipotência das palavras". Vários fenômenos muito importantes de comportamento dos adultos advêm da combinação de alguns fatores e desta crença, acima referida. Os potenciais fonéticos de uma criança podem ser equiparados aos de um poliglota. O mundo adulto, em que ela se desenvolverá será responsável pelo fato de estimular somente os sons que lhe são familiares, restringindo esse potencial da criança. É notável a capacidade da criança, de quando um adulto lhe dirige a palavra, perceber a variação na mesma. Otto Jespersen conta que "um tom de censura aplicado às palavras carinhosas faz com que a maioria dos bebês chore, enquanto que um tom afetuoso dado a uma repreensão provoca um sorriso". A descoberta de que "o mundo inteiro é um palco", ou seja, deste traço de imitação do comportamento humano, está plenamente consciente na criança, em geral, antes dos quatro anos de idade. Tanto para a socialização quanto para a enculturação, a linguagem representa um papel fundamental. Hoje, fica clara a relação entre as tipicidades da língua do homem e suas formas de pensamento. Não precisamos voltar muito na história para observarmos as diferenças de linguajar de nossos ancestrais. Se nos ativermos a nossa própria vida com um pouco de sensibilidade às nuances da Linguagem, nos espantamos com tantas mudanças. Advém daí uma pergunta: O que é que muda nas línguas? Praticamente tudo. Desde a gramática até os sons. Esta mudança é um processo universal. As modificações podem partir de influências, de um nativo até um intelectual, que podem ser imitados ou não. Vem daí que as mudanças nascidas de "pioneiros desconhecidos" podem representar um "processo criativo coletivo". Todos os problemas do homem refletem-se também na linguagem por ele usada. Levando-se em conta a história das línguas, sinto não ser justo usar um critério de superioridade ou inferioridade entre as línguas, por terem sido mais utilizadas do que outras. Qualquer uma guarda ou guardou o potencial para se destacar. Lembrando Freud novamente, quando faz referência ao nosso primeiro amor infantil, ou nossos envolvimentos edipianos; a língua da primeira infância também está mergulhada profundamente em nossos mundos interiores. Esta sensação tão forte, de nomear as coisas e tudo o que acontece, só ocorre uma vez na nossa vida. Os homens têm suas reações não só restritas ao que lhes acontece no momento, mas às recordações sociais (entre outros fenômenos psicológicos importantes). Deparamo-nos agora com as barreiras que existem impedindo a comunicação entre povos, decorrentes da multiplicidade das línguas (e dentro delas, dos dialetos). Fazendo um retrocesso histórico, chegando à narrativa no Gênesis, Bíblia, o mito no qual a construção da Torre de Babel apoia-se é no fato de terem pretendido os homens alcançar o céu. Deus alarmou-se com esta proposta de intrusão e confundiu sua língua. O termo Babel pode ser interpretado de duas formas:

1º A confusão das línguas pode ser indicada corretamente por *balal*, palavra hebraica que significa confundir.

2º *bab* significa porta; *ilu* significa Deus. Reações inteligentes perante as origens das confusões linguísticas foram pioneiras em tentativas de resolver essas diferenças. A adoção de uma língua existente foi e é uma das formas mais racionais para resolver a dificuldade da comunicação internacional. Cabem aqui algumas perguntas:

Não seria necessário, em primeiro lugar, limpar a confusão linguística dentro dos indivíduos, para depois fazer a extrapolação para as comunidades?

E os conflitos entre os indivíduos de mesma língua?

Fechando mais ainda o círculo, e entre as pessoas da mesma família?

Poderíamos nos alongar numa série de perguntas, todas levando a uma proposta universalista:

Um trabalho sério, encabeçado pela Psicologia e tendo como auxiliares sociólogos, cientistas sociais, professores e elementos de várias áreas, poderia preparar as comunidades para que tivessem condições de, posteriormente, passar pela tentativa de uma língua comum, capaz de construir a Torre de Babel, não aquela que leva ao infinito maior, sem objetivo, mas uma que conduza ao infinito sem horizontes da comunhão direta do homem com o homem, do homem consigo mesmo.

O Estado de S. Paulo

IDDD: o sensacionalismo da mídia na berlinda

A reportagem-espetáculo foi alvo de muitas críticas durante o debate promovido pelo IDDD (Instituto de Defesa do Direito de Defesa) sobre o tema “Imprensa e comoção pública em casos criminais”, no último dia 20, no auditório da AASP (Associação dos Advogados de São Paulo).

Para o psicanalista Jacob Pinheiro Goldberg, a sociedade agiu como se estivesse assistindo a uma novela. Explicou que, em razão do pré-julgamento do casal, um segmento da sociedade chegou a torcer para que os culpados fossem outros. "Esse casal foi condenado desde o primeiro momento. Isso é execração pública, que é o ovo da serpente totalitária", afirmou, ainda segundo o relato de Gláucia Milício.

Blog de Frederico Vasconcelos

Jornal e dialética da mentira

O homem é senhor da realidade, enquanto ser cultural, também através de diferenças diacrônicas evoluindo, intelectualmente, para relações sincrônicas. Por isto, será impossível escrever a história contemporânea, sem o auxílio da reportagem, o depoimento vivido do sangue, carne, esperança, nervos, que resuma do editorial, da foto, da notícia perdida nos cantos das páginas e até do anúncio. O jornal é a testemunha insubmissa, o dedo acusador que descreve a covardia e a vileza, a corrupção e o erro. Quando livre. Porque, se não, transforma-se no mandado do Poder, na diretriz partidária, finalmente, a esdrúxula figuração cuja metáfora exemplar pode ser arrolada na rainha que exclama envaidecida: *"Espelho, espelho meu, existe no mundo alguém mais belo do que eu?"*.

Aliás, o desacerto entre as conveniências e a objetividade começa, praticamente, com GUTENBERG, enterrando, na altura de 1500, toda a forma de julgamento do processo medieval preso à oralidade do cavalheiro.

Fazendo-se o cotejo entre dois conceitos, verificamos o Pravda (Verdade, em russo), que compromete-se, explicitamente, com a defesa dos *"interesses e da posição do governo, do Partido e do povo"*, ou o Volklsoher Beobachter, advogando a coincidência entre o destino da Pátria, o antimarxismo, o antissemitismo, o antiliberalismo e o anticristianismo, contrapondo-se ao denodo na busca do fato que se torna uma obsessão, do Washington Post, que desmascara a mentira e a casuística, no comportamento de Nixon, transformando sua queda numa vitória moral da nação.

Se existe uma linha comum entre as ideologias da força, é a das reservas mentais.

O sigilo, o *"interesse nacional"*, o "mas" combinado com o "talvez" ajustam-se na perturbação de uma filosofia que acaba degenerando na descrença da procura lúcida.

Numa passagem clássica, SHAKESPEARE denuncia o patético do problema:

Otelo: – Quero a prova ocular; ou pela minha eterna alma, seria melhor que tivesses nascido um cão do que responder à ira provocada!

Iago: – É assim?

Otelo: – Mostra, quero ver, ou pelo menos prova, e que a prova não tenha canto ou curva, aonde restar uma dúvida; ou pobre de tua vida!

Algumas das razões recônditas dos mecanismos, que conduzem ao medo com que se encara o jornalista, podem-se alinhar na sua ansiedade pelo fato, impondo-se pelo relato mais direto entre o olho do leitor e o acontecimento.

Isto confere-lhe a grandeza ao sociológico, o sucesso que demanda a participação democrática.

Diante da TV, a fenomenologia ocorre diferente. O meio se distancia, permitindo o desengajamento. Psicologicamente, a teatralização já se bastou.

O hiato que o jornal cria é uma guarnição de liberdade. Queima nos dedos o reflexo, obriga a meditação, leva à formulação do juízo pessoal. Daí o seu poder de fogo singular, que aterroriza a seita e o dogma, desregula o ego reprimido e tira o cidadão do cotidiano rotineiro.

Quando o jornalista Samuel WAINER recolhe ao ditador VARGAS o aceno da volta, começa a jornada que leva o getulismo à Presidência. E é a saga do repórter Carlos LACERDA, catando e recolhendo informes e conexões, que põe fim a este capítulo da História do Brasil.

Em cima da suspeita trabalha o jornalista que tem o senso do destino existencial, sem nenhum prévio ajustamento com a "*confiança*". A diferença moral entre o *press release* e a coluna assinada é a autoridade que emana ao risco a correr pelos interesses contrariados.

Aquilo que é o sonho e a esperança visionária da civilização – acesso à informação ampla, livre e controvertida – é o pesadelo do burocrata e do fanático – projetando na tela do seu inconsciente, reação descontrolada, sinônimo de ameaça e desordem.

Quando o delírio se junta à má-fé, os desdobramentos escolásticos conduzem à monomania; o ódio ao complexo; 2300 anos antes do homem descer na Lua, Platão afirmou que "*os astros, por mais belos que sejam, pertencem apenas ao mundo visível, que não é mais que vaga sombra ou cópia deformada do mundo real das ideias. É absurdo, portanto, trabalhar na determinação exata dos movimentos desses corpos imperfeitos*".

Agrupar os fatos, relevar a ocorrência, na dimensão exata, realiza a imaginação, no estamento racional. Atrás de cada mudança decisiva, um jornal, dramático observador, catalisa o enfático, ligando o público ao ativista. A alternativa seria de confusão, plano caótico de expressão alienada.

Quixote alucinado, ou Sancho Pança estabelecido, metalúrgico ou empresário, o leitor refaz o noticiário, por cima de sua autoatualização, longe do *decorum*, perto da cognição e do reconhecimento.

***O Estado de S. Paulo*, 30-6-1981**

Revolução e direito de pensar

Diante da progressão geométrica da tecnologia, que se incorpora ao cotidiano, apurando a qualidade de vida nos países desenvolvidos, levanta-se um paradoxo: como impedir que o futuro se torne caduco?

Em oposição, quem reflete sobre nossa realidade política formula uma questão decepcionante: como evitar que o passado se torne futuro?

O giro repetitivo de fórmulas mecânicas, ideologicamente ultrapassadas em outras latitudes, faz par com a molecagem atrevida da corrupção, no varejo e no atacado. E, como se fora um teatro de marionetes (dirigido pelo Absurdo, mesclando Ionesco e a Menininha de Gantois), as figuras protagonistas e coadjuvantes se sucedem. Bonecos feiosos, mensagens ocas, mudando máscaras gastas, para gáudio da plateia televisiva idiotizada. Figurantes e assuntos à procura de um autor.

O ilusionismo chegou a tal ponto que podemos fixá-lo num calendário. Assim, teríamos, por exemplo: vestibular, greve, menores carentes, trânsito, violência, eleições (*sic*) e até o imprevisto; banalizado pela dimensão do já sabido.

Acontece que passamos da era dos meios para a era dos problemas.

Chegou a hora (ou já estamos atrasados?) de substituir a fotografia do vovô burro e safado, da sala de jantar, por uma tela impressionista.

Isto implicará esquecer as fantasias populistas dos anos passados e os arroubos comunofascistoides. Ou seja, vamos ter de enterrar no baú da memória os badulaques fáceis e esclerosados e convocar a metodologia para enfrentar o futuro *shock*. Um audacioso encontro sociológico com o destino.

Pois que de tal sorte se agravavam determinadas situações que já poderíamos até batizá-las de antiproblemas – estado calamitoso da saúde, em nível público e individual, começando com a mortalidade infantil, passando pelo atendimento corriqueiro e a cirurgia sofisticada até o espaço mental; inflação e processo econômico-financeiro, acarretando timidez empresarial, desemprego e subemprego, aviltamento de salários e da moeda; fome, como espectro selvagem e vergonhoso de impotência maldita; transportes, enredados nos modelos que repeliram a solução ferroviária e fluvial; universidade, seduzida pela esterilidade provável e estereótipos abstratos; comportamento, dividido pela superposição de culturas. O pé no chão do interior piauiense contrastando com os edifícios da Avenida Paulista.

Florence VIDAL apela para que *"melhor seria tentar curar-se das neuroses que se opõem ao progresso"*, se faz quebrar a ideia de fatalismo da cronicidade dos nossos atrasos.

O medo do vazio, o horror vacui, acompanha o homem na sua aventura existencial. Dele pode-se escapar por meio da negação que conduz ao desespero ou da sublimação criativa.

Nosso destino coletivo dependerá do exercício da inteligência, da pedagogia da realização. Freud, Newton, Buber, Einstein, Sabin, são os gênios azimutes para uma atuação de originalidade.

Neste ritmo, a dialética democrática tem de se transformar numa convocação de inteligência, entendida como juiz crítico sobre o possível. Não a *intelligentsia* soberana e mentirosa que nas mesas de bar traiu a consciência, no conúbio teratológico – Ezra Pound com Mussolini, Paul Eluard com Stálin, corvejando da esquerda para a direita.

A informação deve servir como ovo de Colombo, na descoberta do pensar. Contrária à desinformação alienada e boçalizante da televisão colorida, medíocre e violenta, que lembra a brincadeira de McLuhan – "*biólogo russo cruzou vagalumes com piolhos, permitindo assim que populações leiam o Pravda na cama*".

Júlio de MESQUITA FILHO esboçou um lúcido projeto: "*Um país sem uma imprensa eficiente e livre é como um organismo doente. Os jornais são pulmões. Sem eles o corpo social não pode respirar*". Sublinhemos o apelo do funcional.

Compreender a nossa sociedade é refletir sobre as possibilidades de um salto para a tecnologia pós-industrial sobre as ruínas do clichê vulgar. Formidável somatória do ânimo das gentes com a potencialidade da terra, numa equação criativa da ciência e do humanismo, fruto do compasso e da imaginação, arquivados os *heils* e as bandeiras vermelhas, que precisam sempre de um pobre diabo para desfraldar, e um amanuense tolo para gritar. O contrato com a inteligência demanda um acerto de liberdade, um esforço lógico e uma esperança concreta, capaz de forjar um Brasil vital e guarnecido.

Sem isso, continuam os hip-hurras do ontem, alquimia da tolice.

***Tribuna da Justiça*, 15-7-1983**

Informação e manipulação

A visita do diretor da UNESCO ao Brasil avivou a discussão em torno desta esdrúxula entidade super nacional, módulo de oportunismo e canal de exploração ideológica disfarçada, que pretende dirigir o fluxo de notícias dos países ao chamado Terceiro Mundo, a partir de organismos estatais. Pode-se imaginar, facilmente, a *desinformatio* que se estabeleceria, com os critérios impostos pelas ditaduras grotescas que pululam no universo do subdesenvolvimento econômico, e às vezes cultural e moral. Seria um arremedo de criatividade, à custa da imaginação, substituindo a realidade pela vontade. O verdadeiro "1984" de Orwell (SYME, referindo-se à linguagem do futuro – "*Você não vê que todo o alvo da Fala nova é estreitar o âmbito do pensamen-*

to?"), institucionalizado por delírios megalomaníacos visando à usurpação autocrática, sem críticas, do mundo exterior, e à sedução espiritual por meio da mentira do telex. Isto, na farândola político-militar, de minorias agressivas, famintas de popularidade.

Quase que simultaneamente, ficamos sabendo que em Costa Rica, modelo de regime democrático, na América Central, um jornalista foi proibido de escrever nos periódicos por não ter seu registro cadastrado, segundo cânones legais, impostos por normas jurídicas restritivas. Uma legislação que repete outras, existentes nos *"tristes tropiques"*, vedando ao intelectual ou artista um espaço livre, que é ocupado por corporações profissionais, legado de cúpulas policialescas e fascistoides. Uma confusão entre organismos de classe com institutos prosperando à sombra do poder, viciados num sistema que vai da delação ao profissionalismo proxeneta da exploração ao talento alheio.

Na contraface, acompanhamos a autocrítica consequente do *Washington Post*, relacionada com o caso da repórter Janet COOKE, que forjou a matéria "O mundo de Jimmy", ganhou o Prêmio Pulitzer (posteriormente devolvido), bem como a demissão O'Neil ao Daily News – acusado de reportar falsamente os acontecimentos em Belfast – levantando celeuma nos EUA a respeito da credibilidade da mídia. Estas questões e incidentes que se repetem em todas as latitudes, menos, é claro, no mundo concentracionário da verdade absoluta, do totalitarismo, que iguala no rebaixamento todas as opiniões e matizes diferenciados de pensamento, refletem o poder mágico da comunicação disseminada no nível do jornal.

Desde a publicidade que vende os *blue jeans* até o editorial sobre turbulência urbana, qualquer matéria está sujeita a *"tratamento"* que só ocorre quando maquiada. O exercício amplo da liberdade noticiosa e/ou opinativa exerce influência extraordinária contra a mistificação, lembrando o monstro do filme *Yellow Submarine* que devora a si mesmo e desaparece.

O pressuposto básico da imposição comportamental, sem contestação, é a eliminação do elemento competitivo. Sem variedade não existe liberdade nem escolha adulta de alternativa. E esta depende da discussão dos temas públicos, por meio de um leque de divergências.

Essa postura democrática não deve impedir, contudo, a investigação comunitária sobre o senso de responsabilidade dos órgãos da imprensa escrita, falada e televisiva.

Sabemos, por exemplo, do fascínio que o Estado e os *lobbies* (igrejas, partidos, sindicatos, alianças financeiras) sentem pelos que detêm o condão de induzir ao favor social.

Hoje, a excomunhão e as fogueiras inquisitoriais foram substituídas pela noção psicológica de "*cair fora*" (*dropping out*).

Quem não tem medo da censura coletiva? Nossa sociedade concede pouco àqueles que fogem ao integrado e ao monolítico.

Existe uma espécie de estado de dependência parasítica em relação aos modelos aceitos. "Estar *in*" e "*pertencer a*", eis os sonhos vitoriosos que regem os rituais do clube da unidade de propósitos.

Vestir a roupa certa, votar no candidato adequado, fazer o *camping* da moda, assistir ao filme do momento, usar o jargão do dia, e "*opor-se*" (*sic*) na dissidência, mais badalada... Estes os requisitos da religião majoritária que é fabricada numa purificação gradativa para o nada.

Existe todo um processo *"científico, tecnológico, acadêmico"* de aprendizagem que serve a esta ânsia; e nenhuma defesa da comunidade pode ser mais eficaz do que a observação liberal das atitudes e dos motivos.

O idiota moderno não é o carente de informações, mas o papagaio inconsciente que repete *ad nausem* as mensagens codificadas dos intérpretes do Rei ou das "*panelas*" ideológicas.

Sempre com a pobre ilusão do improviso e da informalidade. O robô que pensa que pensa...

Resta a lição de que, felizmente, o narcisismo estruturado ao êxito não consegue coexistir com o sonho do debate e o crivo da crítica.

***O Estado de S. Paulo*, 14-5-1981**

Defendido direito de informação

O indivíduo tem o direito de ser bem informado; o cidadão tem o dever de ser bem informado. Essa foi a principal conclusão da sessão plenária de ontem no XV Congresso Nacional de Neurologia, Psiquiatria e Higiene Mental em Campinas, durante a discussão do tema "Meios de comunicação social e higiene mental".

O comportamento da imprensa e sua influência na população foram os aspectos mais discutidos pelo psicólogo Jacob Pinheiro GOLDBERG, presidente da plenária, para quem "*higiene mental é poder viver o mundo como protagonista e não como coadjuvante, condenado à mercê do produto torpe de terceira ordem*". Isso, no seu entender, está diretamente ligado aos meios de comunicação de massa, porque o leitor, ouvinte ou telespectador, sente-se integrante da notícia, da novela, embora "*seu comportamento não seja radicalmente alterado por isso*".

Segundo o professor GOLDBERG, há necessidade da verificação científica de nexo de causa entre a função dos órgãos de comunicação e cultura de massa, para se estabelecer "*a fronteira sutil entre um país demencial e a cidade real*".

"As posições a respeito – disse – são passionais e radicalizadas. De um lado, aqueles que atribuem um poder mágico de controle e manipulação à imprensa e, por isso, na prontidão exorbitante de cobrança de culpa que choca aos níveis de censura, aberta ou velada. São características de segmentos políticos e ideológicos com tendências totalitárias e que mal escondem aspirações de tornar os meios de comunicação social instrumentos em favor de uma opinião pública massificada."

"De outro lado – continuou o professor GOLDBERG – existem aqueles que tentam diminuir o papel da imprensa, reduzida a um incômodo testemunho do registro de acontecimentos que oscilam entre os critérios burocráticos e o divertissement da coluna social."

Medo

Nas cidades altamente despersonalizantes do mundo contemporâneo, em que os meios de comunicação de massa exercem grande influência, *"um dos maiores inimigos da saúde mental é o medo da perda de identidade, acompanhada de sintomatologia patológica da solidão"*, disse. *"Isso gera uma angústia existencial que ultrapassa a crise política para caracterizar uma forma estatal e interesses que industrializavam a cultura para o uso massacrante do ser-objeto."*

As telenovelas, na opinião do psicólogo Jacob GOLDBERG, *"refletem comportamentos, mas também presidem modificações de conduta. Uma sociedade tanto pode ser considerada próxima de razoáveis padrões de higiene mental, quanto mais ela se sente condômina do acesso absoluto à informação e participante da leitura da fenomenologia do real, como atributos de decisão"*.

Como exemplo da resistência dos meios de comunicação às imposições da censura, que limitam as informações, o professor Jacob GOLDBERG apontou o jornalista Júlio de MESQUITA FILHO: *"Durante a ditadura Vargas, com o interventor Ademar de Barros, censurou-se o tradicional* O Estado de S. Paulo. *O jornal resistiu e conseguiu sair do impasse, depois de muito brigar"*.

Os meios de comunicação social resultam, conforme GOLDBERG, em alerta da população quanto aos fatos que influem em sua vida. *"Temos o caso do jornalista Nestor Moreira, morto em uma delegacia carioca, que comoveu e desencadeou uma página de indignação e vitalidade mental, que se corporificou no espetáculo da rua. O choro virou raiva, a raiva se fez consciência."*

Por isso, na opinião do psicólogo, a imprensa é importante e está *"intimamente ligada ao comportamento das camadas sociais"*.

O Estado de S. Paulo, 3-11-1981

IV

VIOLÊNCIA

A VIOLÊNCIA URBANA NO BRASIL

JUSTIÇA E CIDADANIA

A violência urbana está no centro do debate no Brasil e, em entrevista, Leandro Piquet Carneiro e Jacob Pinheiro Goldberg avaliam o cenário brasileiro contemporâneo, a questão da ética, os índices de criminalidade e as alternativas para enfrentar e combater a violência e o crime. Investir no que importa e não dispersar recursos em programas que não terão efeito sobre o crime é o que defende Leandro Piquet Carneiro, que ataca o Programa Nacional de Segurança Pública com Cidadania (Pronasci), do Ministério da Justiça do governo Lula da Silva, por considerá-lo "um retrocesso e não simplesmente um programa, mas uma nova estrutura no Ministério da Justiça que irá concorrer por recursos públicos com a Secretaria Nacional de Segurança Pública, a Senasp". Por seu lado, Jacob Pinheiro Goldberg vê como um avanço no processo de estratégia social contra a violência e o crime exatamente o fato de que "o Pronasci simultaneamente prevê ampliação de recursos para todas as áreas governamentais que cuidam do problema da segurança individual e social com uma visão que ultrapassa o conceito falido da mera repressão".

O senhor defende maiores investimentos no sistema de justiça criminal, incluindo as polícias civil e militar, o Ministério Público, as varas de Justiça Criminal e o sistema carcerário. O Programa Nacional de Segurança com Cidadania (Pronasci), anunciado pelo Ministério da Justiça e pelo governo Lula, prevê a ampliação de recursos para estas áreas. Qual a saída para a questão do investimento na área da segurança?

Leandro Piquet Carneiro – Investir no que importa e não dispersar recursos em programas que não terão efeito sobre o crime. O Pronasci é um retrocesso porque ele não é simplesmente um programa, mas uma nova estrutura no Ministério da Justiça que irá concorrer por recursos públicos com a Secretaria Nacional de Segurança Pública, a SENASP. Durante os últimos dez anos houve uma consolidação notável da doutrina e da organização da SENASP. Caminhávamos para algo difícil de ser conseguido no Brasil, a formação de uma política de Estado para a área de segurança pública. A SENASP contribuiu, dessa forma, para que as políticas de segurança adquirissem uma identidade própria, mas o Pronasci não partilha dessa visão e propõe dissolver as políticas de segurança em uma sopa de programas sociais. Isto é um erro de estratégia que irá penalizar milhares de jovens pobres que vivem nas periferias das grandes cidades brasileiras. Os recursos disponíveis para a segurança pública serão bem empregados se forem destinados a programas capazes de gerar resultados no curto prazo. Nos últimos sete anos houve uma redução de 50% no número de homicídios no estado de São Paulo. Se as taxas de homicídio observadas em 1999 tivessem permanecido constantes, 19 mil pessoas teriam perdido a vida de forma violenta, principalmente jovens e pobres. Evitar que um crime violento seja cometido também é uma forma válida de promover a justiça social. A ideia de que teremos um País melhor no futuro se adotarmos mais políticas sociais e menos políticas que visam diretamente o controle do crime é desastrosa, nessa lógica empenha-se o presente de uma geração em nome de uma vaga ideia de futuro.

Jacob Pinheiro Goldberg – O que se registra como um avanço no processo de estratégia social contra a violência e o crime é, exatamente, o fato de que o Pronasci simultaneamente prevê ampliação de recursos para todas as áreas governamentais que cuidam do problema da segurança individual e social com uma visão que ultrapassa o conceito falido da mera repressão. A distribuição dos recursos, portanto, deverá se transformar num fator de estratégia de longo prazo e não numa política oportunista e demagógica de pirotecnia da sociedade do espetáculo, em que duas violências – a do crime e a da sociedade organizada – se digladiam.

Durante anos, a segurança era vista como um problema dos estados brasileiros e cada estado adotava uma política para o setor. A falta de um sistema integrado e eficiente da gestão da segurança pública é o principal equívoco no País?

Leandro Piquet Carneiro – É impossível discordar da afirmação feita, integração e eficiência são metas adequadas para qualquer sistema. É claro que uma política integrada e eficiente é melhor do que uma fragmentada e ineficiente. A questão é como integrar e como desenvolver medidas eficientes. Em um sistema federativo a implementação de políticas públicas depende, em larga medida, de iniciativas que serão realizadas por estados e municípios. O papel do governo Federal limita-se à produção de mecanismos de coordenação e indução. Caso não seja possível convencer as polícias e as secretarias de segurança nos estados e municípios de que as metas de uma determinada política são adequadas, muito pouco será feito. Não é possível imaginar que uma mesma política de segurança irá servir para conter a epidemia de homicídios em Olinda e as ações de traficantes de drogas no Espírito Santo. Embora a estratégia comum seja aumentar a probabilidade de punição para os criminosos, as táticas são locais e serão mais eficazes se forem desenhadas a partir da base do sistema de segurança, principalmente pelas polícias nos estados que são os principais agentes nessa questão. O governo federal, por exemplo, poderia contribuir muito se desenvolvesse instrumentos de avaliação e monitoramento das iniciativas de governos estaduais e locais.

Jacob Pinheiro Goldberg – Não se conhece uma estadualização do crime e, portanto, não se podem admitir políticas estaduais contra o crime. O crime não respeita fronteiras. O país vive uma situação em que a capilaridade ultrapassou a noção da megalópole e da província. De inúmeras formas, a violência, micro e macro se expandem pelo país. Uma política nacional de segurança com cidadania já implica numa abordagem que traduz a leitura do fenômeno como uma realidade num país com dimensões continentais. Propósitos amplos inspiram confiança à população que se sente desamparada diante da cultura do "Está tudo dominado", mensagem subliminar que o crime, organizado e/ou desorganizado, tenta imprimir, de forma ameaçadora à população.

Como explicar o aumento indiscriminado da criminalidade em cidades como Rio de Janeiro, São Paulo, Recife, Salvador e Belo Horizonte? O que tem sido feito de concreto para enfrentar essa realidade?

Leandro Piquet Carneiro – Não é correto afirmar que essas cidades passam por processos semelhantes. Como já disse, em São Paulo a taxa de homicídio decresce desde 1999 e acumulamos uma redução de 50% nos últimos sete anos. Esse resultado tem um enorme significado social e decorre da adoção de políticas públicas consistentes na área de segurança pública. Em Belo Horizonte houve um aumento de 170% na taxa de homicídio entre 1999 e 2004, enquanto que no Rio de Janeiro e no Recife as taxas de homicídio ficaram mais ou menos constantes ao longo da década, na faixa entre 60 e 80 por 100 mil. Se nada for feito, essas duas cidades terminarão a década da mesma forma que começaram, com uma posição de destaque entre as cidades mais violentas do mundo. O que esses dados indicam é que o problema não é o mesmo em todas as grandes cidades brasileiras e que há diferenças que podem ser explicadas pelo tratamento dado ao problema.

Jacob Pinheiro Goldberg – O Brasil vive uma situação contraditória e paradoxal em que a minoria privilegiada estabelece um contraste sadomasoquista com a maioria espoliada, marginalizada, miserável e carente dos recursos mínimos de sobrevivência. A novela na TV e a coluna social mostram uma riqueza que ostenta formas faraônicas de vida, num autêntico deboche com índices de submundo econômico, social e cultural. Na penitenciária, o preso decepa a cabeça de outro detento. No acidente em Congonhas, a mulher, tentando salvar a vida, se joga pela janela e morre. A TV exibe as cenas. E assim, se conjugam os elementos para disseminar paranoia e necrofilia. Portanto, são inúmeras as variáveis psicológicas que precisam ser revertidas para diminuir a onda de criminalidade, como o fim das utopias românticas e da apologia histérica do bandido, seja de colarinho branco ou travestido de revoltado. Os povos – pobres, ricos, classe média – demandam um significado de exigir e não um jogo de consumo que carrega no bojo a prostituição da alma. O século XXI terá que ser o tempo do espírito ou será o tempo do terror. Portanto, o que mais deve ser feito de concreto é no abstrato, na mentalidade, e passa pela intelectualidade, pelo poder, pela sociedade no todo, por suas forças organizadas. A "mauvaise conscience" burguesa não pode paralisar a resposta da Ordem.

Como o senhor avalia a atuação da polícia brasileira em meio ao aumento da violência urbana?

Leandro Piquet Carneiro – Não há uma polícia brasileira. Há mais de 50 instituições policiais no Brasil, cada uma com uma história, com seus próprios problemas e qualidades. Algumas polícias têm respondido muito bem à crise gerada pelo aumento do crime: investiram na formação de seus policiais, em tecnologia e em estratégias inovadoras de policiamento e de gestão. Não posso oferecer um quadro exaustivo, mas gostaria de destacar as experiências de Minas Gerais, São Paulo e Paraná. Esses três estados investiram em sistemas eletrônicos de boletins de ocorrência, criaram unidades especializadas de análise criminal, melhoraram o uso de informação e desenvolveram metodologias de planejamento que buscam integrar as ações das polícias civil e militar. Dessa forma consolidaram as bases de um modelo de gestão por resultados que já começa a apresentar frutos em alguns casos.

Jacob Pinheiro Goldberg – Ela é reflexo da integralidade da comunidade, atuando e sendo ativa e passiva na interação com o desregramento dos costumes. É preciso anotar a função executiva e superego que a polícia deve significar. É neste simbólico e imaginário que a polícia pode resgatar um papel corretivo, que parte, inicialmente, de autorrespeito. A corrupção sinaliza o deboche da tolerância zero.

O filme "Tropa de Elite" tem provocado uma ampla discussão sobre a criminalidade e sobre a ação policial no Rio de Janeiro. Até que ponto o filme ajuda a refletir sobre a violência e seu combate?

Leandro Piquet Carneiro – Não considero um caminho promissor tomar uma obra de ficção como base para a discussão de políticas públicas. O filme deve ser avaliado e analisado pelo que ele é: uma obra de ficção. Como pesquisador do assunto não me sinto à vontade para emitir uma opinião sobre um filme de ação policial. O fato de o filme ter por base depoimentos de policiais e ex-policiais não o transforma em uma fonte de informação válida sobre o sistema policial do Rio. Nem é isso que ele pretende, e cobrar isso do filme é injusto e empobrecedor. O fato de o filme ser discutido pela comunidade de especialistas como se fosse um trabalho sociológico mostra tão somente que ainda não temos uma comunidade acadêmica consolidada na área.

Jacob Pinheiro Goldberg – Sem dúvidas, o filme "Tropa de Elite" cumpriu uma realidade catártica. Ela se iniciou no fato de que a aquisição no camelô mostrou a hipocrisia do faz de conta que a sociedade mantém seja com o jogo do bicho seja com a maconha, e com mil "macetes", interface das cenas brutais e desumanas, percebidas no filme. Inútil considerá-lo de direita ou de esquerda. Ele revela um caráter insuportável de nossa sociedade que precisa ser exorcizado. Fingimos que não vemos, ouvimos, o gemido do martírio. A civilização termina quando o horror violenta os últimos vestígios de direitos. Bestialidade e tortura conduzem ao declínio de civilidade.

No Brasil, como garantir da Justiça um tratamento igual para todos?

Jacob Pinheiro Goldberg – A igualdade diante da Justiça, ou melhor, a evidente e gritante desigualdade sempre foi o estopim que desencadeou o surto revolucionário. Os corredores de nossos tribunais acabaram se tornando uma triste paisagem em que sofrem todos os personagens conscientes, desde o juiz até o réu. Volto à consideração de que se trata de mudança mais subjetiva do que objetiva. É preciso reintroduzir Sobral Pinto como uma referência, como advoguei em conferência na USP.

O escritor Affonso Romano de Sant'Anna, em entrevista, afirmou que a ética está em ruína no país. E, coincidentemente, argumentou que nunca se publicou tanto livro sobre ética no Brasil. O que é preciso fazer para que a ética prevaleça efetivamente e não seja mera retórica?

Leandro Piquet Carneiro – Acho a afirmação um lugar comum sem qualquer sentido prático. Durante o regime militar a ética certamente estava em ruínas no Brasil. Torturava-se, delatava-se, não havia Justiça e o governo mentia e cometia muitos outros erros que são próprios dos regimes autoritários. Quando o Brasil foi ético? Se voltarmos ainda mais no tempo, podemos dizer que o Brasil paroquial e provinciano do regime de 46-64 era mais ético do que o atual? Como sociedade, avançamos em quase todos os aspectos sociais nos últimos 25 anos. Veja por exemplo o quanto progredimos na saúde, na educação ou no combate à pobreza. Avançamos menos do que seria possível ou desejável, mas esses avanços não existiriam sem um regime democrático estável. Quanto maior a pressão da opinião pública e mais livre for a imprensa, quanto mais eficientes forem o Ministério Público e a Justiça, quanto mais as polícias investigarem, mais "problemas éticos" teremos nas páginas dos jornais. O controle sobre os que exercem o poder tem sido mais eficiente, apenas isso.

Jacob Pinheiro Goldberg – Em debate, com o Senador Aloizio Mercadante, argumentei que a ética e a estética caminham juntas enquanto reflexos harmônicos do esforço de convivência. A beleza não pode ser resultado de cirurgia plástica, como a decência não pode ser resultado de livros e discursos vazios e nem pode ser ensinada em manuais. Dom Quixote foi o arauto que informou ao mundo que a realidade só existe em sintonia com a fantasia. Ética decorre de opção moral, opção moral depende de código de valores que se baseiam na virtude. Não pode existir virtude numa sociedade presidida pelo "Grande Irmão", de Orwell.

O senhor tem afirmado que o aumento do número de soldados no policiamento das ruas é decisivo para obter uma redução no número de crimes. O secretário de Estado de Segurança do Rio de Janeiro, José Mariano Beltrame, também defende esta tese. O que tem sido feito efetivamente nos grandes centros sobre essa questão?

Leandro Piquet Carneiro – Aumentar o número de policiais é apenas uma parte do trabalho. Isso é importante, mas a tarefa mais difícil é fazer com que esses policiais sejam capazes de prender cada vez mais infratores. É preciso também elucidar mais crimes, apreender mais armas e mais drogas, abordar mais suspeitos. O Rio de Janeiro é um exemplo de como políticas erradas podem produzir resultados desastrosos. Os governos do Estado, até o momento, fizeram uma opção preferencial pela impunidade: contemporizaram com estruturas policiais corruptas, promoveram doutrinas erradas, como a ideia de que é possível combater a presença de armas sem enfrentar o tráfico de drogas nas favelas, e investiram em projetos de alta visibilidade, como as Delegacias Legais, que não têm nenhum efeito potencial sobre o crime. O policial continua mal pago, mal treinado e sem supervisão. As polícias não prendem e não investigam, os presídios estão vazios e controlados pelo crime.

Esses são os entraves a serem resolvidos. A mensagem da autoridade pública em uma situação conflagrada como a do Rio de Janeiro deve ser a mais clara possível. Do meu ponto de vista, é muito bom saber que não se pretende negociar com corruptos e criminosos, que não há "meia" Lei, que não haverá paz para traficantes armados ou desarmados. E, principalmente, de que essa mensagem será sentida nas ruas.

Jacob Pinheiro Goldberg – O Exército e as Forças Armadas, em geral, precisam ter um papel saliente na chamada "ação de presença" que devolve a rua ao cidadão. O cidadão foi exilado da rua e vive acoelhado nos "shoppings" e nos edifícios vigiados. Mas para isto é preciso um preparo junto à tropa. Apresentei, na PUCSP, o trabalho "Serviço Social no Exército brasileiro" em cima de um estudo no 4º RI, em São Paulo, em 1962. Nele, constatei que o soldado, tanto do Exército como da polícia, precisa ser amparado, inclusive sua família, para só então exercer um papel de exemplo e de cidadania.

O que fazer para viabilizar uma aplicação com mais rigor nas punições aos criminosos ao lado de uma maior flexibilidade na forma de cumprimento das penas?

Jacob Pinheiro Goldberg – Crimes teratológicos têm sido tratados de forma benigna e pequenas transgressões jogam pobres diabos nas escolas de pós-graduação, que são nossas penitenciárias. Sugiro que se introduza, de forma maciça, a sociologia, a psicologia, a pedagogia, a educação e o trabalho nos sistemas prisionais, tanto como modalidade de socialização quanto como processos de proteção da comunidade.

Alguns estados brasileiros, em especial Minas Gerais e São Paulo, têm convivido com o aumento da violência na área rural e em pequenas cidades, praticamente desguarnecidas de policiamento e de delegados. Como o senhor vê esse problema?

Leandro Piquet Carneiro – Há de fato uma convergência nas taxas de homicídio não só nesses estados, mas em todo o Brasil. Os municípios estão ficando mais parecidos no que diz respeito aos seus níveis de criminalidade. Durante os últimos trinta anos, o número de crimes nas grandes cidades e regiões metropolitanas do Brasil cresceu muito e houve, portanto, como seria razoável esperar, uma concentração do policiamento nessas áreas. E não apenas o gasto público com segurança aumentou, como também o gasto privado com autoproteção. Isto produziu uma elevação nos custos do crime nessas áreas, o que por sua vez produz um incentivo para a migração do crime em busca de outras áreas que ofereçam vantagens comparativas. Muitas cidades de porte médio no Brasil são muito atraentes para os criminosos porque têm um nível razoável de riqueza, o policiamento é menos presente e as pessoas adotam menos medidas de autoproteção. Por exemplo, moram em casa, não dirigem com as janelas fechadas, não têm sistemas de alarme em casas e carros, entre outras medidas dessa natureza que são corriqueiras nos grandes centros urbanos do país. As oportunidades geradas nessas cidades serão devidamente exploradas pelo crime.

Jacob Pinheiro Goldberg – As pequenas cidades, frequentemente, são deixadas de lado nos diagnósticos que partem de pressupostos quantitativos. É mais uma forma lamentável de reducionismo. A questão da segurança concerne a todos, independentemente de geografia ou de economia. O estado é obrigado a oferecer condição preliminar para o desenvolvimento do cidadão, em termos de qualidade de vida, e isto se inicia com a proteção à vida. Hoje, somos todos reféns da bandidagem. Mudar o jogo exige mudar as regras.

Leandro Piquet Carneiro *é carioca e tem 42 anos. É economista graduado pela Universidade Federal do Rio de Janeiro e doutorado em Ciência Política pelo IUPERJ. Leandro é pesquisador visitante do Taubman Center da JFK School of Government de Harvard e professor do Departamento de Ciência Política e pesquisador do Núcleo de Pesquisas em Políticas Públicas da Universidade de São Paulo. Atualmente coordena o fórum "Um Novo Repertório de Estratégias Frente ao Crime e à Violência na América Latina" no Instituto Fernando Henrique Cardoso.*

Jorge Sanglard
Jornalista, pesquisador e editor da *Revista OAB-MG* – 4ª Subseção
31-12-2007 – *O Primeiro de Janeiro* – Porto – Portugal

Política e Direito

Segundo Spencer, "a vida é a tendência para adaptação contínua à crescente das relações externas".

Conciliar as aflitivas demandas psicológicas de uma sociedade em desenvolvimento com os requisitos morais e o anseio imanente de Justiça, esta era suprema tarefa da Lei, no mundo contemporâneo.

Analisar os influxos do desenvolvimento econômico sobre a ordem jurídica e, concomitantemente, os elementos norteadores que o Direito inspira ao mesmo desenvolvimento, demandam uma abordagem multifacética que podemos registrar no curso da evolução da história da sociedade, consignando suas premissas e traçando seus contornos.

A ordem jurídica correspondendo aos anseios éticos predominantes, na comunidade, num dado momento histórico, é, por isto, mutável, adaptando-se continuamente as novas contingências econômicas, sociais e políticas.

Esta mutação, constante e variada, pode ser enfocada pelos ângulos diversificados das ciências sociais, desde o psicológico até o financeiro, todos inter-relacionados, diretamente, com a ordem jurídica.

Determinados acontecimentos, por sua densidade quase explosiva em termos de repercussões humanas implicaram em singulares transformações.

Como ponto de partida das radicais mudanças que se observam, temos a revolução desencadeada pela imprensa com Gutenberg, que levou McLuhan a denominar o mundo dela surgido como a "Galáxia de Gutenberg".

Pelo impacto verificando nas facilidades das comunicações, aproximando os povos e diversificando a cultura, sacudiu a ordem jurídica.

O Direito Civil se coloca perante as transformações estruturais ocasionadas pelos regimes de economia estatal, em seus diversos escalonamentos, com profundas modificações na vida societária, nas noções de propriedade privada e no entendimento dos direitos de cidadania.

O Direito Penal se enriquece, sobremaneira, com todas as novas descobertas no campo da Medicina Psicológica, com potencialidades na previsão do ato criminoso e na recuperação do delinquente para o convívio social.

As próprias noções de pena se veem sob o crivo da observação comunitária e o criminoso passa a ser encarado como elemento a ser reintegrado, pelas experiências audaciosas no tratamento individual.

Outrossim, a violência desencadeada pela explosão demográfica e os desajustes que uma tecnologia avançada representam, ameaçam degenerar em forças conflituosas de difícil controle.

O Direito do Trabalho é um dos ramos do Direito mais atingidos pelo desenvolvimento econômico. A proliferação dos grandes grupos financeiros, com desmesurada organicidade, teve sua contrapartida nos movimentos sindicais, cujas reivindicações acabaram por equilibrar, em inúmeros países, a legislação social.

O Direito Previdenciário se incorporou, de maneira definitiva, aos melhores cânones do progresso, e veio regulamentar o seguro social e inúmeras outras modalidades de amparo aos desprotegidos.

A interpretação cada vez mais intensa das conquistas técnicas e os diversos níveis de relações comerciais levaram o Direito Comercial a encarar realidades de amplo dimensionamento, sendo oportuno relevar por sua especificidade o ramo bancário com suas caracterizações relativas ao cheque.

O Direito Constitucional sofre os influxos de experiências políticas traumatizantes que obrigam a sucessivas reformulações em todos os países, ora com maior concentração do Poder Executivo, ora debilitando os corpos legislativos.

Rumo exponencial em vitalidade, o Direito Administrativo se vê carregado de novas ordenações, constantemente.

Todas estas mudanças que arrolamos, de maneira perfunctória, exigem que o Judiciário fique guarnecido de melhores estruturas para a aplicação mais rápida e dinâmica da Justiça, com o uso dos instrumentos técnicos e maquinários bem aparelhados.

As últimas décadas são consideradas, unanimemente, pelos estudiosos como o período mais fértil em descobertas, na história da humanidade, correspondendo a expectativa de saltos qualitativos e quantitativos de real significado para a ordem jurídica.

No Brasil, urge que as novas categorizações dos nossos Códigos, de elaboração recente, com adaptabilidade histórica às contingências impostas pelo desenvolvimento econômico e social, encontrem receptividade operacional pelas ampliações dos recursos humanos e técnicos.

E, neste compasso, deparamo-nos com um desafio aos elementos formativos do pessoal para o campo do Direito.

A inovação humanística somada e afinizada com um pragmatismo consistente possibilitará a adequação dos nossos cursos de Direito às necessidades do desenvolvimento econômico.

Nesta conjuntura se apresenta alguns elementos básicos, como a introdução de matérias pertinentes à divisão moderna do Direito.

"Last but not least", se colocam as questões éticas: ex-secretário geral da Organização das Nações Unidas encaminhava proposta para abreviamento da vida, pelos médicos, quando não houvesse condições de sobrevivência e estivesse o paciente sujeito a sofrimentos dolorosos.

É o que chamou de "vida artificial", mantida pelas conquistas científicas.

Isto numa evidente intromissão, desta entidade em campos alheios.

Sobreleva na análise do problema aspectos de natureza jurídica. Vista como resultado e sistema regulador do desenvolvimento econômico, na história da civilização, a ordem jurídica é suprema instância.

Nem sempre o desenvolvimento econômico marcha "pari passu" com a elevação dos níveis de padrão de moralidade pública. Para o nosso País, em que realidades públicas ingentes provocaram, para exemplificar, um Direito Rodoviário ou quando o Direito Espacial passa a ser problemática presente e não injunção utópica, cabe abrir disponibilidades para o equacionamento realístico da ordem jurídica.

Todas as vezes em que peias de preconceitos estratificados se antepõem ao desenvolvimento econômico e social válido, cumpre a adaptação da ordem jurídica. Que não obstante, deverá ter como norma básica a idealização de que o Direito é estribado na ética, alimentado pelo homem que não pode ser reduzido a robô.

***Jornal de Brasília*, 8-5-1982**

Tribos urbanas - A herança selvagem

O fenômeno da tribo urbana nasce, historicamente, de maneira teratológica com a cidade, enquanto concentração demográfica.

Com as peculiaridades da horda e da malta e contornos contemporâneos, podemos registrar alguns de seus mapeamentos:

1. A virtualidade, através da Internet, de uma espécie de "cultura Google" que se ancora na simultaneidade e na instantaneidade, predispondo à simplificação e à grosseria da interação agressiva.

2. As crises de identidade, uma construção dolorosa, pairando entre o prazer e o medo, que vai enfraquecendo o ser pensante, feixe de sensibilidade.

3. A muralha de proteção que cerca e protege não só dos perigos externos, mas também de seus impulsos de morte – tanatofilia.

O irmão ("brother") substitui o filho e promete a continuidade na horizontal.

A sensação é de vigor e exuberância, raiando a onipotência num gênero de mergulho orgásmico que beira a Eternidade, e, não por acaso, sua música e seus hinos escondem um repertório que se exprime na indumentária, no corte de cabelo, nos gestos, nos rituais, nas causas e pretextos e, finalmente, nos objetivos. Um exemplo notável é dos "emos", que alimentam angústia nos cemitérios.

4. Perder-se na multidão, autêntica imersão que ignora o Eu e inaugura o Múltiplo, sob o apelido do coletivo, aliviando as culpas, remorsos e até a lucidez e a consciência. O Urro substituindo a opinião e o senso crítico.

5. As "gangs" desde o tráfico de drogas até as torcidas organizadas dos "hooligans", achatando todos os conflitos e incertezas na fúria do movimento infanto-juvenil.

6. O migrante da geografia, da etnia, das conversões e que passam por isto de tribo em tribo, aprendendo e esquecendo as chaves dos diálogos envolvidos no monocórdio ululante. Do fanatismo micro ao macro – gênero, cor, faixa etária, interesse.

7. O comício na manifestação catártica exorciza os fantasmas no Simbólico e no Imaginário.

Na hierarquia da exposição o Silêncio é o não dito que ao se acumular explode e implode levando de roldão a aparente igualdade que serve de amálgama à tribo.

8. Desmoralização do passado. Nada será como antes, estranhamento e antropofagia. O idioma que não comunica, que exalta. Fim da esperança de amadurecimento.

A paranoia é o traço significante para a tribo que no labirinto das ruas escuras se encontra, se perdendo.

A tribo simultaneamente joga com a tendência ao movimento veloz e com sistemas de contenção rígidos com a intenção de domesticar.

Tribos que se dividem em cordeiros – os rebanhos do Senhor e as matrizes da fé contrastando com os lobos famintos, alcateia do Estranho, na verdade aqueles que se agasalham no espírito da Liberdade e da Errância que nega o coletivo desfigurante.

"Apartheid" nas megalópoles

(Em fevereiro de 2001, equipe coordenada pelo Prof. Dr. Jacob Pinheiro Goldberg, doutor em psicologia – Deputy-chairman – Middlesex University South American Advisory Boarder, Prof. Jerry Hart – Lecturer in Security Management – University of Leicester, realizou pesquisa de campo sobre microviolência em São Paulo.)

Debaixo do impacto diuturno de boatos e notícias que dão conta de uma onda de criminalidade difusa, que reúne características de banditismo e crueldade, a população vive, reage e sobrevive, com formas infantis de mecanismos de autodefesa e ataque.

As sucessivas placas tectônicas de informação mal digerida e não elaborada, uma "Kulturkampf" que habita desde os palácios suspensos na arquitetura de ostentação até cortiços e favelas, dos sem-terra.

Um resultado é o idioma da indelicadeza, da molecagem, a vadiagem orgulhosa, o sadomasoquismo que se interpenetra do berço até o enterro, sacrificando os rituais de socialização.

Nem Ética nem Estética protege os núcleos de identidade pessoal. Prevalece o alpinismo econômico e o narcisismo do "lumpen".

Por causa, vagarosa, mas firmemente, se estabelecem pactos exógenos e endógenos com a transgressão e o crime.

Alguns fenômenos percebemos quase a olho nu, através de observação direta, depoimentos, testemunhos, condutas. Em ordem só descritiva:

1. No trânsito, a ausência de qualquer policiamento eficaz. Unicamente a preocupação primitiva da multa por parte da autoridade. Balbúrdia ocasio-

nando raiva do motorista que desrespeita quaisquer sinais, atropela o pedestre (que, por sua vez, desrespeita o perigo), briga com outros motoristas.

Milhares de motoboys que jogam seus veículos em ritmo insano, para corresponder à ansiedade e obrigação de produzir para as empresas empregadoras. Sem qualquer proteção pessoal, ou conceito de urbanidade.

O trânsito caótico que enerva ao paroxismo e se transforma num exercício permanente do ceticismo, insatisfação e selvageria no trato reativo.

2. O convívio desarmônico e debochado dos segmentos da comunidade, numa zona ambivalente entre a legalidade e a ilegalidade, a moral e a avacalhação.

O jogo do bicho, sujeito a uma proibição hipócrita que roda e movimenta milhões de dólares, na conivência entre bicheiro, policial e jogador. O bingo, seu primo-irmão no lusco fusco, da classe média ociosa, polícia de segurança particular, lavagem de dinheiro, e *lobbies* de poder político-eleitoral.

As igrejas e grupos de superstição usando TV e rádio, manobrando multidões de centenas de milhares de fiéis, explorando a crendice, com o uso de voto de aluguel, sistema de saúde e educacional, estrutura espiritual. A disputa pela imaginação histérica do desespero, principalmente na periferia, induz inclusive as instituições tradicionais a cederem aos espetáculos mágicos de persuasão, pelo instrumental de apresentadores de TV arrebatados pelos índices do IBOPE. O milagre prometido na Terra do desamparo. As escolas públicas entregues a violência de alunos que chegam a estuprar professoras, as escolas particulares, na caça competitiva do lucro, numa permissividade que celebra o analfabetismo e a boçalidade. O sistema de ensino, retrógrado e ultrapassado, que paga salários miseráveis aos professores.

A medicina sucateada, com raras e riquíssimas ilhas de excelência, pelos sofisticados jogos de exploração sistemática, armados por convênios, laboratórios e a indústria farmacêutica, levando doentes ao medo e profissionais ao desinteresse pela pesquisa e desenvolvimento científico, na vizinhança da proletarização.

As famílias abandonam as ruas, principalmente à noite, ao vazio, com receio do assalto. Crianças e adolescentes sem alternativa de esporte e lazer, a não ser uma TV pornográfica e comercializada até a desbragada apologia de produtos de uso condenável, com a linguagem rasteira da sedução do sexo, principalmente o corpo feminino.

A droga como mercadoria de contato entre o crime organizado e a sociedade sem perspectivas.

Este esgarçamento de códigos e pautas de civilidade convoca um *apartheid* emocional, que pode ser sintetizado na figura anedótica, a sensação de cego no meio do tiroteio. O individualismo mal-disfarçado, em gangues conjunturais. Torcidas de futebol, tietes de funk e *rappers*, ricos frequentadores das colunas sociais e academias de musculação, gerontocracia contra jovens, jovens desprezando os mais velhos, homens contra mulheres. A paranoia que escolhe "ELES" como o inimigo. A culpa "DELES", sempre o OUTRO, diferente, desconhecido, vizinho.

Megalópoles em que a lógica da convivência foi substituída pelo conflito, obrigando o mais frágil à frase ditada numa entrevista, no Parque do Ibirapuera. Moça de 28 anos de idade, babá pernambucana, humilde. Perguntada disse que era bem tratada pela patroa: "Como igual, como ser humano?". Dos olhos baixos, desce devagar uma lágrima. "Eu conheço o meu lugar". Que a maioria começa a desconhecer.

***Tribuna da Imprensa / Jornal do Brasil*, 2001**

Direito e psicologia da morte

André MAIRAUX, num texto lírico de seu livro "Anti Memórias", referindo-se a um diálogo com Nehru, afirma: "... materialismo, desde o fim do século XIX, não significa mais que a alma será substituída pela matéria, mas sim pelo espírito. Desta vez, não são mais as luzes que se opõem ao templo, são os reatores atômicos... A Índia terá a bomba atômica se ele (Nehru) quiser, e ele não quer".

Esta justaposição entre as alternativas e o senso da vontade resume a discussão que hoje as nações através de seus condutos livres – imprensa, Universidade, sindicatos, e, principalmente, as agremiações partidárias – terão que desencadear: construir ou não a bomba atômica.

O argumento basilar em favor da via armamentista é ponderável, sob o ponto de vista estritamente militar. Num mundo em que existe praticamente sedimentada uma corrida pelos artefatos nucleares operacionais, as forças armadas que se prenderem, unicamente, às armas convencionais levarão mortal desvantagem, em caso de qualquer conflito maior. O próprio Nehru está morto e a Índia desviou sua vocação pacifista.

Para grande parte dos países releve-se o fato temporal, da conjuntura socioeconômica. Como dedicar preciosos recursos financeiros para a construção de uma arma, de uso extremamente hipotético, dadas as consequências óbvias, desviando-nos dos desesperados anseios – educação, saúde pública, melhoria da qualidade do padrão de vida. Enfim, menos bilhões de dólares para estradas e hospitais, sustendo uma eventual possibilidade de estratégia opcional.

Os algarismos surpreendem, mesmo diante de uma alegação usual, a de que a posse da bomba, ao contrário de estimular o risco do conflito, presta-se, na verdade, como elemento de dissuasão. Numa entrevista ao programa Midweek, da BBC de Londres, um vendedor de armas da Venezuela, Sir Raymond Smith, declarou que: "Nós reconhecemos as armas não como um meio de iniciar uma guerra, mas como meio de parar uma guerra". Diga-se, de passagem, que este raciocínio foi usado também depois da I Guerra Mundial: a noção de que a evolução do poder de fogo dos exércitos seria de tal natureza, e o morticínio tão horrendo, que nunca mais (*sic*) haveria guerras. A história ensina que não foi bem assim, e a tecnologia desenvolvida cresceu, teratologicamente, servindo ao genocídio, à tortura, à bestial deformação dos conceitos de civilização, desmoralizados e corrompidos, nas mãos dos tiranos e de ideologias ensandecidas.

O fato é que, numa espécie de prolongamento maligno, a partir de 1945, o mundo mergulha num gênero de guerra civil total, não localizada em que se sucede o terrorismo, como manobra de diversão e desestabilização, os "golpes", as disputas por fronteiras, assolando populações desprotegidas, situadas na linha de fogo.

O refugiado e a vítima são habitantes costumeiros da esquizofrenia dos tempos presentes, como testemunhas da inacreditável capacidade do homem de destruir seu semelhante.

Mais de cem guerras explodiram desde o término da última conflagração mundial.

Nenhum meio de intimidação tem sido suficiente para evitar a progressão alucinada de elaborados sistemas de sofisticação, terra-mar-e-ar, projetando o delírio da imaginação infantilizada do homem, que brinca com o míssil, como o garoto que dispara seu revólver de brinquedo contra o amiguinho de escola.

Uma sorte de aflição onipotente, que só o universo de Jeremias pode considerar, nas estruturas da Psicanálise freudiana, alimenta a avidez e o frenesi de matar, em veredas sem salvação. Como se num acesso de loucura coletiva, a Terra quisesse procurar o autoextermínio Faustino.

Contudo, além e por cima das razões pragmáticas, que verificam os índices do orçamento e a aplicação do dinheiro público, das motivações emocionais e dos mecanismos políticos, sobreleva um tema básico: É isto que queremos? É este o projeto de mundo em que sonhamos viver? É desta forma que vamos organizar a vida de nossos filhos?

E não se trata de uma simplória colocação, idealista da poesia (tão suspeita para os "práticos"), mas de um momento supremo no regime do ecossistema. Resistiremos ao impacto diário da informação de arsenais atômicos renovados, capazes de destruir a Terra, dezenas de vezes? E, aliás, com o poder de decisão do uso na mão de fanáticos e paranoicos, personagens de pesadelos imagináveis.

O doutor Fantástico, na ciência da negação, um pensamento de Fênix, como se o mundo fora um teatro de formas.

A falta de transcendência, o encolhimento da religião, o exílio de Deus, perseguido pela vaidade demoníaca da mente apaixonada por si mesma, lembra o último imperador acariciando seu último leão antes da última batalha...

Uma comunidade se define não só pelas respostas prontas, mas pelas perguntas que é capaz de formular. E uma delas se impõe à consciência do debate: o gênio deve curvar-se à vontade de mando ou ao tempo de uma fumaça alquímica, desenhando uma política decente, de serviço para a pessoa?

Finalmente, seremos reduzidos ao macaco gótico, manipulando Galileu e Newton, ou viveremos fiéis do *summum bonum* (supremo bem), na ternura pelo outro.

O passaporte do futuro deveria ter "o visto" da alma.

No consultório da fantasia: "Boa-noite e boa sorte"

– Como se faz a inteireza do astro e do caráter em George Clooney?

– Assim você me recebe com a exigência moral que sempre senti em ser filho de Nick Clooney, um jornalista com os códigos de ética ancorados numa região provinciana como Kentucky.

– Compreendo sendo filho de Minas Gerais e de Ostrowiec (Polônia), portanto, dois códigos regionais, e no meu caso de religiões diversas, ambos rígidos. De qualquer maneira tendo sido vítima de infâmias de jornalistas imorais, "Boa-Noite e Boa Sorte" significou um marco na linguagem que denuncia o terror ideológico na destruição da personalidade.

– Sinto-me empenhado e comprometido por razões filosóficas, mas também por este viés emocional com a causa da vítima.

– O genocídio em Darfur, particularmente, exigiu de mim tomada de posição e você sabe que esta é uma proposição para estar aqui hoje com você. Sofri com a acusação de que teria sido oportunista e pretendido mais fama.

– Dr. Doug Ross, em "E Aí, Meu Irmão, Cadê Você?", Daniel Ocean em "Onze Homens e um Segredo", agente da CIA em "Syriana", precisaria de mais reconhecimento público, explorando o sofrimento de Darfur?

– Minha formação religiosa, católica de missa em latim, este o grau de envolvimento com uma radicalidade que não admite concessões.

– Bill O'Reilly me chamou de traidor na *Fox News* pelos ataques que fiz a Bush em função da Guerra no Iraque.

– O jornalismo como instrumento de poder é avassalador, totalitário em possibilitar a manipulação do espírito, das opiniões. Você ficou com medo?

– A natureza esculpiu meu rosto e deu-me um queixo de boxer.

Não sei se tenho o direito de ter medo com este presente da genética.

Ou deveria dizer este compromisso com o Certo?

– O exemplo carismático de Edward Murrow que empenha sua alma no jornalismo idealizado continua em sua inspiração pelo visto.

– Rezo pela coragem, doutor.

– Oramos juntos, amém.

A morte de Ulysses Guimarães
Mora - O mar - Amor

O jornal *O GLOBO*, do Rio de Janeiro, publicou, no dia 17 de outubro de 1992, comentários em que Jacob Pinheiro Goldberg falava sobre a morte de Ulysses Guimarães, adiantando:

"O trauma nacional provocado pelo desaparecimento de Ulysses Guimarães foi tão intenso que nem mesmo o possível encontro do corpo poderá derrubar o mito que já começou a nascer. A demora na localização do cadáver determinou o crescimento irreversível de um sentimento nacional de perda. A sensação de orfandade já está cristalizada".

"O desaparecimento de um líder como Ulysses premia a vocação sebastianista do povo brasileiro. Com o desaparecimento do corpo de Ulysses, o povo encontra o seu Rei Sebastião, a figura adorada que um dia foi ao mar, nunca mais voltou, mas cujo retorno continua sendo esperado".

No mesmo dia, a convite da Rádio CBN, de São Paulo, concedeu uma entrevista para o jornalista Adilson Freddo:

Transcrição da entrevista:

Adilson Freddo – A reencarnação não passa de um mito? E a ressurreição, será que ela é possível? Cemitérios devem ser lugar de pranto ou de celebração? Você chora ou fica feliz quando alguém parte? O medo da morte indesejada é justificado? O pós-morte é melhor ou pior do que a vida? Será que o luto é uma insensatez? E a dicotomia corpo e alma é uma realidade? Existe a morte ou ela não passa de uma ilusão da vida? São perguntas, naturalmente, que você faz no seu dia a dia. Às vezes quando para a noite, está deitando na cama, pensando na vida e analisando os fatos do momento... Essa trágica morte do deputado Ulysses Guimarães e a sua esposa, e o casal Severo Gomes. Enfim, essas perguntas você faz no seu dia a dia.

E a partir de agora vamos conversar com o Dr. Jacob Pinheiro Goldberg, que é Ph.D. em Psicologia e Psicoterapia pela Universidade Mackenzie e professor convidado da Universidade da Hungria. Eu pincei essas frases do livro "A clave da morte", que é do Prof. Dr. Jacob Pinheiro Goldberg e também de Oscar D'Ambrósio. Ele está conosco, é amigo pessoal do deputado Ulysses Guimarães e vai falar sobre a análise psicológica do deputado Ulysses Guimarães. Dr. Jacob, bom-dia!

Dr. Jacob Pinheiro Goldberg – Bom-dia.

Adilson Freddo – Bom, o que nós podemos dizer nesse momento sobre... Vamos começar pelo livro, antes de a gente entrar na questão da sua amizade pessoal com o deputado Ulysses Guimarães, infelizmente falecido. "A clave da morte"... como surgiu a ideia de fazer esse livro?

Dr. Jacob Pinheiro Goldberg – A ideia de fazer esse livro surgiu após a morte da minha mãe, a poeta Fanny Goldberg. Eu nasci lá em Juiz de Fora, Minas Gerais, e a minha mãe era uma imigrante polonesa judia. Foi morar lá em Juiz de Fora e durante muitos anos ela era uma mulher dedicada só aos afazeres da casa, só aos afazeres do lar. E, dois, três anos antes de ela morrer, ela achou que devia escrever poesia. E com muita simplicidade, com ingenuidade, aquela simplicidade das mulheres da geração dela... Ela começou a escrever poesia. E um dia, uma noite, aliás, ela estava ficando cega antes de morrer. E ela escrevia de madrugada com lupa. Ela pegava a lupa e fazia os garranchos e ia escrevendo. Falando a respeito da cozinha, do dia a dia da casa dela. E os poemas dela sobre o coloquial, uma espécie de Cora Coralina judia. Eu cheguei para ela e falei: "Mãe, mas por que a senhora resolveu escrever poesia?" Ela já estava com setenta e poucos anos, e ela disse: "Olha, meu filho, é porque eu quero continuar. Eu sei que eu vou morrer, que eu estou doente, e eu queria continuar. E eu acho que se eu escrever poesia, de uma certa maneira, quando alguém estiver lendo ou falando os meus poemas, eu vou estar continuando a viver".

Quando ela morreu foi um choque muito grande para mim. Eu acho que para o ouvinte também... Quando ele perdeu a mãe dele e o dia que ele perder a mãe dele... Porque ninguém gosta de conversar sobre a morte. Mas é preciso falar sobre a morte... Eu acho que a morte devia ser uma matéria obrigatória nas escolas desde o curso primário. As pessoas dizem: "Mas, que tema sombrio, tema desagradável. Ora, mas isso é um absurdo. Isso é um contrassenso". Tendo em vista que a morte é a única realidade absolutamente universal que todos nós vamos ter que enfrentar um dia. Será que não é cruel você esconder isso dos seus entes queridos, dos seus entes amados? Você prepara teu filho pra tudo. Coloca seu filho para fazer curso de computador, para tocar violão, mas não prepara para essa hora que é tão difícil, que é a hora do desconhecido, mergulhar no abismo do desconhecido. Mas isso é covardia. Não ter a coragem de dizer um pouco do que você sabe ou o pouco que você não sabe. Às vezes preparado...

Adilson Freddo – Talvez até como forma de preservar a própria vida, não é?

Dr. Jacob Pinheiro Goldberg – Exatamente. E valorizar a própria vida. Porque se você imagina que vai viver mil anos, eternamente... As pessoas em geral negam a própria morte. E ficam pensando na morte do vizinho, principalmente na morte do inimigo. Quer dizer, fica presumido que o outro morre, mas que ele é eterno. Aí você não valoriza a vida.

Adilson Freddo – O que você imagina, por exemplo, qual é a pergunta que mais a pessoa faz sobre a morte, consigo mesmo ou nas conversas que o senhor tem?

Dr. Jacob Pinheiro Goldberg – Olha, em geral...

Adilson Freddo – A pergunta maior? Para onde é que nós vamos?

Dr. Jacob Pinheiro Goldberg – Para onde é que nós vamos. Eu acho que a pergunta maior é essa mesmo: se vamos para algum lugar. Se vamos. E a melhor resposta que eu tenho encontrado para isso, ela é baseada num mito da sabedoria antiga. A pergunta é assim: "De onde é que você veio?". Porque nós viemos de onde? Nós viemos de uma troca de olhares, nós viemos de um sorriso, nós viemos de uma carícia. Ou seja, nós viemos do nada, da abstração. Um homem e uma mulher um dia se desejaram. E nós viemos do desejo. Alguém pode dizer: Não, não é verdade, nós não viemos do desejo. Nós viemos do sêmen, nós viemos do útero. Não, não, não, não. Essa foi a segunda ou terceira etapa. Na primeira etapa nós viemos de uma intenção, e é realmente esta intenção, é este nada que pode nos dar alguma informação sobre depois da morte. Porque se existe alguma similitude lógica, algum raciocínio lúcido, só pode ser esse. Nós vamos para onde nós viemos. Agora, você repara que ninguém tem medo de onde veio. Eu nunca vi ninguém chegar e dizer "eu tô apavorado, eu não sei de onde vim". E por que então tem medo de para onde é que vai? Por uma questão antropológica.

Adilson Freddo – Daqui a pouco nós vamos conversar mais com o Prof. Dr. Jacob, falando exatamente sobre a amizade pessoal com o deputado Ulysses

Guimarães e também uma análise sobre o deputado. Agora nós temos mais informações sobre o encontro de um corpo em Parati, Rio de Janeiro. Faltam dois corpos ainda. Um deles já foi encontrado.

(...)

Adilson Freddo – A gente, fora do ar, estava conversando um assunto interessante, eu acredito que você, amigo que está nos ouvindo, também gostaria, por exemplo, de após perder um ente querido, um pai, uma mãe, um irmão até um amigo, naturalmente tem vontade de sonhar com esse amigo. Você talvez não consiga sonhar com esse amigo, com esse parente, enfim, com essa pessoa que você tanto queria e que partiu desse mundo. E a gente estava falando sobre o sonho provocado. Eu gostaria que o Dr. Jacob passasse a nossa conversa para o ar, para o amigo da CBN sobre o sonho provocado, Doutor.

Dr. Jacob Pinheiro Goldberg – Existe um livro que foi publicado, até foi *best-seller* dois, três anos atrás, "Dicionário de Khazar". E conta de um povo que viveu no fim da Idade Média, ali na altura da Iugoslávia. Esse povo tinha um mito muito interessante, ou tinha um exercício muito interessante. Eles achavam que certas pessoas detinham o segredo do sono. Então eles eram capazes de estimular de tal maneira o sonho que eles penetravam inclusive no sonho alheio. Então, certas pessoas que já haviam morrido continuavam sobrevivendo no território dos sonhos das outras pessoas. Um projeto que você, ouvinte, pode fazer hoje à noite. Se você tem vontade de conversar com alguém que está distante ou que já morreu, quem sabe você consegue promover, projetar, delinear, induzindo um sonho, convidando um sonho, convidando o próprio sonho. Por que esta noção que existe uma barreira impenetrável entre a vigília e o sono é mais um dos compartimentos estanques de nossa filosofia. A realidade é muito maior do que tudo isso, mas muito maior do que tudo isso. Você, à noite, olha para o seu lado e vê a tua mulher, o teu filho, vê uma pessoa dormindo. Entre você e esta pessoa não existe distância física nenhuma. Você está a meio metro da outra pessoa, está a quinze centímetros. Você coloca a mão em cima da outra pessoa. Mas entre vocês dois existe um mundo absolutamente não comunicável, não intercambiável. Ele está no mundo dele, você está no seu mundo. E será que isso não permite a gente pensar na metáfora da morte? Será que a morte não tem algo a existir, relacionado com essa estranha viagem que é o sonho? Esse estranho delírio, essa estranha dimensão?

Adilson Freddo – Dr. Jacob, o senhor acredita que o deputado Ulysses Guimarães, agora infelizmente falecido, naturalmente, tende a tornar-se um mito nacional?

Dr. Jacob Pinheiro Goldberg – É, eu tive inclusive a oportunidade de conceber uma pequena entrevista que foi publicada hoje no jornal *O GLOBO* do Rio, na qual eu falava exatamente sobre isto. Existe uma nostalgia muito grande pela ideia do mito ou do retorno. As pessoas sofrem muito com perda dos entes queridos e alimentam uma noção de retorno. É a síndrome de Fênix, a ave que é capaz de fazer sua ressurreição das próprias cinzas. E eu acho que Ulysses Guimarães tem tudo para se transformar nesta grande fábula, neste grande mito de sonho brasileiro. Eu fico pensando o seguinte: você sabe, quando Getúlio Vargas foi deposto, ele foi para São Borja e depois ele voltou. Quando Jânio Quadros renunciou, ele tentou fazer a grande viagem da volta. Essa viagem mitológica da volta é muito forte. Mas ela é mais forte ainda quando acontece o que está acontecendo. E é extraordinário como o indivíduo, de certa maneira, no inconsciente, traça o seu próprio destino. Quantas relações existiam entre a vida de Ulysses Guimarães e a fábula do mar, a ideia do mar. E não é por acaso, e não é um mero jogo de palavras...

Adilson Freddo – Aliás, ele dizia que gostaria de três coisas na vida. As principais, naturalmente: a política, a sua esposa Mora e o mar.

Dr. Jacob Pinheiro Goldberg – E você repara, é muito interessante, entre a palavra Mora e a palavra mar, na sonoridade existe um casamento curioso. Aí o ouvinte pode imaginar assim: "Não, mas não é forçar muito a interpretação... Não é forçar a interpretação. Esse mundo está cheio de signos e de mitos estranhos. Não foi Ulysses Guimarães que citou na sua campanha eleitoral que viver não era preciso, que navegar era preciso? Acontece que no helicóptero não havia instrumentos de navegação aérea precisos. De que forma então se estabeleceria isto? E alguém podia dizer: "Não, mas espera um pouquinho. Você está falando aí de premonição?". Não, eu não acho que é tão simples. Eu não acho que se trata de premonição. Eu acho que se trata de uma escolha. Quantas vezes ele fez apologia da coragem, apologia do risco. Ulysses Guimarães era um aventureiro, e o aventureiro não morre na cama e talvez não durma na cama. Mas, sem dúvida nenhuma, o aventureiro... Qual é o grande desafio do aventureiro? Qual o grande fascínio do aventureiro?

Adilson Freddo – Estar sempre correndo perigo.

Dr. Jacob Pinheiro Goldberg – Exatamente.

Adilson Freddo – ... E agora resta apenas encontrar o corpo do deputado Ulysses Guimarães. Falando sobre o Ulysses, como era a sua amizade com o Ulysses Guimarães, quando começou?

Dr. Jacob Pinheiro Goldberg – Eu conheci, tive contato pela primeira vez com Ulysses Guimarães durante a campanha à Presidência da República do Marechal Henrique Teixeira Lott. A campanha, na qual Lott foi candidato contra Jânio Quadros. Eu fui convidado naquela ocasião, pelo então general Stoll Nogueira, que era do grupo da frente nacionalista de São Paulo, e o deputado Ulysses Guimarães era presidente do PSD, o Partido Social Democrata, o antigo PSD do Juscelino Kubitschek. Eu tinha vindo de Minas Gerais e fui convidado para coordenar a campanha do Marechal Lott em São Paulo. Daí surgiu uma relação de muita amizade que perdurou por todos esses anos, uma relação íntima da qual eu me orgulho muito profundamente porque eu acho que o Dr. Ulysses Guimarães tinha o seu carisma porque, antes e acima de tudo, era um carismático. Tem pessoas que presumem, ou concebem ou imaginam que Ulysses Guimarães foi o grande frasista da política brasileira e teria estruturado alguma das frases antológicas da política brasileira. Mas eu não acho que é meramente uma capacidade de construir frases, não. Eu acho que é uma capacidade de captar das gentes o espírito do tempo. Era isso que Ulysses tinha. E nas nossas conversas, já desde aquela época. Eu, naquela ocasião, fui candidato a deputado estadual pelo PSD em São Paulo e fico muito feliz e honrado de saber que fui derrotado. Foi uma das inúmeras e das várias derrotas que recolhi e colecionei na minha vida. E ela foi suficiente para me afastar da política partidária. Mas, dentro desse exercício... Porque existe uma política que é partidária e uma outra que não é partidária. E foi essa que eu abracei até hoje, que é uma preocupação com a mentalidade social do povo. E Ulysses Guimarães tinha por demais essa tradição, essa vontade fanática, obsessiva até, amorosa... Ele era um apaixonado pelas causas sociais. Ele tinha uma paixão irrefreável, ele tinha uma consciência de dever que o político brasileiro em geral não tem. É raríssimo num político... Então eu acho que a política brasileira realmente vai viver um processo de orfandade.Você vê, essa própria estranha destinação da dificuldade de encontrar o corpo. Na Bretanha existe um costume, quando um marinheiro morre no mar e não se encontra o corpo dele, ele não é enterrado... Não sei se você sabe, eu gostaria de conversar com você um pouco sobre essa estranhíssima história. Um jornalista estava fazendo as memórias, desculpe, uma biografia do Ulysses Guimarães. Ele falou com o Ulysses e propôs um título. E o Ulysses propôs mudar o título. Você sabe qual é o título que o Ulysses Guimarães sugeriu para a biografia? Moisés. E aí eu fiquei pensando: por que Moisés? Ora, a morte de Moisés na Bíblia, ela é relatada como uma morte estranha, não se sabe onde Moisés foi enterrado... Você não acha extraordinário? Isso parece ficção, não é?

Adilson Freddo – Parece uma relação muito próxima.

Dr. Jacob Pinheiro Goldberg – Uma relação muito próxima. E esta relação mágica, esta relação próxima entre a figura de Ulysses Guimarães e do profeta

Moisés é que ele levou a termo... Quando o Dr. Tancredo Neves morreu, eu tive a oportunidade de dar uma entrevista no Instituto do Coração e deu um Globo Repórter... Foi para a televisão. E eu terminei a entrevista dizendo: "Nós somos todos Tancredos". E naquela ocasião, eu, conversando com o Dr. Ulysses, perguntei para ele, perguntei no ar, perguntei pelo rádio, perguntei através de entrevistas em jornais: "Mas, Dr. Ulysses, o povo na rua exigia o Sr. na Presidência ...". Você deve estar lembrado daquela multidão descendo desesperada a Avenida Rebouças, gritando: "Um, dois, três, quatro, cinco mil, queremos Ulysses presidente do Brasil".

Adilson Freddo – E ele abdicou.

Dr. Jacob Pinheiro Goldberg – E ele abdicou.

Adilson Freddo – Por quê?

Dr. Jacob Pinheiro Goldberg – Você quer uma resposta da mente ou do coração?

Adilson Freddo – As duas.

Dr. Jacob Pinheiro Goldberg – As duas. A da mente é porque no fundo ele era um homem despojado. Ele queria o poder, mas não tinha ambição pelo poder. A do coração é que ele gostaria de ser, como eu acho que a partir de agora ele passa a ser, o presidente honorário do Brasil. E é muito mais ser presidente honorário do Brasil do que ser presidente burocrata do Brasil.

Adilson Freddo – E essa dificuldade de encontrar o corpo do deputado, ele poderia estar ligado a algum perfil psicológico no entender do doutor?

Dr. Jacob Pinheiro Goldberg – Eu acho que sim. O que eu vou dizer agora aqui é uma heresia. É uma heresia. Mas eu nasci lá em Juiz de Fora... Você conhece aquele verso do Carlos Drummond de Andrade? O Carlos Drummond de Andrade disse que quando ele nasceu o anjo disse para ele: "Vai, vai, Carlos, ser *gauche* na vida. Vai ser esquerda, vai na contramão, vai ser torto". Eu acho que isso aqui é uma desgraça de cada um dos mineiros. Nós nascemos um pouco para ficar na contramão. Então, mais uma vez, eu vou cometer uma heresia aqui no ar. Eu acho que no fundo ninguém quer encontrar o corpo de Ulysses Guimarães. Porque no fundo ninguém se conforma com a morte de Ulysses. E o encontro com o corpo de Ulysses seria a concretude dessa morte. E nós todos no fundo do coração gostaríamos de continuar com a esperança de que, em algum lugar, o que importa é a memória e não o corpo.

Adilson Freddo – Uma relação interessante. Bom, Dr. Jacob Pinheiro Goldberg, a pergunta é da Miriam de Oliveira, do Itaim Paulista. A pergunta é esta: "Como encontrar Ulysses através do mundo dos sonhos ou dos mortos?"

Dr. Jacob Pinheiro Goldberg – É, a pergunta da ouvinte é uma pergunta muito interessante, muito sedutora, muito sugestiva. Quando morre uma pessoa querida, não existem mais condições de revivermos os momentos preciosos. Principalmente aquilo que a gente não disse, aquilo que a gente não viveu. E isso é terrível, porque sempre existe essa falta. Você sempre se lembra de alguma coisa que você poderia ter dito, alguma coisa que você poderia ter feito. Sempre faltou um esclarecimento, uma palavra de amor. E a única resposta que eu posso dar para a ouvinte é que a gente precisa aprender a internalizar porque não há mais como externalizar. Coloca dentro de você mesmo Ulysses Guimarães, deixe ele habitar tua alma. Isto é transcendente, porque não depende mais de uma dimensão corpórea. Não depende mais de alguma coisa física. Porque, quando alguém está vivo, você, para conversar com essa pessoa, você tem que telefonar para a pessoa e às vezes a pessoa não está, ou o telefone está ocupado. Nunca mais vai haver um telefone ocupado numa ligação entre você e o Ulysses. A hora que você quiser, ele estará presente dentro de você, através da memória. Tem um livro muito interessante do Marcel Proust. "Em busca do tempo perdido", a "La recherche du temps perdu". Mergulha na memória dele, lembra dos olhos azuis dele, lembra daquele jeitão dele, meio que corajoso, uma coisa assim meio de D. Quixote e de debochado. Lembra dele enfrentando os cachorros da ditadura, sem medo. Ele era isto, ele era um cavaleiro. Na Idade Média se falava em "chevalier sans peur et sans reporche" – o cavaleiro sem medo e sem mancha. Quando alguém disse que ele era muito velho para ser Presidente da República, ele disse: "Velho, mas não antigo". Lembra de tudo isto, e este filme na tua memória vai ser a revisitação.

Adilson Freddo – Bom, o Dr. Jacob é da cidade de Juiz de Fora, cidade de onde vem, e é o novo Presidente da República Itamar Franco. O Sr. teve um contato muito próximo também com Itamar, estava dizendo aqui fora do ar. Estudou com ele, inclusive. Estudavam juntos.

Dr. Jacob Pinheiro Goldberg – É, o Dr. Itamar Franco estudou no Instituto Granbery, onde eu fiz o primário, o ginásio e o colegial. E o Instituto Granbery era um colégio onde estudou Itamar Franco, onde eu estudei. Aliás, ontem à noite nós tivemos uma comemoração de ex-granberyenses ali na pizzaria

Livorno. Nos reunimos. Periodicamente o pessoal do Granbery se reúne. Porque existe um patético chamado "espírito granberyense". E o que é o "espírito granberyense?". Eu vou resumir para você numa pequena história. Posso contar uma pequena história, que eu acho que é a história que deve ter iluminado a carreira do Itamar Franco, como iluminou a vida de todos nós. Havia um missionário protestante norte-americano chamado Walter Harvey Moore. Este homem saiu lá dos Estados Unidos e veio para Juiz de Fora e criou o Instituto Granbery. E num determinado dia Juiz de Fora foi vítima de uma enchente terrível. E essa enchente atingiu a zona baixa da cidade. E as prostitutas da cidade, as mulheres que moravam na zona de Juiz de Fora, essas mulheres ficaram desamparadas e desesperadas. E naquela época havia muito preconceito em relação às prostitutas. E elas ficaram perdidas. E esse missionário nos convocou. Convocou todos nós granberyenses e disse: "Vocês vão comigo à zona". E este homem ajudou a tirar essas mulheres daquelas casas que tinham sido atingidas pela chuva e abrigou essas mulheres no colégio. Este era o espírito granberyense, o espírito de solidariedade, de amor, de vocação e de sacrifício. Eu espero que esse espírito do colégio no qual nós estudamos, Itamar Franco, ilumine você para que você realmente possa exercitar este estranho carisma e magia que nosso velho professor, o nosso velho mestre, Walter Harvey Moore, ensinou.

Adilson Freddo – Temos a pergunta do repórter Haissen Abac. Pois não, Haissen.

Haissen Abac – Na verdade eu teria duas perguntas para fazer ao Dr. Jacob. A primeira é a seguinte: o Sr. conviveu muito perto com o deputado Ulysses Guimarães. Eu queria saber o seguinte: durante a época da ditadura, muitas pessoas tiveram de sair do País, e o Dr. Ulysses, ao contrário, não só ficou aqui no Brasil como conseguiu se manter numa postura de combate à ditadura e sem, no entanto, acabar cedendo às pressões da ditadura. Eu queria que o Sr. analisasse esse período de Ulysses sob o ponto de vista psicológico. Como foi para ele esse período de combate à ditadura e como ele conseguiu fazer isso numa condição tão adversa. E a segunda: o papel da dona Mora na vida dele. Era uma pessoa muito discreta, mas que parece que teve um papel de muita influência, influência até muito positiva na vida dele. Essas são as minhas perguntas ao Dr. Jacob.

Dr. Jacob Pinheiro Goldberg – Haissen, eu gostaria de dizer o seguinte: em primeiro lugar o papel do Ulysses Guimarães no terrível e no cruel período da ditadura militar quando tantas pessoas morreram debaixo de violência, de tortura e outros tiveram que se exilar, ou foram até, de certa maneira, até expulsos, porque na realidade era isso que acontecia. Eu explico da seguinte maneira: eu acho que existem certos homens que estão acima do destino e acima da História. Que eles são maiores do que o destino e maiores que a História. E existem outros homens que são pigmeus. São os homens que se aproveitam do destino e se aproveitam da História. Ulysses Guimarães, ele era maior do que a ditadura. Quando ele exercitou a condição dele de anticandidato, aquilo teve um significado extraordinário. Por que se você perguntar hoje para um desses "caras pintadas", ou para qualquer pessoa do povo brasileiro se ele lembra de um daqueles presidentes da ditadura, eles todos estão esquecidos. Eles estão sós nos arquivos dos compêndios escolares, mais ninguém faz questão de lembrar-se deles, pelo contrário. Agora, Ulysses Guimarães, dele nós estamos falando agora aqui. Nós estamos conversando sobre Ulysses, nós estamos procurando e buscando Ulysses. Então Ulysses não está morto. Ulysses está presente. E é exatamente esta capacidade de presença que fez com que ele não se ausentasse no período da ditadura. Ele tinha tamanha estatura, tamanha presença magnética que nem os esbirros da ditadura teriam coragem de prendê-lo, ninguém teria coragem de colocar a mão nele. Se nem os cachorros da ditadura tiveram coragem de mordê-lo...

Adilson Freddo – Obrigado pela presença, Prof. Dr. Jacob Pinheiro Goldberg. E... vamos aguardar agora o final da semana. Infelizmente o Dr. Ulysses se foi. O Sr., particularmente, acredita que vai ser encontrado o corpo do Dr. Ulysses ou não?

Dr. Jacob Pinheiro Goldberg – Olha, eu diria para você o seguinte...

Adilson Freddo – Sob o ponto de vista psicológico...

Dr. Jacob Pinheiro Goldberg – Exatamente. O que eu diria para você é o seguinte: que neste momento o que vale é a procura, o que vale é a busca e o que eu sugeriria para você, ouvinte, e para aqueles homens que estão no mar, procurando o corpo de Ulysses, é que encontrando ou não esse corpo, que cada um de nós continue procurando o sonho de Ulysses. Vamos juntos continuar a partilhar, procurando a consecução, a consumação do sonho dele. E qual era basicamente o sonho dele? Que a fantasia não tem limite. Eu acho que a grande lição da vida de Ulysses Guimarães foi de que a fantasia não tem limite. E qual é a fantasia que, no fundo, eu, você, todos nós, inclusive Itamar, precisam fazer neste momento? Que este país tem um grande destino a cumprir. Que os pigmeus não podem impedir o cumprimento desse destino. E que é preciso que os políticos aprendam esta lição. E tenham o tamanho e a grandeza desta nação.

Adilson Freddo – Conversamos com o Prof. Dr. Jacob Pinheiro Goldberg, Doutor em Psicologia e Psicoterapia pela Universidade Mackenzie e professor convidado da Universidade de Budapeste, Hungria. Falamos sobre Ulysses Guimarães, falamos também sobre a morte e as suas dúvidas.

Nossa amável guerra civil

É preciso viver pelo que se ama, e não morrer pelo que se supõe acreditar. Os tempos modernos trouxeram a tortura e o desprezo pela dor, mercadejando a alma em Auschwitz, no Gulag, e nos subúrbios metropolitanos. Um compromisso fundamental da sociedade democrática é a manutenção do direito do homem à vida. A ameaça permanente, que leva à intranquilidade e ao medo, reflete o declínio dos valores morais. Existe concordância quase unânime de que a engrenagem estatal não corresponde à expectativa de segurança, mas discorda-se quanto às causas. Duas são as teses opostas mais populares: a afirmação de que a miséria econômica é a única responsável pelo agravamento do índice de criminalidade (embora Caim não morasse em favela...), e aquela que afirma ser o fenômeno oriundo de uma destinação maldita, uma espécie de vingança do azar. Essas posições não levam em conta o fato preponderante, que é a responsabilidade de cada indivíduo, criando uma dicotomia alienada entre a pessoa e o mundo.

O furor agressivo é o resultado das vontades subjacentes, dos propósitos inconscientes e do comportamento de cada homem e cada mulher. Diante do perigo disseminado, o repertório psicológico dos seres humanos se recolhe. A impotência tende a se transformar na resposta eletiva. Curvamo-nos diante da constatação fácil de que outros países também são vulneráveis ao mesmo problema, aquietando nossa reação. A intenção tem de ser uma proposta de reação objetiva à agressividade compulsiva. E a intenção é mais do que uma fábula poética, por se tratar de uma afirmação política, na espécie. Que se espera? Vamos continuar na guerra do trânsito que mata e mutila centenas de milhares de pessoas, numa engenharia falida? Esgotaremos nossos recursos naturais numa sarabanda desenfreada de imediatismo, assistindo à poluição da atmosfera, à deterioração dos serviços de comunicação, saúde e educação, promovendo um deserto para a criatura humana que sofre, cegamente, sem esperança, no sanatório da metrópole? *Habitat* medíocre, sem árvores, folguedos, personalidade? Álcool, sexo desenfreado, drogas, desemprego constituem o zumbi assassino, fruto dessa recusa do sagrado.

Isso, enquanto se caçam delinquentes formados nas casas de detenção, nos asilos de menores, de um sistema jurídico e policial, alvo de críticas intensas. Urge contrapor a decisão à histeria. O excesso de desespero conduz ao niilismo, de que tiram proveito os profetas idealizados que pretendem uma opinião pública negativa, débil e estúpida. Portanto, é preciso verificar a emoção social, o que está encorajando desempenhos rígidos e hostis, nas suas raízes de constipação ética e psíquica. Margaret Mead argumenta que as exigências das culturas sobre seus participantes são mais suportáveis para uns do que para outros. A inquietude faz parte da origem da irritação, módulo das tensões presentes nas sociedades violentas. Equilibre-se a ansiedade de ordem e autoridade com a possibilidade de manifestação das expressões emocionais, lembrando a árvore genealógica da destrutividade, filha de Hitler, sobrinha torta de Stálin com Al Capone, neta de Torquemada, bisneta de Calígula, aborto do ciúme e da frustração. Os desencadeantes da emoção, na comunidade, são suscitados pelos conflitos. O ritmo frenético do ódio e do crime diminuiria se o homem figurasse não como objeto, mas como agente de mudança, o que demanda alto grau de maturidade. Relações sociais harmônicas e interação construtiva dependem de sentido comunitário (convívio amistoso), sentido de participação (integridade de envolvimento com o meio ambiente físico e social) e sentido de controle (responsabilidade para canalizar os impulsos inconscientes, no jogo da permissividade).

Instituições modelares e a transformação de nossa cultura vão depender da participação de todos e não dos infantis e românticos anelos radicais, de esquerda ou direita (metabolização ideológica dos medíocres e infelizes). A estabilidade social vai depender da satisfação humana, a única premissa revolucionária real, e esta não se pode condicionar ao produto nacional bruto. Na crítica de Freud à armadilha tecnológica: "Se não existissem estradas de ferro para encurtar as distâncias, meu filho jamais teria saído de casa e eu não precisaria do telefone para ouvir sua voz". Estender o acesso à plenitude por meio de sistemas humanizados de planejamento urbano e desenvolvimento geral é a única fórmula de responder à equação de Slater, se pretendemos roubar, roubemos quantias elevadas; se pretendemos matar, matemos grande número de indivíduos. Finalmente, o horror tem de ser o resultado da revolta contra a tirania, pois que o assaltante e o burocrata terrorista são os carrascos medievais, juízes autonomeados da vida e morte do homem. A pistola do João das Quantas é o instrumento do miserável enlouquecido que se acredita o deus menor, no altar do administrador corrupto José das Tantas, cuja caneta é o condão mágico do operacional, simbologia fálica do vazio. Em contraposição, a história dos homens é o esforço educado, com os pés no chão e a cabeça no céu. Poesia *versus* necrofilia.

O Estado de S. Paulo

Batman e Coringa: a dupla face de Janus

No livro *Psicologia em curta-metragem* criei um enredo através do qual o cinema deita no divã e, por sua vez, o divã se projeta na tela. Este "mix" de sociodrama e psicodrama permite ao leitor (e a mim) a liberdade artística e de leitura que mergulha na subjetividade de observador e observado.

"Batman – O cavaleiro das trevas" é um rico acervo para a discussão de como o poder midiático, encarnado em Hollywood, manobra, meio que a deriva, o psiquismo da sociedade e interpenetra na cultura, pretendendo ditar regras, leis, normas e condutas a um mundo que enxerga caótico e que se vê, de outro lado, preso na paranoia, gingando entre os perigos reais e o fantasmático, tudo em vertiginosas transformações, muito mais de formas do que conteúdos, do eterno dilema: o significado do Bem e o Mal, na vida efêmera.

Dito assim, classicamente, abrimos as cortinas e o espetáculo se inicia.

Psicólogo: Boa-tarde, Cristopher Nolan!

Cristopher Nolan: Doutor, não consigo dormir desde que sinto não ter caracterizado o êxito de Harvey Dent, com quem me identifico, eis que a tese central do meu filme é retirar a luta épica da fabulação e, no concreto, assegurar o código de valores no campo do possível e, romanticamente com Rachel Dawes, o casal emblemático. Gotham City, como você sabe, é a preliminar de Nova York, o microcosmo e a capital do mundo, portanto tudo acontece na instância cósmica. Aqui, nesta sala, devo lhe confessar meu ódio e desespero pelo Coringa, esta figura abjeta que não consigo trabalhar com isenção estética, mesmo porque, para mim, o anarquismo é a filosofia do Mal. Qualquer desordem me remete à perversidade e, por isso, precisa ser condenada, punida.

Psicólogo: Mas Cristopher, sua obra não admite ambivalência de interpretações, uma certa relativização de Ética?

Cristopher Nolan: Concessão, Doutor, para seduzir a opinião pública.

Psicólogo: Devo ouvir, agora, o Coringa.

Heath Ledger: Minha morte é a "Piada Mortal", de Alan Moore. Nela, o Coringa conseguiu a internalização maldita de Batman. Se pretendi na minha vida e numa visão de trabalho provocar uma reflexão sobre o idealismo da bandeira negra da anarquia, Kropotkin, Bakunin, acabei introjetando o senso de culpa desta civilização decadente e hipócrita em que polícia, Justiça, as instituições são erguidas contra a liberdade pessoal, o desejo lúdico de inspirar a satisfação e o prazer. O pastor "cowboy" homossexual era a explosão da rigidez puritana em *O segredo de Brokeback Mountain*. Doutor, a heresia máxima democrática é o revelado, e este é tão complexo que Batman não pode domesticar.

Psicólogo: Christian Bale ou Batman?

Batman: Desde o início, deixei de lado o corpóreo. A vingança da morte dos meus pais tem uma definição e nitidez do heroico e o prosaico só pode perturbar, como frequentemente acontece. O Coringa, por tudo isto e muito mais escrito na noite dos tempos, tem seu destino traçado. A reparação se faz pela morte, e com todas as nuances e sutilezas. É isto que importa, o resultado terminal, o triunfo do Bem.

Psicólogo: Assim, com esta segurança inabalável?

Batman: Simples, assim.

Psicólogo: Ficaria melhor, ironicamente, no idioma do Império reducionista como o Google. Cinzento, Batman, não?

Batman: Não, doutor. Branco ou preto.

Neste dia, fechei o consultório com "mauvaise conscience". Até onde ouvi-los e permitir a catarse, até onde filmá-los, até onde emprestar som e fúria retira as algemas e abre as portas da Caverna?

Talvez sonhar seja atravessar as águas em tumulto com a vela acesa.

***Revista OAB-MG* – 4ª Subseção, Set./out. 2008**

A vigilância, a segurança, a liberdade

Uma das características do mundo contemporâneo, a vida nas megalópoles é a disseminação caótica do crime, tanto organizado quanto desorganizado, ambos confusos e complexos, de fatores socioeconômicos, culturais e políticos, os mais variáveis.

E o crime se encontra ou pelo menos se avizinha nas suas condutas perigosas, com distúrbios étnicos, religiosos, ideológicos de toda natureza.

Este elenco de realidade que, no Brasil, atinge índices assustadores, provoca na população respostas de medo atingindo limite da esquizo-paranoia.

Doenças psicossomáticas, ciclo reativo de "stress" acabam tendo multifaces individuais e coletivas de histeria, por sua vez, dramatizada, e manipulada pela "mídia", principalmente a TV, mas também a internet, a imprensa escrita e falada.

Juntem-se a este receituário febril as dificuldades administrativas na condução da qualidade de vida-sistema de saúde fragilizado e deficiente, ensino defasado em relação às exigências do desenvolvimento tecnológico, desemprego, valores morais contestados por abusos de conteúdo e forma, espiritualidade permanentemente questionada até o ridículo, cultura e arte na espinhosa função de acompanhar os fenômenos, correndo atrás do prejuízo. Estes, alguns, poucos, aliás, dos papéis que desorientam a pessoa que, nos labirintos existenciais, busca orientar-se, fugindo, quando possível, dos jogos de interesses que pretendem usá-la para massa de manobra de jogadas que vão das mercadológicas até as eleitorais.

Na angústia e na perdição surge uma promessa e um fantasma. No seu livro clássico *1984*, George Orwell descreve a cena que agora já protagonizamos como atores coadjuvantes.

Um universo concentracionário de proteções materiais para proteger nosso íntimo e até a nossa vida ameaçada, diuturnamente.

Vai-se desenvolvendo, de forma vertiginosa e maciça, um Superego que ultrapassa a polícia, o Exército, o Estado, embora frequentemente use, simultaneamente, seus recursos na união pecaminosa. O Estado e as organizações privadas, numa união implícita e explícita de métodos e objetivos.

Sob o simpático, embora suspeito, lema de proteção ao anônimo perdido na multidão, impotente e desamparado, A VIGILÂNCIA TOTAL.

Câmeras ocultas, gravadores, redes sofisticadas de informações que vão dos cartões de créditos até as investigações rigorosas de comportamento. As fichas personalizadas de saúde, as escolares, as profissionais, as de instituições as mais diferentes e todas se cruzando numa checagem ao infinito.

Nosso corpo como instrumento suspeito nos aeroportos, seus desejos como indícios condenáveis (até a obesidade começa a ser enxergada como prejudicial aos convênios médicos e, por isto, demandam do controle).

CONTROLE. Esta é a palavra – chave para designar síndrome, o padrão ambivalente que acaba tentando cuidar de cada um de nós como se fôssemos um PROJETO INFANTOJUVENIL, por isto necessitando de zelo e guarda paternal e patronal, contra tudo e todos e, principalmente, contra si mesmo. Nossos impulsos, desvios, singularidade, idiossincrasias.

O risco absoluto desta tendência é a pluralização da espécie, o fim das diferenças, a transformação do ser humano em unidade numérica (os infinitos cartões de identificação) que acabam por sacrificar a mais importante atitude de civilização. O direito à insegurança, matriz do nosso destino enquanto criatura entregue ao seu arbítrio, na única proteção autêntica.

A inserção no fluxo de trabalho da cultura, da fé, aquilo que enobrece a maturidade, conquistando o nosso interior sacralizado. Que não pode ser devassado.

Revista *Família Cristã*

Escola da tortura - Aprimoramento

Infligir torturas aos prisioneiros, políticos ou de guerra, embora a Convenção de Genebra ou as declarações internacionais o condenem, continua a ser uma forma consagrada de extrair informações ou, pura e simplesmente, de punir o adversário vencido.

Com o requinte de sadismo, os apaixonados das religiões, os dogmáticos das ideologias, sempre se arrogaram o direito de bestializar seus semelhantes, física e emocionalmente. Desde a China antiga até a Inquisição, a matéria vem recebendo dos seus "experts" alentados subsídios informativos. Ordinariamente, em correspondência com os novos descobrimentos sobre a alma e instrumentos mecânicos, criaram-se situações deveras originais.

Embora a escala só permita o tormento dos cinco sentidos, algumas variações vêm se firmando, nas Escolas de torturas, disseminando, através de cursos especializados, por quase todos os países, nas polícias ou nas Forças Armadas. Inclusive existem hoje aulas para submeter os soldados, antes de partirem para as trincheiras, a certo número de violências e pressões, objetivando aumentar seu grau de resistência a eventuais torturas, em caso de captura pelo inimigo. Imaginamos que os mais resistentes devam receber melhores classificações, em tais cursos, e que é uma real conquista do masoquismo como filosofia.

Dentro de todo este esforço técnico, procura-se despir os métodos de tortura de suas aparências passionais, emprestando-lhes a dignidade de frio dever. Para tanto, em laboratórios datadíssimos, cobaias voluntárias permitem a aferição da dor, através de um mecanismo apelidado "dolorímetro". Abaixo transcrevemos dois textos elucidativos da tentativa de transformação da sociedade, na armadilha do homem-rato, em que seus executores são aparentemente normais, verdadeiros *Frankensteins*, médicos e monstros, capazes de procriarem filhos, apreciar obras de arte e descer às profundezas do inferno:

O edifício parecia-se com um vasto estabelecimento de banhos; à direita e à esquerda, grandes vasos de betão continham caules de flores murchas. Junto da pequena escada de madeira, um S.S. benévolo, com umas grandes bigodaças, dizia aos condenados: "Nada lhes acontecerá de desagradável! Só é preciso respirar muito forte, o que fortifica os pulmões e é uma boa maneira de evitar as doenças contagiosas, uma belíssima desinfecção". Quase todos entravam sem dizer palavra, empurrados por aqueles que iam atrás. No interior, uns cabides numerados cobriam as paredes de uma espécie de vestiário gigantesco, onde o gado se despiu como pôde, reconfortado por cicerones S.S. que recomendavam a todos que fixassem bem os números; uns pedaços de sabão que pareciam pedras foram-lhes distribuídos. Golda pediu a Ernie que não olhasse para ela, e foi com os olhos fechados, guiado pela rapariga e pelas crianças cujas mãos finas se agarravam às coxas nuas, que ele penetrou através da porta corrediça no segundo compartimento, onde, debaixo dos chuveiros fixados no teto e à luz azulada de pequenas lâmpadas metidas dentro de umas grades e colocadas em pequenos nichos abertos no betão, se comprimiam já homens e mulheres, crianças e velhos judeus; de olhos fechados Ernie aguentou a avalancha dos últimos fardos de carne que os S.S. atiravam agora à coronhadas para a câmara de gás. E, de olhos fechados, teve a consciência de que a luz se apagava para os vivos, para as centenas de mulheres judias que, subitamente, rompiam em clamores de angústia para os velhos, de cujos lábios logo as preces sagradas se elevaram com uma força cada vez maior, e para as crianças mártires, que, no meio das aflições, retomavam a inocente frescura dos medos de outrora, os quais se manifestavam em todas por idênticas exclamações: "Mamã, mas eu não fiz maldades! Ui, que escuro que está!...". Enquanto os primeiros eflúvios de gás "Cyclon B" se infiltravam por entre os corpos suados dos adultos, para se irem depositar a um nível inferior, sobre o tapete agitado que as cabeças infantis compunham, Ernie, libertando-se do abraço mudo de Golda, inclinou-se no escuro para os miúdos encolhidos e, como que abrigados até entre as suas pernas, pôs-se a berrar ao mesmo tempo com o tom mais doce de que era capaz e com toda a força de sua alma: "Respirem forte, meus cordeirinhos, respirem depressa!".

(*O Último Justo* – André Schwartz-Bart)

"Serpentes venosas eram introduzidas nas vaginas das mulheres que morriam em penosa agonia. As autoridades usavam também garrafas quebradas, que empurravam a força para dentro das vaginas das mulheres. As mulheres perdiam a consciência e muitas vezes morriam. Os guardas usavam estiletes de aço que metiam por baixo de todas as unhas dos prisioneiros. A seguir, envolviam seus dedos, empapavam-nos em gasolina e acendiam-nos. Bombearam água para dentro de nossas narinas e boca. A água era misturada com molho de peixe, extremamente picante. Queimava-nos as membranas. Usavam também sabão. Ou então Crezil, desinfetante sanitário bastante forte, utilizado em lavatório e *toilettes* para matar os germes".

***Jornal do Movimento Anarquista* – Dealbar, Junho/1998**

Tortura – O sintoma canibal

Num romance que já fez sucesso *O Último Justo*, André Schwartz-Bart conta a lenda do pacto que Deus fez com o homem, de não repetir o castigo diluviano enquanto existir uma pessoa decente na terra.

Resolvi escrever este artigo depois da morte do justo Hélio PELEGRINO.

Testemunhei a fascinante combinação de certa mineiridade e obcecado senso de justiça que fizeram do psicanalista e escritor uma voz da consciência de nosso tempo. Na mescla de intelectual e militante, angustiado pelo drama do sofrimento humano, PELEGRINO denunciou a tortura como farsa de humilhar e destruir o preso.

O Brasil tem longa tradição de autoritarismo sádico. Este Sistema de opressão se manifesta através de mil faces, todas inducentes ao propósito de manutenção do *status quo*.

Uma destas máscaras, é das mais perversas, é o uso da tortura física e mental para amedrontar, desmoralizar, inutilizar e matar a vítima.

O adversário do regime, que se propõe a tentar mudar a estrutura político-econômica da sociedade por meios radicais (eleitorais ou não), tem sido tratado, no Brasil, como animal – aliás, Sobral PINTO arguiu a Lei de Proteção aos Animais para defender PRESTES dos beleguins de Filinto MÜLLER.

Para tanto, não faltam nossos estereótipos do machismo bossalizado, pretensões de aristocracia senhorial de mentalidade coronelesca, dos senhores e capatazes que fincam pé numa história que faz o etnocídio contra o índio e arrebentou com o negro na escravidão legal e na discriminação de sempre.

No governo de Arthur BERNARDES, mas principalmente com a ditadura sanguinária do fascista Getúlio VARGAS (que contou com o silêncio, conveniente, omissão ou namorico de boa parte de nossa intelectualidade captada pelo DIP e Ministério da Educação) e depois do golpe de 64, com a introdução das técnicas avançadas de infligir dor, mutilação e agonia, estabeleceu-se uma espécie de complacente ideologia de que "*certo grau de brutalidade*" é aceitável e faz parte, digamos assim, das razões de Estado. Um tipo de comportamento à *Pitecantropus Erectus*.

Contratação significativa deste pensamento é a conduta no sistema carcerário e policial do País. Enquanto o leitor elabora este material, certamente por este Brasil tem muito preso dependurado em pau de arara, submetido a espancamento, em condições de reclusão que fariam babar de gozo a Gestapo.

A habitualidade da convivência com certa destrutividade da autoridade leva a dois fenômenos de moral deteriorada.

Um raciocínio de acomodação que se racionaliza com o argumento de que é inútil qualquer resistência individual ou coletiva. *"A vida é assim mesmo"*; a aliança com algoz, "*bandido tem que ser tratado desse jeito*", enfim a horizontalização totalitária que culmina com a apologia da pena de morte.

Preservação do silêncio conivente pelo receio de represália que acanalha a alma de cada um, contaminando como peste a vontade da cidadania.

Diante deste quadro, existe um precedente que foi adotado no Tribunal de Nuremberg que julgou os crimes de guerra nazistas.

Não só o direito, mas o dever para todo cidadão, civil ou militar, em qualquer circunstância, de desobedecer à ordem imoral que se apoia na tortura, obrigado ainda a denunciá-la.

A guerra, por sua natureza, é um fenômeno de violência. Mas, mesmo na guerra, o que distingue o homem da natureza bestial do animal é um código mínimo de valores que empresta dignidade e até "*panache*" ao militar, condoído pela desgraça dos vencidos. O contrário é a barbárie do prepotente escondendo a impotência de ser.

O torturador é um depravado moral ou um demente? Provavelmente a lamentável soma das alternativas.

Piedade, caridade, bondade, solidariedade, enfim os atributos básicos da compaixão exigem que a monstruosidade covarde da tortura (sempre feita em condições de desvantagem física) seja abolida, em todos os níveis de interação comunitária.

Mas, principalmente, que se institucionalize a consciência do valor ético, da desobediência à ordem imoral.

Ordenar, executar ou cumprir tortura contra o semelhante é crime de lesa-humanidade, em qualquer circunstância ou situação.

A arbitrariedade desfigura o homem coisificando-o.

A resistência à opressão é maturidade que eleva a criatura à condição de pessoa.

***Folha de S.Paulo*, 6-5-1988**

Diagnose da violência política

O radical; tende a desprezar o gradualismo na solução de problemas sociais. Seus impulsos interiores demandam comportamentos de impaciência e agressividade; refuga a discussão porque se sente em crise. Acredita (primarismo e infantilismo) que o ajustamento é covardia ou sinônimo de obscuros interesses cristalizados. Daí desencadeia uma compulsão irrealista, esforço individual ou de grupo para impor sua vontade ao mundo, num exercício onipotente, somado à síndrome persecutória.

Tal esquema condiciona o raciocínio patológico pressupondo uma filosofia totalitária: o maniqueísmo estreito e paranoico – na dupla inconsciência, pessoal e universal –, certeza dogmática da sua razão e direito e escolha preferencial do caminho justo, opondo-se ao inimigo, obtuso e demoníaco. O *"eles"* que dominam o cosmos, através da perfídia, da infiltração ou da força bruta... A visão onírica de um Armagedon em cada esquina. E na massa inimiga mira um elemento estimulante da controvérsia, que ameaça seu precário equilíbrio.

O assassinato de TROTSKI por um fanático stalinista é típico exemplo de eliminação daquele que argumenta na busca de um mínimo de sensatez.

TROTSKI foi vitimado por refletir e extrapolar uma rebeldia que tentava manter-se lúcida, em Stalin, desvairado e no stalinismo, excrescência teratológica de práxis brutal (*O Capital* e o NKVD).

Excitante e excitado, o extremista advoga mudanças drásticas para aliviar sua angústia de enfrentar emergências, temendo reais alterações sociais que ameaçam sua *frágil* estabilidade. Incapaz duma atuação madura consequente, socorre-se do patético; a sensação do novo, em lugar do novo: pregações por resolução permanente, cultural ou das várias flores de maio seduzindo a imaginação dos frequentadores dos bares da moda parisienses, estudantes e mulheres mal-amadas. A desordem da revisão institucional, a qualquer preço, é outro recurso ideológico do *"quanto pior, melhor"*.

Se HITLER ordena o incêndio do *Reichtag* e acende os fornos crematórios de *Buchenwald*, aciona, ao mesmo tempo, o gatilho do terrorismo pessoal no *homicídio de* ROHEM. Uma vida de frustração afetiva, sexo anormal, sífilis progressiva, invoca a paranoia hitlerista, proposta de ordem, no caos do mundo que é o reflexo do seu caos interior.

Matar passa a ser uma *defesa* que impede a exposição prolongada ao hipotético. O absolutista usa a doutrina como álibi. Daí MUSSOLINI, saído da esquerda para o delírio fascista; os ideais são irrelevantes racionalizações para a personalidade mórbida.

Excêntrico, irracional ou assassino, politicamente o que importa do ressentido é atingir em certos indivíduos, classes ou agremiações sua potência criativa.

Movimento pelo movimento. Eis um objetivo do caráter animal e instintivo, que acumula a força como tática e estratégica do jogo político; nas fantasias de ódio religioso, apetites financeiros e que deságuam na impossibilidade de uma aplicação disciplinada.

De personalidade cindida, o grupo irascível (*vide* o atentado a REAGAN; bem como a infância contra João Paulo II, executados por egressos de bandos neonazistas) constrói impérios de ficção sobre a destruição. Inveja o êxito do herói positivo e independente. Ao contrário, sua motivação é a ânsia pelo desespero, *a navegação da alegria*, a incapacidade de interagir calmamente. Quando massa ignorante, dada à histeria, opressiva, irritadiça ao ponto do pânico e por isto sempre tensa.

A notoriedade *é outro* ponto nodal para o atentado tornar-se rotina. Quando se divulga, a guisa de *informação, o feito* malsinado, rompe-se a premissa da cultura, como resposta humanística ao impasse.

Aquele instantâneo, reproduzida mundialmente pela TV, implica a falácia de que matar com eficiência é admissível ontogênese: o gângster sucede a KENNEDY forjando-se a simbiose do bandido-mocinho.

A sociedade está consciente do número cada vez maior de elementos presos ao narcisismo, arrogantes e gananciosos nos seus egos desorganizados.

Ora, a recusa dos sadios de se curvarem às injunções dos vilões da História abre a perspectiva da volição democrática. Negar a violência representa mais que mera autoconservação, não ceder e não se corromper é a ação do pacifista. O resto é o resto... Uma bala de pistola e um sonho desfeito. Dachau, o GULAG e a carnificina – pela miséria, junto aos muros dos fuzilados ou nas câmaras de tortura. Ah, o pesadelo do pirata da perna de pau, com máscara e bazuca.

O Estado de S. Paulo

Aspectos gerais da violência urbana – Ciclo de debates promovido pela OAB/SP

Patrocinado pelo Departamento de Cultura da Ordem dos Advogados do Brasil, Seção de São Paulo, foi promovido um curso sobre o tema "Aspectos Gerais da Violência Urbana", nos dias 26, 27 e 28 de março, com a participação de diversas autoridades do País sobre o assunto. O ciclo foi realizado na sala do Estudante da Faculdade de Direito da Universidade de São Paulo, no Largo de São Francisco, tendo sido coordenado pelos conselheiros José de Castro BIGI e Tales CASTELO BRANCO e pelos advogados Antônio Cláudio Mariz de OLIVEIRA e Cyro KUSANO.

Mais de trezentos advogados e estagiários se inscreveram para o curso, recebendo certificado de participação.

A abertura das conferências, no dia 26, esteve a cargo do Prof. J. B. VIANNA DE MORAIS, presidente do grupo de trabalho constituído pelo Ministério da Justiça para apresentar relatório sobre violência e criminalidade no País, que discorreu sobre o tema "Criminalidade e Violência". Em seguida, os conselheiros Márcio THOMAZ BASTOS e Ives Gandra da Silva MARTINS apresentaram os temas "Inutilidade da Repressão no Controle à Violência" e "Tributação como Forma de Combate à Violência (Imposto sobre a Violência e Pornografia)", respectivamente.

No dia 27 iniciou os trabalhos do Prof. Manoel Pedro PIMENTEL, ex-Secretário da Justiça do Estado de São Paulo, professor titular de Direito Penal da FADUSP e ex-presidente do Tribunal de Alçada Criminal do Estado de São Paulo, analisando a "Violência Urbana e Política Carcerária".

Na sequência, o Prof. René Ariel DOTTI, da Faculdade de Direito do Paraná, da cadeira de Direito Penal, falou sobre "Qualidade de Vida e Meio Ambiente – Novos e Velhos Fatores" e, após esta exposição, o Prof. Volney Corrêa Leite de MORAES JÚNIOR, Juiz de Direito e Advogado criminal durante muitos anos, discorreu sobre "Resposta do Judiciário à Problemática da Violência Urbana".

O último dia do ciclo de palestras contou com a presença do Prof. Jacob Pinheiro GOLDBERG, advogado e psicólogo, renomado escritor na área de Psicologia, analisando e discorrendo sobre o tema "Causas Psicológicas da Violência"; com o Prof. Alberto MARINO JÚNIOR, Procurador da Justiça, expondo o tema "O Ministério Público e a Violência Urbana" e, encerrando o ciclo, o Juiz Corregedor dos Presídios e da Polícia Judiciária no Estado de São Paulo, Dr. Renato Laércio TALLI, apresentando o tema "Violência e Periculosidade".

***Jornal do Advogado*, Maio/1980**

Presidiários

O professor Jacob Pinheiro GOLDBERG iniciou no último fim de semana, em Campinas, um programa experimental de interação entre a sociedade e os presidiários. Um grupo multidisciplinar de 12 pessoas, ligado ao Instituto de Ciências do Comportamento, composto por psicólogos, sociólogos, estudantes, um físico, uma pintora e um empresário, fez o contato inicial sábado de manhã, com resultados "surpreendentes e que entusiasmaram a todos", segundo vários dos participantes.

Sem a presença de policiais, 12 presos relataram seus problemas, e em troca ouviram dos "parceiros" comentários sobre "o mundo lá fora, onde muitos estão presos e não têm consciência disso". A sessão durou duas horas e meia e terminou com a conclusão de que esse diálogo deve continuar como forma de proporcionar a adaptação do marginal na sociedade, assim que ele sair da prisão, e proporcionar um retorno, em termos de aprendizado, aos demais participantes.

O professor GOLDBERG, que é psicólogo, assistente social e advogado, disse que a experiência nunca havia sido feita antes no Brasil. Dentro de um mês, a mesma equipe prosseguirá o trabalho.

***O Estado de S. Paulo*, 17-11-1981**

AIDS - Aspectos psicoemocionais

Introdução

Esta é a transcrição literal das expressões dum paciente terminal aidético? Não. É ficção? Não e não. É a ressonância, a reverberação dentro duma testemunha, da vida e morte de alguém que se pretendeu (e conseguiu) ultrapassar-se. É uma lição de causa e efeito que pode explicar uma realidade homossexual? Também não. Mas é, talvez, uma lição de humildade diante de uma dimensão tabu, proibida, repelida de amor e sexo, que RETORNA COM A FORÇA DO REPRIMIDO, na lembrança freudiana. Na verdade, ou melhor, numa das inúmeras verdades, a homossexualidade, como a heterossexualidade, são muitas. Elas são, transgredindo a gramática, que transgride o erotismo e até a tanatofilia. A associação da AIDS com a prática homossexual, e até com a sensibilidade feminina do artista (até isto, alegam, existe), serve como catalisador de culpa e adensa o horror da pena. A pena capital, a execração da família, do trabalho, da religião, a Igreja Católica que não admite a camisinha, a natureza violentada que castiga com uma verdadeira lepra moral e orgânica, um certo impulso do amor que não diz o nome, mas que se recusa valentemente (ou brutalmente) a morrer. Nos escaninhos da civilização, um rio de sangue identifica o que a maioria define como abominação e jogo na Fantasia, no Simbólico, no Imaginário, do Outro, que denomina "minoria". Capa de revista, figura grotesca no Carnaval, "traveco" em filme pornô, ou santo que jura castidade eterna nos altares de devoção. Deste desfile interminável, retirei frases, peças, gestos, palavras e pensamentos, e cometi a ressurreição.

1 – "Não me deixe morrer"

Aidético. Isto diz alguma coisa sobre ele? Nada. A não ser as diarreias violentas, acompanhadas por dores insuportáveis. As noites de pesadelos enlouquecidos, o medo, suores frios (gelados). Mãe, mãe. O peito parece que vai quebrar. A magreza que escandaliza e envergonha. Só saía na rua à noite. No ônibus, as pessoas se afastam, com ares de nojo, desprezo e condenação. A AIDS está na cara. Pra eles. Para ele está nas vísceras, no coração, no seu passado, na estória, na história. Vinte e três anos de idade. Paciente terminal. Isto diz alguma coisa sobre ele? Nada. A não ser o pânico da morte. Não quero morrer. Não vou morrer. Deve ser erro dos médicos. Já soube de resultados laboratoriais com margem de engano. O AZT talvez possa curar. Se eu me alimentasse melhor. Mas como se a cesta básica termina a ração na altura do dia 20. Seu companheiro, também aidético, mas sem sintomas, continua trabalhando e traz frutas e pão, às vezes até carne. Escrevi hoje um poema, posso ler para você? Mas do que adianta, pra que escrever, se ninguém vai publicar? Fui numa editora, disseram que livro de poesia não vende. E quadro? Vou pintar. Resolvi pintar, vou pintar um quadro, usando o meu sangue, quando vomito sangue, vou molhar o pincel e pintar na tela. Vi que um artista francês fez isso e os jornais publicaram. Quem sabe se eu fizer os jornais publicam também e eu ganho um dinheiro pra comprar os remédios.

Aos 15 anos de idade pegou um táxi, vinha do interior, inexperiente, pobre (miserável), e na hora de pagar não tinha dinheiro. O motorista exigiu-lhe sexo oral. Chorou de vergonha, de humilhação, mas ficou fascinado com a força física e a riqueza do *chauffeur*. Dono de um táxi. Ele só tinha um blusão e duas calças. Seu pai expulsou-o de casa, porque os vizinhos diziam que ele era v... "Prefiro meu filho morto do que v... Seria capaz de te matar com minhas próprias mãos". A mãe arrematou: "Teria sido melhor se tivesse nascido morto". Na verdade, invejava seus amiguinhos de rua, mais agressivos, mais fortes, briguentos. Sempre pelos cantos, tímido, aceitava o uso de seu corpo, como carícias dos moleques mais velhos. Não entendia por que, depois ridicularizavam-no. Debochavam e até batiam nele, ele que satisfazia o desejo deles, ele que só queria sobreviver em paz, que o esquecessem. Que o esquecessem, pelo amor de Deus. Resolveu amar a Deus. Deus era homem também? Homoafetividade. Queria um Pai, um pai, precisava de irmãos, queria um filho. Jamais iria ter um filho, era incapaz de sentir desejo sexual por mulheres. Não entendia, sua alma se encantava com qualquer sorriso masculino (quem sabe este homem forte o protegeria dos moleques que todas as noites nos pesadelos vinham exigir seu corpinho fraco, para depois cuspi-lo fora). Este homem forte, casado que, furtivamente nos banheiros dos cinemas, nas saunas, o tocava depressa, para logo depois com brutalidade murmurar: "se arranca v.". Hoje, agora que já tenho 23 anos, que já estou velho, eu sei que foi aí que peguei a AIDS. Mas agora não quero mais sexo, só penso em Deus. Deus vai me perdoar? Devo ter feito alguma coisa terrível, não sei o que, castigo tão grande. O quê? Acho que envergonhei meus pais. Mas eu voltei à minha terra e prometi ao meu pai que nunca mais faria o mesmo. Ele me deu um murro na cara. Naquela hora, pensei, ele não é mais meu pai, eu nunca tive pai, agora eu serei sozinho pra sempre. Até que encontrei o C. Ele cuida de mim, e eu sou estúpido com ele, mando ele embora e ele volta. Por que é que esse desgraçado não me larga? Passa as noites sem dormir, me carregando até o banheiro e quando eu enlouqueço... Eu estou louco, não é? Eu peço pra ele – "Não me deixe morrer". E ele me promete: "Não. Não vou deixá-lo morrer". Na confusão, é uma confusão, às vezes eu o chamo de pai. Na UTI, ondas de fogo e gelo pelo corpo, cheguei a pensar: devo perdoar a Deus?

2 – "Eu não acredito"

Comecei a sentir tontura. Sem motivo, estava tudo bem. Fui ao médico do convênio. Expliquei sobre diarreia e outras coisas, nem sei bem como foi. Aí ele pediu uma série de exames. Levei os resultados e ele me perguntou se eu tinha feito sexo fora do casamento. Deus que me perdoe. Casei virgem e sou honesta. Jamais tive sexo com outro homem. Achei esquisito. Aí ele disse que tinha uma notícia ruim. Eu teria que fazer outros exames, porque havia suspeita de AIDS. Quase desmaiei. Achei que era brincadeira ou loucura. Como AIDS? Ele me acalmou, disse que precisava confirmar e que havia tratamento e ficou falando uma porção de coisas para me consolar. Mas o que eu queria era levantar dali e perguntar pro meu marido se ele era homossexual. Perguntei pro médico. Ele ficou explicando com paciência, mas eu não queria ouvir. Então era alguma vagabunda. Quem seria? E como ele teve coragem de me trair? Aí falei com uma amiga e ela disse que eu devia procurar, antes de me separar, um psicólogo. Na verdade eu não queria me separar, eu queria é matá-lo e me matar. Mas e meus filhos? Quanto tempo de vida eu tenho? Eu não merecia isso. O senhor entende? Eu não merecia isso. Se eu soubesse que ele era esse canalha eu teria traído ele, teria largado ele. E agora? E agora? (Choro convulsivo). Um dia ela foi menina, amada por seus pais, brincando com seus irmãozinhos. Depois menina-moça, com esperança e desejo pela vida. Depois mulher e mãe. Frustração, recalque, medo, desespero. As vias que trouxeram a desgraça se alimentaram na cultura machista, o feminino-objeto, Eva que na versão deísta masculina se aliou à serpente, no Jardim do Éden. A indignação e a surpresa habitam seu psiquismo. A dor, perene.

3 - "E aí dancei"

Eu acho que foi mais ou menos assim. Nem tenho certeza. Mas é quase certo. Ligado? Estava na boate, com o pessoal da Faculdade. Morno, quase frio. Nada acontecendo. Jiló. Jilosíssimo. Aí o R. chegou e disse: "Topa a picada?". Naquele nada de nada, deprê, resolvi ir. Falei: "Vou nessa". A M. picou, o Zé, a L. "tô fora", como sempre, careta. Piquei. Legal, depois champanhe pra quebrar. Ficamos a noite inteira. Ligado, ligado? Saímos dali, fomos noutra, e mais uma. Acordei em Maresias. Chapado. Nem sei com quem. Porre legal, viajando. Laboratório, médico. AIDS. Brincadeira! Brincadeira, cara! Sujou. Sujou legal. O pessoal caiu de quatro. AIDS? Pois é. 2º ano de Direito, família de classe média, 20 anos de idade. O primeiro baseado aos 14 anos, no Colégio.

No dia 22 de novembro de 1999, Goldberg discorreu sobre o tema no Instituto Emílio Ribas, São Paulo.

Publicado em *HIV – AIDS* – Veronese, Focaccia, Lomar – Ed. Ateneu

V

PAIXÃO DE CRISTO

Paixão de Cristo

João XXIII

O que aconteceu a esse documento? Por acaso foi introduzido na liturgia, foi recitado nas igrejas para que os fiéis tomassem conhecimento da *Verdade Verdadeira*, foi introduzido nas escolas para desintoxicar mentes dos jovens, foi lido na semana da Paixão de Cristo? Não! Desgraçadamente, não! Ele foi engavetado como algo que atrapalha o prosseguimento da velha lenga-lenga do ódio.

Tanto isso é verdade que na cidade da Baviera, Oberammengau, famosa em toda Europa pelos festivais da Paixão de Cristo, os moradores, ignorando completamente o Papa João XXIII e seus ensinamentos, voltaram a apresentar a Paixão de Jesus, segundo a versão antissemita do Padre Alois DAISENBERGER (1860), em vez da versão elaborada por ROSNER (1750) na qual o mal aparece no cenário representando o ciúme, o ódio, a morte e o desespero. O fato provocou um violento protesto em forma de Carta Aberta, de Jacob Pinheiro GOLDBERG. Uma contundente acusação não somente contra os "*Cains*" de Oberammengau, mas contra todos.

Perdoem o tom amargo e as palavras ásperas, mas a recente atitude anticristã dos alemães fizeram sangrar de novo as feridas. A Alemanha de novo. A Europa outra vez com seus ódios. Em Paris o Cardial de NOTRE DAME Monsenhor Jean Marie LUSTIGER é xingado de judeu pelos antissemitas franceses. Bem que o bom Padre TOULAT tinha razão ao afirmar que o antissemitismo continua em estado latente.

Por Deus, até quando o amor ficará banido do velho continente? Diante de tudo isso, como preservar a serenidade?

Que Deus nos ajude suportar todo esse ódio, que fortaleça o nosso espírito para podermos continuar a viver e junto com os amigos, verdadeiros cristãos, trilhar o caminho do amor.

Transcrito da *REB – Revista Eclesiástica Brasileira*, p. 995 e 996 – v. XXVI – Dezembro de 1966 – Fasc., 4. ed. Vozes – Petrópolis.

A culpa dos judeus na paixão alemã que um brasileiro quer proibir

SÃO PAULO – O advogado e psicoterapeuta Jacob Pinheiro Goldberg entrou com uma petição contra a cidade de Oberammengau, na Baviera, que de dois em dois anos realiza a Paixão de Cristo segundo suas versões, uma delas totalmente antissemita. As duas versões são de autoria dos padres Ferdinand ROSNCV, escrita em 1750, e Alois DALSENBERGER, texto de 1860 – este último o que condena os judeus pela morte de Jesus. Jacob Pinheiro GOLDBERG soube do fato pelas agências de notícias internacionais e, imediatamente, procurou tomar providências para que a encenação não mais se repetisse. As duas encenações, afirma GOLDBERG, são bem diferentes. A Paixão de Jesus foi escrita inicialmente em Oberammengau pelo padre ROSNER, em 1750, e nela os culpados pela morte de Cristo eram o ciúme, o ódio, a dor e o desespero. Eventualmente, dependendo de fatos políticos e históricos, tem sido representada também uma versão antissemita, de autoria do Padre Dalsenberger, escrita em 1860, acusando os judeus de responsáveis pela morte de Jesus. As versões se alternam, conforme os interesses políticos. No ano passado iniciou-se uma discussão em toda Baviera sobre qual das duas versões deveria ser representada. Para isso, houve um plebiscito a pedido da Câmara Municipal de Oberammengau. Nessa discussão política, os dois Partidos mais fortes da região – o Democrata Cristão e o Socialista – que preferiram a versão do Padre ROSNER, foram derrotados pela maioria da população, cuja preferência recaía sobre o texto antissemita. Assim diz GOLDBERG:

– Entrei com uma petição ao Juiz de Direito de Oberammengau, pedindo que fosse respeitado o mistério medieval em estilo barroco do Padre Ferdinan ROSNER, que respeita os fatos históricos da Paixão de Jesus e o espírito de defesa dos Direitos Humanos.

O advogado paulista fundamentou-se nos dispositivos dos direitos Público e Privado que proíbem a discriminação racial e religiosa, e na declaração dos Direitos do Homem, bem como em leis sobre a matéria. Na opinião de Jacob GOLDBERG é importante que um advogado estrangeiro atue e faça a máquina burocrática da justiça alemã trabalhar no caso dos Direitos Humanos, pois o advogado local sofreria as mais variadas pressões. Além disso, no caso de Direitos Humanos a matéria é de cunho universal, não podendo ser considerada como intromissão na soberania do País. O advogado e psicoterapeuta GOLDBERG fundamentou-se ainda no respeito à História, no respeito ao espírito dos Evangelhos e na interpretação dada por João XXIII, quando do Concílio Vaticano II. *"A defesa da sanidade do comportamento da opinião pública contra a mistificação racial e religiosa que, sustentada politicamente pela ideologia nazista, institucionalizou a violência e a tortura contra o ser humano, com requintes tecnológicos e científicos"* – foi a defesa moral de GOLDBERG. Neste último caso, acrescenta o advogado, muitas ditaduras e Estados de ideologia *"forte"* torturam seus adversários políticos e não aceitam interferência de fora, alegando que se trata de assunto de interesse nacional ou de segurança, como acontece com a URSS.

Religião e arte devem servir ao ser humano e não atuar contra o homem. Por isto, dirigi uma carta aberta ao Prefeito de Oberammengau, pedindo esse voto em favor da humanidade e responsabilizando a população que já aplaudiu HITLER e vota a favor de uma representação antissemita – explica GOLDBERG.

Apesar de receber uma carta do Cônsul Prot Von KUNOW, consultor jurídico do Consulado Alemão em São Paulo, dando mostras da boa vontade da justiça alemã que estaria tomando providências, GOLDBERG quer um pronunciamento jurídico sobre sua petição.

– Deixei claro que não se tratava de mero processo burocrático, mas de um problema relativo aos Direitos Humanos, que não pode sofrer limitação ou restrição legalística.

A petição de GOLDBERG foi datada de 16 de janeiro de 78. No dia 23 de maio deste ano, veio a resposta do Governo alemão, dizendo que *"V. Sa. poderá verificar que estão sendo tomadas medidas em Oberammengau, no sentido de revisar e reduzir de tal forma os Mistérios da Paixão futuramente que as mesmas contribuam para a confraternização dos povos"*. Apesar disto, GOLDBERG entrou com outra ação, esperando agora um Pronunciamento Jurídico no processo contra Oberammengau. Para isso, houve intervenção do Cardeal Joseph HATZINGER, com o objetivo de adaptar o texto segundo o Concílio Vaticano II e o diretor da encenação, Hans MAYER, já começou a fazer as alterações necessárias para que, em 1980, a peça perca o sentido antissemita. Não obstante, o Conselho Municipal da cidade pretende manter o texto antissemita em 1980, pois houve votação democrática. Jacob GOLDBERG não aceita concessões, quer um parecer jurídico. Dirigiu-se agora à justiça de Estrasburgo, arrolando como testemunhas o Cardeal D. Paulo Evaristo ARNS e o escritor Simon WISENTHAL, anexando inclusive como provas os anais e atas do Tribunal de Nuremberg e, como prova maior, os Evangelhos.

O filme "A paixão de Cristo" tem conteúdo antissemita? Sim

Um filme anticristão

Acho desnecessário, pela obviedade, provar que o filme é antissemita, digno de Mel Gibson, que se afirmou orgulhoso do pai que negou o Holocausto. Mas é oportuno provar seu anticristianismo agressivo.

Trata-se da versão hollywoodiana da maior contrafacção política e ideológica da história, a inteligente e hábil manobra de atribuir aos judeus a culpa da condenação de Jesus à morte. Como essa fórmula primária, que qualquer criminalista seria capaz de desmistificar, tem resistido a estudo de análises?

Em primeiro lugar explica-se pelo antissemitismo disseminado pelos cultores da nova religião, interessada em bloquear as fronteiras com sua fonte originária. Em segundo lugar, a uma natural e apaixonada resistência judaica, indignada diante do apoderamento de seu filho, transformado, contra sua vontade, em instrumento de ódio e perseguição. Em abono desta tese poderíamos transcrever inúmeras passagens do Novo Testamento. Inútil. Ou o leitor percebe que, numa vida de 30 e poucos anos, Jesus dedicou todos os seus momentos conhecidos à tarefa do estudo da Torá e dos preceitos religiosos do judaísmo, como antes e depois fizeram milhares de rabinos e eruditos pregadores, ou escolhe a vida tortuosa do sadomasoquismo antissemita, que se prende ao drama arquitetado pelos dominadores romanos nas suas últimas horas.

Na verdade a figura de Jesus foi crucificada na época do espírito de insurreição religiosa e política de Israel, provavelmente com a cumplicidade de alguns elementos engajados com o conquistador. Nos dois milênios que se sucederam, os judeus têm sido castigados pela trágica herança de haverem concebido um filho mágico e dileto, de espírito universal, uma das grandes honras da história será o instante da reversão da dinâmica de Jesus. De seus versículos proferidos, de todas as passagens vividas por Jesus, Yeoshua ben Yossef, transpira sua apaixonada adesão ao judaísmo, seu entranhado amor ao seu povo e sua mensagem de libertação.

O processo de seu deslocamento começa no desenvolvimento produzido por Pilatos, a reconciliação e reconhecimento de sua função como judeu, o apagar do tônus antissemita, que procura retratá-lo como estranho ao seu povo, a final trama desmentida pelo senso comum de seu papel, como Messias para os cristãos, como filho querido para os judeus. Quem instruiu, magistralmente, a necessidade dessa revisão foi o poeta libanês

Khalil Gibran, no seu diálogo entre Jesus de Nazaré e Jesus dos cristãos, que, segundo ele, ainda não tinham conseguido conciliar. Fonte histórica de Jesus, o judaísmo perdeu para o cristianismo institucionalizado seu poder político e social, que permitiu a nova religião dar o tônus da civilização ocidental.

No entanto, nas últimas décadas e destacando-se o pensamento de figuras como João XXIII, Tomas Merton e Jacques Maritain, acentua-se um processo de judaização do pensamento cristão de algumas áreas mais esclarecidas. Do lado judaico, tal inclinação se adivinha na análise de Jesus feita por Joseph Klausner. No estudo "A Morte de Deus e o Futuro da Teologia", Gallagher afirma que devemos nos rejubilar "não por qualquer coisa que é, mas por aquele que virá". Dificilmente a noção judaica do Messias poderia ter uma melhor categorização do que esta.

Na medida em que o cristianismo passa pelo mergulho introspectivo do abandono das imagens greco-romanas e penetra no "pathos" e no "ethos" de Jesus, o rabi judeu, a mansidão e o amor à vida se irão contrapor ao martírio da paranoia. Obviamente, a dialética de uma crise de consciência e revisão totalizante desse alcance não se fará suavemente, eis que vai abalar toda a teologia do sofrimento – interno e externo – expresso na mecânica da agressividade – das cruzadas, do ódio ao prazer, da tendência a abstinência, do conceito brutal de salvação de todo o gênero humano e, finalmente, da própria concepção da estrutura religiosa como instituição.

Talvez este seja o mais formidável paradoxo da história: vencidos os bloqueios psicológicos, o antissemitismo terá ensejado a "mea culpa", que conduzirá a elite do pensamento filosófico cristão à aceitação do judaísmo. Porque nesse jogo, como na vida, quem perde ganha. Não se pode esquecer que a cruz era um suplício romano, não um instrumento da justiça judaica. Jesus foi executado pelos romanos na missão de dominação política, como agitador. A acusação ao judeu de ser assassino de Cristo foi uma lenda divulgada pela propaganda romana, na Diáspora.

Depois dos Manuscritos do Mar Morto, estudar Jesus não é tarefa para a construção da desavença. Judeu, estudei no Instituto Granbery, Colégio Metodista, em Juiz de Fora, onde nasci. Lá começou a revelação, para mim, de que Jesus não morreu – ao contrário do que imagina Gibson. Ele vive com os cancerosos, os miseráveis, os abandonados, órfãos e viúvas. Mas também na alegria, na esperança, na fé. Sente-se a paixão de Jesus no silêncio, na introspecção do seu sacrifício. Na vitória da vida sobre a morte, do amor sobre a raiva. O filme de Gibson e a recrucificação de Jesus por US$ 200 milhões.

Folha de S.Paulo

Reflexão

A leitura de "Jesus de Nazaré" de Joseph Klausner e "Autenticidade histórica dos Evangelhos" do Padre Lambiasi remete à necessidade de distinguir entre o Cristo da fé e o Jesus histórico.

Neste quadro os relatos da crucificação terão inúmeras interpretações que relativizam o caráter monolítico e passional da linguagem metafórica dos Evangelhos mais conhecidos.

Citando o teólogo protestante H. Zahrut.

(*Es began mit Jesus von Nazareth*, 1960)

"Como qualquer outro trabalho histórico, o estudo do Jesus histórico não termina nunca. Suas conclusões não são jamais definitivas, mas permanecem sujeitas à dúvida histórica."

Concílio reabilitou acusados

Se na Igreja Católica primitiva os judeus eram vistos com olhos fraternos, o mesmo não aconteceu depois da incorporação da crença ao Império Romano. Desse momento em diante, a culpa pela crucificação migrou da ficha dos romanos invasores para as dos judeus – que teriam traído Cristo no julgamento promovido por Pôncio Pilatos.

O documento *Sacrosanctum Concilium*, do Concílio Vaticano II, que renovou a liturgia católica em 1964, aboliu a expressão "pérfidos judeus", até então incluída no texto da celebração da Sexta-feira da Paixão. "Houve judeus que combatiam Jesus, mas era um grupo restrito", diz o Frei Felix Neesjes, assessor de ecumenismo e diálogo religioso da CNBB. "A cúpula da Igreja Católica tem tido muito boa vontade, mas um preconceito de 2000 anos não se anula em duas décadas. Muitas representações, como a de Nova Jerusalém, em Pernambuco, ainda trazem resquícios de antissemitismo."

Câmara dos Deputados

Comissão de Direitos Humanos.

Brasília, 5 de dezembro de 1995.

Ofício nº 859/95-p

Dr. Jacob Pinheiro Goldberg

Prezado Senhor,

A Comissão de Direitos Humanos da Câmara dos Deputados gostaria de manifestar o recebimento da correspondência de V. As. sobre os procedimentos tomados no que diz respeito às versões sobre a "Paixão de Cristo".

Solidariza-se a Comissão de Direitos Humanos com V. As., dada a sua preocupação fundada de propagação do antissemitismo, embutidas em rituais religiosos.

Tendo em vista as ações já encaminhadas por V. As., especialmente no que tange o Estado brasileiro, com a discussão do tema por cristãos e judeus na Comissão Nacional de Diálogo Religioso Católico-Judaico, entendemos por bem apoiar essa iniciativa.

A intolerância religiosa, a qual o povo brasileiro assistiu recentemente através da agressão manifestada por um membro da Igreja Universal do Reino de Deus, foi prontamente repelida pela Comissão de Direitos Humanos.

Dessa forma, quaisquer que sejam as manifestações que contrariem os direitos humanos, no caso, especialmente a propagação do antissemitismo em nosso País, serão prontamente combatidas por essa Comissão de Direitos Humanos.

Na oportunidade, reitero protestos de estima e consideração.

Deputado Nilmário Miranda

Tendências/Debates – *Folha de S. Paulo*, 20-3-2004

Autos da paixão são criticados

O psicólogo e advogado Jacob Pinheiro Goldberg enviou ontem uma representação ao Ministério da Justiça e à Comissão de Defesa dos Direitos Humanos, solicitando desses órgãos uma intervenção educativa em celebrações da Semana Santa. Que, segundo ele, disseminam preconceitos contra o povo judeu. "É inconcebível que se responsabilize o povo judeu pela morte de Jesus, como fazem algumas teatralizações da Igreja Católica", afirma o psicólogo.

Goldberg acredita que a responsabilização dos judeus pela morte de Jesus se constitui numa forma ostensiva de discriminação religiosa e racial. "Essas referências violam a Constituição do País", justifica. Em junho de 1978, o psicólogo enviou representações semelhantes a autoridades governamentais e religiosas da Alemanha Ocidental, protestando contra os textos de teatralizações da paixão de Cristo encenadas na cidade de Oberammengau.

No recente documento, Goldberg pede a intercessão das autoridades religiosas católicas em favor da sua causa. O Monsenhor Arnaldo Beltrami, da Conferência Nacional dos Bispos do Brasil (CNBB), informou ontem que os autos da Paixão realizados no Brasil estão de acordo com as determinações do Concílio Vaticano II. "Não há mais referências desabonadoras aos judeus", afirma.

***O Estado de S. Paulo*, 21-3-1989**

VI

STEFAN ZWEIG: MORTE SUSPEITA

Stefan Zweig: morte suspeita

A MORTE DE STEFAN E ELISABETH ZWEIG (ASPECTOS JURÍDICOS E PSICOLÓGICOS)

Professor Doutor Jacob Pinheiro Goldberg
Professor Doutor Silvio Saidemberg
Professor Doutor Sagrado Lamir David
Professora Doutora Marília Librandi Rocha

Seminários realizados no Curso de Direito Penal e no Centro Acadêmico XI de Agosto da Faculdade de Direito da Universidade de São Paulo.

Os seminários sobre a morte de Stefan e Elisabeth Zweig foram realizados a convite da Professora Doutora Alice Bianchini no Curso de Direito Penal da Universidade de São Paulo, no dia 31 de agosto de 1999, e no Centro Acadêmico XI de Agosto da Faculdade de Direito da Universidade de São Paulo, no dia 6 de abril de 2000.

"A morte de Zweig é o maior escândalo do silêncio político na história da literatura."

Stefan Zweig — morte suspeita

No dia 16 de julho de 1998, a jornalista alemã Diana Canneti, da rádio de Dusseldorf, entrevistou o psicanalista Jacob Pinheiro Goldberg a respeito da morte do escritor Stefan Zweig. Nessa entrevista, Goldberg contesta a versão oficial do suicídio de Zweig, amparando-se na análise psicológica e lendo os últimos textos do escritor como mensagens que revelam o assassinato. Para Goldberg, a última carta dando notícia de seu suicídio teria sido forjada pela polícia política, vazada no seu característico estilo, sem qualquer relação com a estética do escritor.

DC – Em primeiro lugar, eu gostaria que o Sr. fizesse uma apresentação de sua pessoa.

JPG – Eu sou psicanalista e advogado. Esta formação intelectual me levou à suspeita relacionada com a versão oficial da morte de Stefan Zweig. Essa versão nunca me convenceu. Eu nasci no interior de Minas Gerais, em Juiz de Fora, em 1933. Meus pais eram judeus poloneses imigrantes. Uma vez, meu pai conversando com o rabino Tzekinowski, lhe disse: "A Gestapo é capaz de fazer qualquer coisa", isso em relação ao crime cometido contra Stefan Zweig. Em minha opinião, houve uma lavagem cerebral e ciladas circunstanciais que conduziram de alguma maneira à morte dele e de sua esposa. Eu não tenho a menor dúvida de que a Gestapo, com a colaboração da polícia política de Getúlio Vargas, ensejou, provocou a morte de Stefan Zweig e de sua mulher.

DC – Eu gostaria que o Sr. falasse sobre a questão do suicídio forjado.

JPG – Existe uma longa tradição política e carcerária no sistema penal, no sistema policial brasileiro, segundo a qual os prisioneiros políticos e mesmo presos comuns são mortos e depois a polícia alega que houve suicídio. Isso aconteceu em pelo menos dois grandes crimes: Iara Iavelberg e Wladimir Herzog, que eram judeus, não por acaso. O que, aliás, aconteceu também na Argentina. Na Argentina, frequentemente, os intelectuais judeus de esquerda foram mortos dessa maneira.

DC – Quer dizer, no caso de Stefan Zweig houve, talvez, uma pressão sobre ele que o fez suicidar-se ou na verdade foi um assassinato.

JPG – Mas eu não acho que ele se suicidou. Eu acho que ele foi assassinado. A meu ver o que aconteceu foi o seguinte: obrigaram-no a escrever a carta em que ele confessa o suicídio. A Gestapo e a polícia política brasileira sabem perfeitamente como fazer para obrigar uma pessoa a escrever uma carta desse tipo. Isso é muito fácil para eles, sempre foi muito fácil. Enfim, ele foi obrigado a escrever essa carta que não é da lavra, da autoria psicológica e intelectual de Stefan Zweig. Essa carta é uma farsa montada. Trata-se de uma das farsas mais absurdas da história penal e policial brasileira.

DC – Falar desse assunto é inconveniente para os alemães, os judeus, e para a cultura e o governo brasileiros?

JPG – Esse assunto acabou se transformando numa questão tabu. Todas as vezes que eu pretendo levantar essa questão – e eu sou conhecido no Brasil e no Exterior, como um intelectual investigador. Eu levanto questões polêmicas, e todas elas encontram veículo fácil, através de jornal, revista, televisão, na universidade e assim por diante. Esta questão é uma questão tabu porque não interessa. Ao governo brasileiro, por motivos evidentes, não interessava; o governo alemão e, principalmente, a cultura alemã não têm interesse nisso, pois estão acomodados com a ideia de que Stefan Zweig se suicidou, e, portanto, foi um fraco. Na verdade é exatamente o contrário. Ele foi um gênio intelectual que deixou todos os rastros e todos os elementos para que no futuro a gente chegasse a essa conclusão. O último escrito dele é o Schachnovelle, o Jogo de Xadrez, no qual, em minha opinião, cada linha revela a história que estava sendo escrita e que iria até o fim, até a morte. Para um bom entendedor, quem ganhou esse jogo de xadrez não foi a Gestapo, foi Stefan Zweig. Mais cedo ou mais tarde essa verdade vai aparecer.

DC – Eu estou de acordo em relação à questão da fraqueza ou força do escritor, e também sempre li essa referência à fraqueza final, na qual eu também não acredito.

JPG – Exatamente. Principalmente se pensarmos em "Candelabro Enterrado", que transmite uma ideia de resistência. Mesmo a aproximação dele com Freud é uma manifestação de resistência. Essas pistas subjetivas (e textuais) se amparam num raciocínio analítico e não num raciocínio simplista.

DC – Por exemplo, antes de morrer ele apontou todas as pontas dos lápis que tinha.

JPG – Eu não sabia disso, mas é muito significativo. Eu acho que ele plantou, como um grande jogador de xadrez, todas as pistas. Pouco antes da morte, ele joga uma partida de xadrez com Feder, e escreve uma novela sobre o jogo de xadrez, que sempre foi considerado quase que um dos jogos básicos intelectuais do princípio chamado "pilpul", do Talmud, que é o princípio do 1 e 2. Enfim, toda a simbologia do jogo de xadrez, na novela que ele escreve, revela o jogo do poder e força entre ele e o nazismo.

DC – O jogo de xadrez tem como base o princípio do "pilpul"?

JPG – O "pilpul" é uma metodologia de aprendizado do Talmud, que é um aprendizado binário: sim, não, sim, não, e que é também o princípio do computador, da informática. Tanto é que o prêmio Nobel de Física, Norbert Wiener, que criou a informática, escreveu um livro chamado *Golem e Cia.*, no qual ele diz que toda a inteligência judaica se manifesta através desse jogo binário, que é o princípio do jogo de xadrez. Quer dizer, o que aconteceu foi: o nazismo jogava com o terror, a violência, e Stefan Zweig respondeu com o jogo de xadrez.

Eu quero deixar claro que tudo isso que eu estou dizendo não é gratuito, não é um mero delírio, não é uma aventura intelectual. Simplesmente eu penso como Stefan Zweig pensa. A minha formação intelectual e psicológica é muito parecida com a dele, então para mim foi fácil, em minha opinião, montar o quebra-cabeça. A última carta dele é o principal argumento usado para sustentar a hipótese do suicídio, mas esta carta começa como uma redação jurídica, e não como uma redação literária. Stefan Zweig não era policial, era um escritor, e um escritor não usa essa fórmula que é cartorária, é de tabelião: "Antes de deixar a vida por vontade própria e no pleno exercício de minhas faculdades mentais...". Isto me deixa indignado. Só essas linhas seriam suficientes para qualquer criminalista do mundo, qualquer um, suspeitar deste documento. Mas não basta isso, o segundo e o terceiro parágrafos são contraditórios.

No segundo parágrafo ele diz que o Brasil é o país certo para ele reconstruir sua vida, e no terceiro parágrafo ele diz que desiste da vida? Isso aparentemente poderia ser considerado uma simples contradição, mas não na mão de um intelectual que está escrevendo um documento que sabe que é um documento para a história. Finalmente, aquilo que também é muito importante, é a questão do rabino Mordecai Tzekinowski, que, literalmente, objetou ao suicídio.

DC – Antes disso, podemos trabalhar em cima da informação de que Stefan Zweig conhecia bem a psicanálise e também o judaísmo e sabia que o suicídio é tabu.

JPG – Durante muito tempo alegou-se que Stefan Zweig era afastado do judaísmo. Na verdade, ele não aceitava o judaísmo ortodoxo, o judaísmo formal, ritualístico. Mas ele era um homem profundamente ligado ao espírito do judaísmo, do chamado judaísmo germânico, que é o judaísmo moderno, de Freud, de Kafka, e assim por diante. Acontece que uma das leis rituais mais importantes do judaísmo é a proibição de enterrar um suicida no campo santo, no cemitério judeu, a não ser num espaço restrito. Ora, no dia 20 de fevereiro, Stefan Zweig escreveu uma carta dizendo que quando morresse ele gostaria de ser enterrado num cemitério judaico. É evidente, é óbvio, que com isto ele estava fazendo uma denúncia, ele estava dizendo para o mundo e para os judeus e não judeus: "eu não vou me suicidar, eu não me suicidei, eu fui assassinado". Ele estava dizendo isso no dia 20 de fevereiro, quando ele pedia para ser enterrado num cemitério judeu. Por que a polícia política não concordou com o pedido do rabino ortodoxo de enterrá-lo no cemitério judeu? O rabino Tzekinowski disse expressamente: "Ninguém sabe o que aconteceu nos últimos momentos". Em minha opinião, o que aconteceu é claro. Petrópolis, onde ele morava, era um centro de imigrantes alemães, inclusive com células integralistas. Não é possível imaginar que agentes da Gestapo não estivessem próximos ao Sr. Stefan Zweig e à mulher dele. Eu morava a duas horas de viagem de Petrópolis, e quando foi dada a informação de que ele tinha morrido todos os judeus brasileiros imediatamente suspeitaram de assassinato. A última carta dele nunca convenceu o judeu médio brasileiro, mas a comunidade oficial judaica, em minha opinião, resolveu permanecer em silêncio.

DC – E quanto aos outros judeus que "foram suicidados"?

JPG – Os dois grandes casos mais próximos são de Iara Iavelberg, que a polícia diz que se suicidou e que uma entidade judaica diz que se suicidou

– isso é importante –, e que hoje está claro que não se suicidou. Ela foi assassinada. Outro caso foi o de Wladimir Herzog, que a polícia disse que ele tinha se enforcado, e hoje está claro que foi assassinato.

DC – E como foi o enterro de Stefan Zweig?

JPG – O enterro dele foi em Petrópolis, contra a vontade manifesta na carta que eu citei do dia 20 de fevereiro. O governo disse, naquela ocasião, que não se sabia da carta, que só apareceu depois. Tudo isso é muito esquisito, muito estranho. Muitos documentos dele desapareceram. Stefan Zweig foi enterrado em Petrópolis, como se tivesse sido, em minha opinião, uma vitória do nazismo. Eu acho que é necessário tirar o corpo dele e levá-lo para o cemitério judeu do Rio de Janeiro.

DC – Que discussão houve entre o rabino e a polícia brasileira?

JPG – O rabino Tzekinowski pediu para o delegado levar o corpo dele para o cemitério do Rio para enterro regular. Era um rabino ortodoxo que jamais pediria isso, se ele fosse um suicida. A meu ver, o que se estava discutindo não era só uma questão religiosa e cultural. Eu acho que a polícia tinha medo de deslocar o corpo dele para o Rio, e acabasse aparecendo a hipótese do assassinato.

DC – E o que disse o rabino?

JPG – O delegado de polícia disse: "Por que vocês, judeus, querem levá-lo para o cemitério judaico se ele era distante do judaísmo?". Quem é o delegado de polícia para resolver esta questão? Então o rabino respondeu: "Quem sabe o que aconteceu nos últimos momentos". Essa é questão fundamental. Essa é a questão chave.

DC – E qual foi a opinião da poetisa Gabriela Mistral?

JPG – Ela achou que ele estava calmo demais. Eu acho que isso, em criminalística, mostra que foi dada a ele a dose de veneno perfeita para morrer.

DC – Em 1933, o que aconteceu com os livros de Stefan Zweig, quando eles foram queimados. O que ele disse?

JPG – Ele respondeu de uma maneira, mais uma vez, irônica e inteligente, porque ele traduziu o libreto de uma ópera cômica em Londres, chamada "A Mulher Silenciosa". Ele sempre foi irônico, inteligente e sutil. Stefan Zweig deixou as mensagens com sutileza. A mensagem dele é a resposta de um jogador de xadrez.

DC – Você acha que houve colaboração entre a polícia brasileira e a Gestapo, entre Filinto Müller e Albert Speer?

JPG – O maior chefe comunista do Brasil se chamava Luis Carlos Prestes. A mulher dele era uma judia alemã. Filinto Müller prendeu essa mulher e a entregou para a Gestapo. Tudo isso na mesma época. A colaboração entre o DOPS (Delegacia de Ordem Política e Social) e a Gestapo era uma colaboração institucional, formal, e Filinto Müller era filho de imigrantes alemães.

DC – E como Albert Speer reagiu à morte de Stefan Zweig?

JPG – Albert Speer disse que Stefan Zweig era um dos principais inimigos do regime nacional-socialista, e que tinha sido uma grande alegria para o nazismo a morte dele. Isso foi dito depois de 1945. Essa frase é clara. Stefan Zweig era o principal inimigo cultural do nazismo. Era necessário que ele morresse se suicidando para levar pessimismo ao judaísmo e para os antinazistas. Era fundamental. Era o jogo de xadrez.

DC – Stefan Zweig disse: "Gota a gota eu vou lutar contra o nazismo". Você pode me dar o exemplo no texto.

JPG – Em 1940, ele deu uma entrevista na rádio de Paris. O título era: "Para os que não podem falar". Nessa entrevista, ele dizia que daria o sangue dele gota a gota se pudesse transformar em palavras, em apelo, em prece. Na novela do jogo de xadrez, ele, duas vezes, fala em perda de sangue e no oferecimento até a última gota para o triunfo que ainda não podemos entender. Está muito evidente a relação.

Eu quero dizer que acho que nós temos uma dívida com a inteligência de Stefan Zweig. A dívida que nós temos é a de respeitar a inteligência dele. Nós não podemos continuar com esse silêncio e com essa hipocrisia de ficar fazendo festinhas e comemorações relativas ao aniversário de morte etc. Nós temos que respeitar a inteligência dele e as mensagens que ele mandou que, a meu ver, foram: em cima das aparências pode triunfar a verdade profunda, a sabedoria, a sagacidade do espírito.

DC – Você pode me falar ainda como vê isso de maneira jurídica, quanto a última carta que teria sido ditada?

JPG – Esta carta, como eu disse anteriormente, não é a que seria escrita espontaneamente por intelectual e um escritor como Stefan Zweig. Essa carta foi escrita por um policial, um tabelião. Com as contradições, tanto em relação ao conteúdo como à forma, essa carta não tem nenhum valor, e o que deveria prevalecer é a carta que ele escreveu no dia 20 de fevereiro pedindo para ser enterrado no cemitério judeu. Portanto, na verdade, esta carta anterior é uma denúncia indireta do assassinato.

Eu quero dizer que esta é a primeira vez que eu estou me debruçando com a possibilidade de fazer uma manifestação clara, direta e explícita da minha tese sobre a morte de Stefan Zweig. Eu vou aproveitar este material para dirigir uma petição à polícia do Rio de Janeiro pedindo o deslocamento do corpo dele para o cemitério judeu.

DC – Qual sua relação pessoal com o caso?

JPG – Eu era uma criança quando isto aconteceu. Mas os meus pais eram judeus poloneses e a família deles foi toda morta pelos nazistas. Esse drama de Stefan Zweig atingiu muito os meus pais, e até o fim da vida eles reclamavam e diziam que não aceitavam essa versão do suicídio. Então, para mim é um resgate histórico trabalhar para averiguar a verdade histórica. Eu acho que este é um triunfo contra o nazismo: desmascarar o crime.

Segunda morte de Stefan Zweig

Stefan Zweig suicidou-se ou foi suicidado? Aparentemente uma questão ultrapassada. Mas, como escreveu Janet Malcolm em "Limites da Biografia", o tempo alivia e suaviza, mas a história escava e faz sangrar. Atrás de uma convicção íntima resolvi mexer no vespeiro da morte de Zweig. Jogando com elementos de minha formação profissional. Advogado, psicólogo, doutor em psicologia, assistente social, tendo coordenado curso de "Psicologia e História", em nível de pós-graduação na USP e professor convidado entre outras instituições da *University College London School*, entristeço-me, eis que, como disse Hughes na exploração jornalística do suicídio da poetisa Silvia Plath, "ao atacar a raposa, tenho sido mordido por meus cães". Realmente, parcela da comunidade judaica brasileira e a mídia, na época, com raríssimas exceções, aceitaram a versão oficial do suicídio. Era o tempo da ditadura varguista e do nazismo vitorioso. O período em que a mulher de Prestes foi expatriada para morrer em campo de concentração; em que a colaboração da polícia política alemã e brasileira era íntima. A "morte morrida" era o exercício do sadismo de um Brasil primitivo.

Inquieto nas minhas heranças e atavismos, as explicações óbvias e as narrativas piegas não me satisfazem. Judeu errante e mineiro desconfiado, Torá e pão de queijo. Nem eu mesmo sei porque (mas desconfio e muito) resolvi, Sherlock, investigar o cômodo e oportuno (para tanta gente) "suicídio"de Lotte e Stefan.

Para tanto, requeri na 105ª DP de Petrópolis a reabertura do inquérito policial sobre a morte de Stefan Zweig e sua mulher. Realmente, sobre o alegado suicídio, pairam dúvidas que precisam ser investigadas e esclarecidas. Por exemplo:

1) Não foi realizado o inquérito policial, conforme exigência da legislação pertinente.

2) Fotos discrepantes do encontro dos corpos de cadáveres mostram que a polícia modificou suas posições, inclusive subtraindo uma pulseira do braço de Charlotte, e acrescentando um cobertor... Estas divergências gritantes foram comparadas pelo jurista Dr. Mario Simas àquelas observadas, similarmente no caso Marighela, denunciadas pelo causídico.

3) Getúlio Vargas ordenou a autópsia, na residência de Zweig (Agência Meridional). Em seguida, notícia de que a autópsia foi realizada. Dia seguinte, a polícia afirma que a autópsia foi dispensada. A Agência Meridional publica que a polícia diz que foi precedida a análise de saliva.

4) O "Correio do Povo" diz que o casal morreu com injeção de formicida. "O Globo" com poderoso veneno que Stefan Zweig trouxe da Europa. Biógrafos falam em Veronal. O atestado de óbito registra "substância tóxica". No "Diário de Notícias" a polícia diz que os corpos foram encontrados vazios e evaporados (!).

5) A declaração final de Zweig que os partidários do suicídio usam leva o título em português e o texto em alemão (*sic*). A tradução suprimiu dois parágrafos no texto distribuído pelos jornalistas da ditadura em que Zweig manifesta esperança na derrota do nazismo. Cláudio de Souza foi acusado pela imprensa de tê-lo feito por seu filofascismo, ao verter do francês a tradução do alemão de Leopoldo Stern. Aliás, Stern é o amigo íntimo que, perplexo, afirma que nunca Stefan Zweig afirmou a intenção de matar-se. Pelo contrário. E por que as cartas de anúncio de suicídio não o incluem como destinatário?

6) Em nenhuma carta Zweig diz que sua esposa tem a intenção de secundá-lo.

7) As cartas são datadas do dia anterior do suicídio, o que é atípico em procedimentos desta natureza.

8) Na carta final se usa a expressão nazista reservada aos judeus de "sem pátria", quando Zweig tinha a cidadania britânica e estava se naturalizando brasileiro. O estilo é de um escriba cartorário e não do maior literato do seu tempo.

9) Enterro no cemitério de Petrópolis e não em cemitério judeu como era vontade explicitada de Zweig.

10) Rubem Braga, em artigo publicado no "Correio do Povo", afirma que "Zweig, um homem que Hitler matou", em consonância com artigo de Celestino Silveira que acusa a "5ª Coluna", os colaboracionistas brasileiros do Eixo por sua morte.

11) Donald Prater, na melhor biografia de Zweig, diz que o mesmo recebeu cartas anônimas, ameaçando de morte o casal. Houve investigação? Quem ameaçou, matou? O editor de Zweig, que fez coro com os insultos contra mim, diz que Zweig não tinha inimigos. Hitler, dois meses antes da morte do escritor, afirmou que Zweig era o maior inimigo do nazismo no mundo. O editor promete a reedição das obras completas *zweigianas*, certamente, outro sucesso de vendas.

12) A campanha dos jornalistas integralistas e simpatizantes, sistemática, contra Zweig, de antissemitismo latente, negada pelo testamenteiro de Zweig

que me definiu como "imbecil". Este Sr. considerado elemento-chave na tese de suicídio, em entrevista de 20-3-99, declara que os integralistas jamais fizeram pressão sobre os judeus(!). O padre Álvaro Negromonte, em 1942, escreveu sobre Zweig: "Foi uma atitude covarde. O judeu que passara a vida ganhando dinheiro com livros fáceis e medíocres, desfrutando a existência folgada, divorciando-se de uma e casando-se com outra, terminou a vida ingerindo veneno".

Minha iniciativa neste episódio conta com o apoio, entre muitos, do Doutor Sagrado Lamir David, Toxicologista e Professor da Universidade Federal de Juiz de Fora, Doutor Alberto Noronha Dutra da University College London Medical School e Doutor Silvio Saidemberg, professor de Psiquiatria e "fellow" pela Universidade de Rochester, EUA e o aplauso da Professora Doutora Anita Nowinski – USP.

Por esta iniciativa fui agredido moralmente. Bashevis Singer, em "Gimpel, o tolo", diz que o personagem está condenado ao desconforto por ter aprendido a respeitar a verdade e seu íntimo.

VII

MENOR, PROBLEMA MAIOR

MENOR, PROBLEMA MAIOR

O DIREITO ACIMA DA FORÇA

Nas terras de Lech Walesa registra-se a memória de um Justo. Viveu como santo e morreu na glorificação do martírio; sublimado pelo amor e a crença no semelhante, rebelde aos sistemas convencionais e apaixonado pelo futuro: o médico Janusz Korczak que, na Europa de pré-guerra, transformando-se num apóstolo da infância desamparada, introduziu um revolucionário sistema pedagógico de valorização da criança. Já seu avô participara na rebelião de 1863, contra os russos, e, da mesma forja que concebeu o poeta nacional Adam Mickiewicz, KORCZAK militou no movimento universitário contra o tzarismo. Também motivado pelos ideais de reforma social, abandonou por um ano seus estudos de Medicina indo morar e trabalhar numa vila operária, vivendo a solidariedade dos abandonados. Por atender, conversar e brincar com as crianças esfarrapadas pelas vielas de Varsóvia foi apelidado pelos adultos de "*doutor maluco*". Escreveu o livro "*Se eu voltasse a ser criança*", no qual se dirigia aos adultos: "*Dizeis-nos aborrece a conversa das crianças. Tendes razão. Dizeis – Temos que nos curvar para entendê-las. Enganai-vos. Não é isso que vos aborrece, mas ter que elevar vossos sentimentos para não agravá-las*". Afirmava que o adulto foge de sua monótona alienação recordando a infância e suplicava – "*Permita, adulto, que a criança viva seu próprio mundo*".

Criticava a leitura infantil inócua e irresponsável e os filmes perniciosos. Foi um precursor das teorias pedagógicas (de que os educadores têm muito que aprender com os educandos), pondo-as em prática, fundando colônias para crianças trabalhadoras e criando o famoso asilo de órfãos da Rua Krochmalna 92, a revolucionária República Infantil, que dirigiu por 25 anos, comendo no seu refeitório e dormindo com os cidadãos-mirins. Elaborou com eles uma Constituição; elegeu-se um Parlamento, uma Corte de Justiça, com regulamentos e um Código Penal, cujo preâmbulo rezava – "*Se alguém procede mal, o melhor será perdoá-lo*".

KORCZAK propôs ao governo polaco que se instituísse um Dia da Criança, entregando-se a administração dos municípios e da nação aos menores (aliás, uma ideia a ser aproveitada ainda hoje, em outras latitudes, não?). O governo rechaçou irritado a sugestão. KORCZAK publicou, então, uma carta aberta afirmando que o gabinete tinha medo de que os pequenos demonstrassem mais competência ou pelo menos mais honestidade do que os usuários do poder.

Em 1922 publicou um ensaio sobre educação física. Ensinava música, xadrez, canto, dança e pintura. Criou um teatro infantil e de marionetes e um coro.

Em 1921 escreveu um trabalho propondo a feitura de um periódico pioneiro da imprensa infantil, elaborado por crianças. E, realmente, editou a Maly Przegould (pequena revista semanal), em 1926, contando com a participação entusiástica de milhares de leitores.

No período do gueto, para consolar os pupilos famintos, falava sobre a justiça, a bondade e a dignidade dos seres humanos. Debaixo do terror nazista, patrocinava aulas de filosofia helênica, e para distraí-los promovia concertos e danças. Engajou-se no desafio da Casa do Órfão, onde milhares de menores viviam entre dejetos humanos e cadáveres, em meio ao tifo e à desinteria. KORCZAK transmitiu seu entusiasmo varrendo a casa, mobilizando os médicos e enfermeiros, pondo um mínimo de ordem naquele caos.

Na manhã de 5 de agosto de 1942, dentro dos muros do Gueto de Varsóvia, um estranho cortejo se movimentou – 200 órfãos com traje de festa (as crianças imaginavam que partiam para férias) – em direção à estação ferroviária. À frente da fantástica caravana, o professor KORCZAK com a criança mais nova no colo e de mãos dadas com o mais velho. Iam embarcar no trem para câmara de gás de Treblinka. O comandante nazista Brandt adiantou-se para dizer ao professor que ele não era obrigado a partir naquele comboio. Com 64 anos de idade o "*doutor maluco*" consumou sua última rebelião. Respondeu: – "*Estou acompanhando meus filhos*".

Depois de sua morte, entre seus escritos, foi encontrado um texto – "*Minha vida foi difícil, mas interessante. Uma vida assim pedi a Deus na juventude. Rezei, na profundidade da minha alma: – Deus, dê-me uma vida dura, difícil, mas de belos e elevados propósitos*".

KORCZAK legou aos poloneses e à humanidade a sublime lição da iminência espiritual, pelo exemplo do amor e do ideal prevalecendo sobre a incompreensão e o ódio. Um Quixote do Vistulo cavalgando o maravilhoso sonho impossível...

***Jornal de Brasília*, 9-8-1983**

Pronunciamentos

Autor Nelson Carneiro (PMDB – Partido do Movimento Democrático Brasileiro/RJ)

Nome Completo Nelson de Souza Carneiro

Data 25-11-1986

Casa Senado Federal

Tipo Discurso

Resumo APOIAMENTO A TESE SUSTENTADA PELO PROFESSOR JACOB PINHEIRO GOLDBERG, COORDENADOR DA COMISSÃO DOS DIREITOS DO MENOR, NO CONSELHO DE DEFESA DA PESSOA HUMANA.

Indexação APOIO, TESE, AUTORIA, JACOB PINHEIRO GOLDBERG, PROFESSOR, RELAÇÃO, ALTERAÇÃO, LEGISLAÇÃO, ADOÇÃO JUDICIAL, MENOR ABANDONADO, CORRELAÇÃO, ASSEMBLEIA CONSTITUINTE.

Catálogo POLÍTICA SOCIAL.

Publicação no *DCN2* de 26-11-1986, p. 4106.

Menor, problema maior

Uma ciranda de miséria, abandono e incompreensão cerca o problema do menor no Brasil. Temos um dos mais altos índices mundiais de mortalidade infantil – 10% antes de um ano de idade – e em sua maioria atribuível a desnutrição, da qual só se livram 29,8% dos 17,5 milhões de crianças com menos de cinco anos. Isto, por aproximação, tendo em vista a óbvia dificuldade de nossas estatísticas neste campo delicado da saúde pública.

Em nossa população infantil, que é de 33 milhões com menos de 10 anos, encontram-se com frequência casos de diarreias agudas, esquistossomose, sarampo, amebíase, ancilostomose, tétano, difteria e tuberculose.

Anote-se que a desnutrição compromete o aparelho físico e mental da criança, que, mesmo sobrevivendo, apresentará lesões, sendo notáveis as relações entre o menor quociente de inteligência e a carência alimentar.

Inclusive a dimensão do cérebro é reduzida pela desnutrição. Feita a correlação entre prejuízo nutricional, crescimento do cérebro e desenvolvimento mental, constatam-se perímetros cefálicos de 48,9 centímetros contra 50,4 centímetros em meninos americanos de mesma idade. O peso e a altura menores são dados relevantes, resultado desta triste realidade. Neste aspecto, se considerarmos como básico o consumo de 3.200 calorias e 120 gramas de proteínas por dia na alimentação individual, verificamos que a disponibilidade média tem sido de 2.690 calorias e de 68,3 gramas de proteínas.

O assunto percorre todos os estamentos de nossa sociedade, com um enredo que abrange desde o crime, a delinquência infanto-juvenil, até as dificuldades da chamada classe alta em conciliar suas demandas de transformação cultural com os cuidados nos deveres da paternidade e família. Das entidades assistenciais específicas ao vestuário, atenção médica e psicológica, brinquedos, escola, lazer e alimentação adequada ou a violência do box infantil, estamos diante de um verdadeiro estigma coletivo, requerendo a imaginação criadora de autoridades e organismos de encontro comunitário.

Numa pesquisa feita na Grande São Paulo, verificamos a consequência deste processo no universo subjetivo da criança e suas implicações de comportamento. Assim, por exemplo, 30% das entrevistadas em idade escolar não sabem se gostam de si mesmas; 17% detestam sua cidade; 18% não possuem brinquedo; 20,3% não conversam com o pai; 7,85% não falam com a mãe e 51,5% não comem carne.

Se a família não forma e a escola não informa, a babá eletrônica, a malsinada TV medíocre com seu poder de fascínio, seduz a fantasia infanto-juvenil, forjando uma ficção boba e mentirosa para sua vida pálida; no esbulho homogeneizante do "*democratismo de massa*" – o nivelamento por baixo, em que a linguagem é um produto secundário do pouco talento e de nenhuma sensibilidade, levando a despersonalização com recursos manipulatórios. O que estimula a violência nos intervalos do falatório de políticos provincianos.

As crises das megalópoles aumentaram o isolamento dos membros das famílias por causa da ruptura com costumes e comportamentos históricos antes da sedimentação de formas substitutivas.

No ensino temos vivido um período de experiências e frustrações para os professores e para os alunos. Os anos 70 assistiram a uma dinâmica de transplante de técnicas, modismos e ideologias apressadas, com ensaios caboclos de linhas didáticas e escolinhas de vanguarda (a letra do samba do crioulo doido com a música de Bummerhill) ao lado da caótica rede pública, empobrecida pela falta de recursos, salários minguados para mestres e técnicas educacionais apropriadas.

O que tem sido feito pelo esporte infanto-juvenil? E, além dos programas de vacinação em massa, o que pela saúde, em nível de acompanhamento junto à família e à escola, prevenindo doenças e erradicando problemas dentários?

A solução arquitetônica dos apartamentos substituiu o território livre dos *playgrounds* pelas garagens coletivas. O livro para essas faixas etárias, com a crise editorial, cede terreno para revistas em quadrinhos.

Urge a tomada de consciência para incentivar um programa nacional pela infância e adolescência, sustentado por recursos carreados de toda a infraestrutura (econômica, religiosa, sindical, de empresas, política, organizacional) da comunidade, partindo do bairro até a nação. Desloque-se das páginas policiais ou das agendas paternalistas de serviço social ou das promessas estatais não cumpridas, ou discussão do problema menor. Ou, então, a explosão demográfica, a crise econômico-social e os conflitos de geração e das escalas de valores tornarão aguda a sucessão: de uma criança trombadinha para uma criança bandida, que, através da TV, conhece o Irã e o Senegal, mas não sabe onde fica o MASP; o jovem que, na sua angústia de mundo, confunde amor com libertinagem, nos "lares liberados" da confusão ideológica e espiritual de pais ansiosos.

Que tal a criação daquele que seria o mais importante Ministério da República, o da Infância e da Juventude... Um propósito de esperança?

Para cumprir o mandato político internacional pertinente, "*a criança gozará de proteção especial e ser-lhe-ão proporcionadas, oportunamente, facilidades, por lei e por outros meios, a fim de lhe facultar o desenvolvimento físico, mental, moral, espiritual e social, de forma sadia e normal e em condições de liberdade e dignidade*".

***O Estado de S. Paulo*, 5-3-1981**

Família e menor permanecem sob mesmos conceitos

A emenda constitucional que o governo enviou ao Congresso Nacional não traz novidades expressas no que se refere à família e aos menores. O único fato que pode ser considerado novo é a supressão, no artigo 175 da Constituição, do conceito que *"a família é constituída pelo casamento"*.

Mesmo assim, o 10º Curador de Família de São Paulo, Washington Epaminondas BARRA, acredita que *"a emenda não quer liquidar com o conceito de família legítima, como ocorre no Código de Família de Cuba"*, pois embora já não se diga que a família se constitui através do casamento, ainda são considerados exceções os casos de filhos nascidos fora dele, para os quais se assegura expressamente o direito de serem sustentados pelos pais.

O psicólogo Jacob Pinheiro GOLDBERG, que realizou diversos estudos na área de Psicologia Jurídica, vai além nas críticas à emenda à Constituição: *"O Estado está sempre correndo atrás do fato psicológico e sociológico. Hoje, mais de 30% da população brasileira vive em estado marital fora do casamento. É óbvio que esse fato deve ser reconhecido pela lei. Mas a própria linguagem do texto da emenda guarda um ranço que dá prevalência ao casal institucional".*

Tanto BARRA quanto GOLDBERG concordam que a jurisprudência firmada e o Código Civil já garantiam aos filhos de casais *"nascidos fora do casamento"* os direitos que a emenda agora assegura literalmente. Portanto, a novidade é apenas de caráter formal.

O curador e o psicólogo também estão de acordo quando sustentam que muito mais importante do que a emenda seria a modificação do Código Civil quanto ao reconhecimento da paternidade. GOLDBERG argumenta: *"Como terapeuta, eu garanto que os danos emocionais em crianças cujos pais não assumem sua paternidade são duradouros e profundos. Seria muito importante que a estrutura judiciária pudesse conter instrumentos que obrigasse os pais a assumirem a paternidade".*

E Washington BARRA garante que esses instrumentos já existem. O exame hematológico pelo sistema HLA ("Human Leukocytos Anti-gens") oferece grande garantia quanto à afirmação da paternidade, é utilizado há mais de quinze anos nos Estados Unidos e na Europa, é aceito pela legislação italiana (através do artigo 235 do seu Código Civil), mas não aparece nas nossas leis.

Os menores

Se nos aspectos referentes à família a emenda não traz novidades, menos ainda no que concerne aos menores. Maria Inês BIERREMBACH, presidente da FEBEM, a considera, inclusive, *"demagógica, pois pretende introduzir medida de cunho social enquanto o regime econômico vigente não propicia aos pais condições de sustentação de seus filhos".*

A nova redação do artigo 175 da Constituição afirma que a lei proverá assistência social aos filhos menores, em caso de falta ou incapacidade dos pais. Mas, como assegura o psicólogo Jacob GOLDBERG, *"o Brasil não dispõe de arquitetura previdenciária para tornar essa intenção real".* Ele e a presidente da FEBEM defendem o mesmo ponto de vista: só uma mudança na estrutura econômica e a garantia de emprego e bons salários para os pais poderiam ajudar a solucionar o problema do menor. Maria Inês BIERREMBACH, ao mesmo tempo em que expressa dúvidas sobre a competência do atual Congresso Nacional para emendar a Constituição em tantos aspectos como sugere o projeto do governo (o alcance das medidas seria tão vasto que justificaria o trabalho de uma Assembleia Constituinte) sugere uma fórmula simples para a resolução efetiva das questões levantadas pelo artigo 175 da Constituição: *"Diretas já"*.

Conferência

A proposta de criação de um Ministério para a Infância e a Juventude foi discutida ontem no painel *"Psicologia, o menor e a infração penal"*, dirigido pelo professor Jacob Pinheiro GOLDBERG. Para ele, a melhor alternativa seria a criação de um órgão com poderes para opinar e decidir sobre a questão, além da mobilização dos cientistas sociais. *"Deveria haver uma junção dos profissionais de sociologia, antropologia, história e psicologia, no sentido de mobilizar esforços, através de seus órgãos vitais como a universidade, a Igreja e os sindicatos, independente do paternalismo estatal, para que se saísse do dilema atroz; ou a cadeia ou a tertúlia literária. É preciso buscar um equilíbrio"*.

O professor de Sociologia do Direito da USP, Wilson Hilário BORGES, concordou com GOLDBERG e lembrou que já está provado cientificamente que toda criança mal alimentada e desnutrida na sua fase de formação vai ter prejudicado o seu processo de entendimento: *"Essa criança vai ser um adulto menos inteligente. Portanto, com o número de crianças desnutridas no País, o Brasil vai sofrer uma defasagem em relação às nações mais desenvolvidas"*.

Esses dados demonstram, de acordo com GOLDBERG, que teremos uma geração de débeis mentais despreparados para uma sociedade tecnologicamente sofisticada: *"Isso é um genocídio cultural e trará graves consequências ao País. Ao invés de se preocupar com obras faraônicas, o governo deveria preocupar-se com o fundamental do problema brasileiro: a fome, a falta de educação e de saúde. Enquanto toda criança brasileira não tiver um litro de leite, escola e hospital, não estaremos capacitados para enfrentar o futuro"*.

GOLDBERG acusou a sociedade brasileira de autoritária e repressora e de não respeitar a Declaração Universal dos Direitos da Criança, na medida em que não fornece para ela: roupa, alimentação e saúde. E essa sociedade – acrescentou – acha-se no direito de puni-la com a maior severidade quando ela comete uma infração, esquecendo-se que foi a própria sociedade que a marginalizou. GOLDBERG citou um artigo dele publicado pelo Estado em março de 1981, sob o título *"Menor, problema do maior"*, onde diz que é numa ciranda de miséria, abandono e incompreensão que o menor no Brasil se acha perdido. Em sua palestra de ontem, GOLDBERG citou as pesquisas demonstrando que existe uma deformação emocional provocada por dificuldades do meio social que levam crianças e jovens à infração penal.

***O Estado de S. Paulo*, 29-7-1983**

Sugerido Ministério da Infância

A criação de um Ministério da Infância e da Juventude, centralizando toda a responsabilidade de atuação em relação ao menor é a proposta do psicólogo Jacob Pinheiro GOLDBERG, responsável pela equipe que fez uma pesquisa durante os últimos dois meses entre adolescentes de 27 cidades, com o objetivo de traçar um perfil psicológico e cultural da juventude do País. Ele anuncia também algumas medidas que poderiam resolver os principais problemas dos jovens brasileiros, mostrados pela pesquisa.

A pesquisa, divulgada pelo Estado revelou o alto grau de desinformação e autodepressão do jovem brasileiro. GOLDBERG acredita que *"a criação de um único Ministério só poderia trazer benefício, porque atualmente, diante dos fenômenos da criminalidade infanto-juvenil, da violência, do menor abandonado, do menor não escolarizado, do menor subnutrido, da escola em crise, do sistema pré-universitário falido, não existem sistemáticas definidas"*.

No entanto, ele ressalta que, *"em qualquer abordagem do problema, nós teríamos que distinguir três ordens de preocupações: com o menor carente economicamente, o de classe média e o economicamente privilegiado. Os três apresentam problemas em graus diferentes, e que demandam a atenção da sociedade"*. Mas Jacob GOLDBERG explica que *"o Ministério deve ter como proposta inicial uma atuação global, que impeça a diversificação e as contradições no estabelecimento de políticas para o menor"*.

As 65 questões formuladas na pesquisa revelaram uma multiplicidade de dados dramáticos nas áreas emocional (autodepreciacão), educacional (pobreza de informação, deficiência do ensino), saúde (precariedade nos sistemas de atendimento) e social (os jovens não se consideram preparados para a atuação comunitária e se sentem marginalizados). *"Estamos diante de uma antipesquisa, que é o manifesto acusatório de denúncias contra todos nós"*, adverte GOLDBERG. E ele diz que, *"se todos se omitirem diante da crueldade dos dados obtidos, eles se transformarão em criminosos: a omissão é um verdadeiro genocídio contra a infância do País"*.

Jacob GOLDBERG tem sido sondado por autoridades de diversos setores, mas para ele a procura de sugestões não é suficiente: *"Diante dos números divulgados, tanto o Poder Executivo como o Legislativo já deveriam ter convocado uma comissão de inquérito"*.

GOLDBERG adverte para não se usar os resultados da pesquisa com o objetivo de ridicularizar o adolescente, pois os adultos têm um compromisso com eles. E sugere uma reformulação no relacionamento trabalho-escola, levando o ensino às empresas, ou criando cursos paralelos e profissionalizantes que realmente preparem o menor. Além disso, ele diz que os jovens deveriam dispor de mais tempo para o estudo, e uma sugestão seria diminuir a jornada de trabalho. Desse modo, os cursos noturnos poderiam ser mais aprofundados, e a procura deles não seria apenas para a obtenção de um diploma.

Outro conselho de GOLDBERG é a introdução dos recursos eletrônicos e meios de comunicação (televisão, rádio) no sistema escolar brasileiro: *"Nós ainda estamos em nível de escola de roça, onde o aluno apenas recebe a informação, sem questioná-la, e o professorado, por não ter boas condições de trabalho, também não demonstra interesse em ensinar".*

***O Estado de S. Paulo*, 10-2-1980**

Comissão Parlamentar de Inquérito (Resolução nº 1, de 1980) Ata da 7ª reunião, realizada em 8 de maio de 1980

Às dez horas e quarenta minutos do dia oito de maio de mil novecentos e oitenta, na Sala "*Clóvis Bevilácqua*", presentes os Senhores Senadores Orestes Quércia (Presidente), Murilo Badaró (Relator), Bernardino Viana e Jutahy Magalhães, reúne-se a Comissão Parlamentar de Inquérito criada pela Resolução nº 1, de 1980, destinada a examinar a violência urbana, suas causas e consequências.

Deixam de comparecer, por motivo justificado, os Senhores Senadores Aderbal Jurema, Eunice Michilles, Lázaro Barboza, Nelson Carneiro e Evelásio Vieira.

Havendo número regimental, são abertos os trabalhos pelo Senhor Presidente, que solicita, nos termos regimentais, a dispensa da leitura da Ata da reunião anterior que, logo após é dada como aprovada.

Dando início à reunião, o Senhor Presidente anuncia a presença dos Senhores Doutor Jacob Pinheiro Goldberg, Psicólogo, Professor e Assistente Social em São Paulo e da Senhora Lia Junqueira, Presidente do Movimento em Defesa do Menor, também em São Paulo.

Em seguida, procede a sua explanação do Professor GOLDBERG, que aborda vários temas e dá vários conceitos.

Discorda de que a megalópole, a concentração demográfica, seja uma das causas da violência, pois se assim fosse, Copacabana teria um índice de criminalidade maior do que o da Baixada Fluminense e as cidades de Tóquio e Paris seriam inabitáveis.

Acha que os meios de comunicação, a televisão, rádio e o jornal não são mecanismos desencadeadores de violência, conclusão a que chegou depois de duas grandes pesquisas feitas nas cidades de São Paulo e Juiz de Fora.

Diz que um dos fatores básicos da violência no Brasil é a diferença, o conflito, a procura pela sociedade de uma tecnologia avançada e sofisticada, que exige uma especialização e uma cultura ampla, mas este conhecimento cultural não é fornecido.

É a favor da criação do Ministério para a Infância e para a Juventude e de um grupo permanente de estudos sobre a violência na sociedade brasileira.

Comissão Parlamentar de Inquérito –*Jornal da Tarde*, 8-5-1980

Olhar masculino perverso

O desejo erótico de posse da menina, da moça jovem, frequentemente é uma das variantes da patologia sexual do macho. É curioso que, raramente, se observe o fenômeno inverso. A mulher adulta e madura não se interessa, sexualmente, pelo menino ou jovenzinho. Inclusive o que se percebe, também, é que o interesse e o olhar cobiçoso do homem aumenta com a idade, chegando ao paroxismo da velhice. Na Antiguidade existia a violência da posse gerontocrática pelas virgens recém-entradas na puberdade. Manifestação libidinosa muito ligada à impotência concreta, o olhar desejoso em relação à infância revela uma fantasia de domínio absoluto e transgressão. É como se a inocência da menina pudesse excitar a fragilidade do homem inseguro quanto à sua própria identidade sexual. Traduzindo de forma objetiva, trata-se de doença e lesão no desenvolvimento da sexualidade e da personalidade, que pode se associar a comportamento doloso de natureza criminal. Esta realidade precisa ser verificada com cautela para que o criminoso não se acoberte debaixo das atenuantes de problemático emocional. A posse sexual de menor, a sedução, o assédio, são formas torpes de manipulação do corpo inocente. Tanto a civilização grega como a modernidade são vivências éticas ambivalentes sobre esta questão. Nabokov criou a figura da "lolita", a ninfeta tentadora. A publicidade, principalmente a da TV, avacalha os cânones morais e usa as crianças muitas vezes com o apoio familiar para transformá-las em mercadoria e consumo. Mas quem se sensibiliza e trata o tarado corretamente é o criminoso comum que não perdoa este crime infame, dando-lhe o corretivo na prisão. Existe uma correlação entre machismo desbragado, autoritarismo e perversidade sexual voltada contra a criança: são frutos dementes e delinquências da onipotência.

Revista *Trip* – nº 59, 1997

***Domingo Espetacular* – Pedofilia, junho/2010**

Lições do caso Suzane

A partir do caso do assassinato dos próprios pais em São Paulo, sob a orientação da estudante de Direito, Suzane Louise von Richthofen, MEDICINA E SAÚDE entrevistou o psicólogo Jacob Pinheiro Goldberg (autor, entre outros, do livro *Psicologia da Agressividade*), em seu consultório em Higienópolis, São Paulo, para traçar uma análise da juventude atual e o conflito de gerações.

É possível alguém matar por amor?

Não existe o assassinato por amor. Conforme defini no meu livro *Monólogo a Dois*, a mais profunda noção de amor que existe foi estabelecida pelo filósofo Martin Buber. Para Buber a relação de amor não pede e nem solicita nada da outra pessoa. Você parte de um conceito altruísta, o oposto do egoísmo. O altruísta quer o bem da pessoa amada e não transforma o outro em objeto. No momento em que você usa a outra pessoa, isso vira uma relação de posse, de uso e de gozo.

O que faz uma filha como a Suzane von Richthofen (mas poderia ser outra, como aliás tem ocorrido), desejar e matar os próprios pais, que, até onde pudemos ver, a amavam?

Hoje fica claro nos estudos psicológicos o que é denominado de "conflito geracional". Cada geração tem condutas e valores diferentes da geração dos pais. Tanto é que se fala na psicologia da "morte simbólica dos pais". Em determinado instante da adolescência o filho (ou a filha) mata a entidade paterna ou materna simbolicamente e transfere a relação que tinha com os pais para um grande amigo ou amiga.

Esta transformação é muito positiva, porque o adolescente precisa contestar para ele estabelecer o seu espaço. Agora esta contestação não deve ser feita com agressividade e muito menos com perversidade.

Como os pais podem conciliar o desejo entre dar a liberdade que o filho precisa para se desenvolver enquanto pessoa e evitar más companhias e o contato com drogas e a criminalidade?

Toda a liberdade tem uma dose de aventura. Não existe a liberdade sem a ultrapassagem de certas regras. O grande trabalho dos pais quanto aos filhos é proteger e zelar, mas principalmente educá-los, preparando-os para a arte da conquista da vida em sociedade. Viver em sociedade é aprender a interagir com os perigos hoje muito frequentes ligados à violência em geral e à deterioração da civilização.

A sociedade moderna está cada dia mais complexa. Como o senhor vê a juventude atual?

Infelizmente a juventude atual está debaixo de um efeito que a gente pode chamar de "elemento deboche". A música popular faz apelo à violência, à estupidez, à falta de cultura, ao racismo e à selvageria.

Um dos ídolos da música pop é o Kurt Cobain, que acabou se suicidando sob o uso de drogas. A juventude hoje substitui os grandes valores espirituais e culturais por valores de sucesso a qualquer preço e de consumismo. Isso em todos os campos. O que importa é o ser e o acontecer, principalmente em função dos outros, da opinião pública e do olhar alheio.

Os anos 60 marcaram época com ícones culturais como os Beatles, Marcuse, Sartre, Cohn-Bendit... A juventude de então era revoltada em torno de causas políticas e ideológicas que tentavam mudar o mundo para melhor. Qual a diferença daquela geração para a juventude de nossos dias?

A grande diferença entre a juventude dos anos 60 e a juventude de hoje é a perda dos sonhos. Uma frase terrível usada nos últimos anos é "o que importa é ser objetivo". Na realidade, o que importa é ser subjetivo. O que importa não é o concreto, mas o abstrato, aquilo que nós fazemos com as nossas esperanças, com a nossa fé, intenções e convicções. O ato e o fato são muito menos importantes do que o desejo e o sonho.

Qual o papel da mídia na formação da cabeça das novas gerações, no que tange à violência?

A mídia, principalmente a televisão e a *Internet* se transformaram em um repositório de péssimas informações daquilo que existe de mais insensível nas condições humanas, da pedofilia à apologia do homicídio, com requinte de mau gosto. Existe uma relação entre estética e ética que tem de prevalecer. Infelizmente nós vivemos em um mundo onde a desconsideração pelo outro indivíduo não tem mais qualquer limite de natureza ética ou estética.

Hélio Daniel Cordeiro é editor da Revista *Medicina e Saúde*

Combate eficaz à pedofilia requer mudanças na legislação brasileira

Os projetos de lei foram elaborados a partir de discussões no Seminário Interdisciplinar sobre Pedofilia, organizado em 4 de setembro pela Secretaria da Justiça e com a participação de juristas, delegados de polícia, médicos, pedagogos e jornalistas. Os textos, que também preveem o tratamento para a recuperação do pedófilo, serão entregues pelo secretário da Justiça ao Presidente Fernando Henrique Cardoso e encaminhados ao Congresso Nacional.

Traços de personalidade

Para o psicanalista Jacob Pinheiro Goldberg, Doutor em Psicologia e Deputy-chairman da Middlesex University South American Advisory Board, é preciso enfrentar o tabu sexual e ter consciência de que a criança precisa ser protegida, a começar pela programação da televisão, considerada por ele, um deboche sem limites.

http://www.justica.sp.gov.br/novo_site/Noticia.asp?Noticia=69

Pedido fim da prisão cautelar de menores

A revogação da prisão cautelar de menores, o fim da tortura e da Lei de Segurança Nacional, a criação de uma Comissão Nacional de Defesa subcomissão para estudo das questões do menor na Constituinte, e o direito da mulher de poder indicar o nome do pai da criança no registro de nascimento foram algumas das conclusões do 4º Encontro Nacional dos Direitos do Menor, que se encerrou ontem, no auditório do SENAC, na Rua Dr. Vila Nova, região central de São Paulo, após quatro dias de debates entre quinhentos representantes de cinquenta entidades de dezessete Estados.

Para a presidente do Movimento de Defesa do Menor, Lia Junqueira, que coordenou o encontro com a Associação dos Advogados de São Paulo e a Ordem dos Advogados do Brasil, o destaque foi a proposta de revogação da lei que permite que menores fiquem detidos nas delegacias por tempo indeterminado.

O psicoterapeuta e professor Jacob Pinheiro Goldberg, coordenador eleito da Comissão Nacional dos Direitos do Menor – que apresentou proposta para que a mãe possa indicar o nome do pai da criança no registro de nascimento –, acredita que esta medida diminuiria o número de abortos: "Pesquisa da Universidade Estadual do Rio apontou como uma das causas principais de aborto o fato de a mulher não poder registrar seu filho com o nome do pai".

***Folha de S.Paulo*, 30-9-1985**

VIII

CRIME CONTRA A MULHER

CRIME CONTRA A MULHER

Eva será Deus
(e reflexões sobre mapeamentos na formação de mentalidade)

Agradecimentos:

Ao Dr. Alberto Noronha Dutra da University College London Medical School, seu estímulo intelectual e visão de psicoimunologia que abre caminhos para uma nova realidade da saúde física e mental.

Ao Dr. Michael Driscoll, vice-chancellor da Middlesex University, Londres.

Ao Professor Jerry Hart, Lecturer in Security Management – University of Leicester.

Eva será Deus...

Este foi o tema escolhido por Jacob Pinheiro Goldberg para uma conferência realizada no dia 3 de julho de 1998 no *Lecture Hall* da Universidade de Londres.

O professor Goldberg falou para uma audiência composta de intelectuais e cientistas de diversas nacionalidades com *background* cultural eclético. O que este psicanalista e gênio criativo fez em Londres foi como jogar uma pedra num lago. Impressionante ver como as ondas criadas por ele se propagaram e continuam indo longe de sua fonte. Na entrada de um novo milênio, o que as pessoas mais buscam é uma fonte de inspiração e subsídios para reflexões mais profundas do que a assimilação da história como tal nos foi apresentada. Uma análise histórica não seria razão suficiente para o professor Goldberg se deslocar para a Europa para um encontro de tal importância, pois, embora a história possa ser destituída de sua legitimidade, por trás das crenças religiosas há sempre um modo de pensar e de sentir, hábitos e práticas culturais, valores que se originam de uma série de instintos obscuros. Por que não investigar esses instintos? Esta foi a razão que o levou até lá. Afinal, derrubar fantasmas é um dever moral. Ionesco disse: "somente as palavras contam, o resto é falatório". Através da linguística torna-se possível encontrar a essência, mas foi preciso coragem para retornar ao início dos tempos e recompor a imagem de Eva. Ao invés de maquiavélica, uma mulher de qualidades e integridade foi apresentada pelo professor Goldberg, pois ela primeiro experimentou o fruto e, só depois de comprovadamente inofensivo, o oferece a Adão. E, assim, Goldberg começa esclarecendo um alveário de contradições inserido numa temática *fussy*. Os instrumentos intelectuais necessários foram reunidos para a evolução do assunto. "Deus não existe, a Maria é sua mãe." Uma reinterpretação desta frase e os fatos foram abordados com muita coragem. Foi perguntado ao professor se ele acredita na virgindade de Maria. Ele disse que sim, tanto quanto na de sua mãe. Na história de Moisés mostra que há indicações de que teria sido gerado pela princesa e um escravo egípcio. Seria perigoso retirar do contexto quaisquer das indicações apresentadas, porém, o professor o faz com uma energia intelectual de homem culto e tolerante. Prosseguindo a conferência, o professor Goldberg insiste na necessidade de repensar o papel da mulher nas sociedades e ressalta a posição invejável da mulher, uma vez que a ela foi dada a função da procriação sobre a evolução da humanidade. Neste momento, Goldberg atinge o objetivo de sua conferência ao provocar na audiência a reação desejada: não o reconhecimento do valor da mulher, nem a conquista de direitos para ela, mas a descoberta de uma perspectiva. Após séculos e séculos seguindo um modelo masculino, qual deve ser o modelo feminino? Será preciso criá-lo para o próximo milênio, eis o grande desafio.

Silvana Ramos

A gênese do livro

Entrevista realizada com Jacob Pinheiro Goldberg – Marília Librandi Rocha

Transcrevemos a seguir parte de um diálogo registrado em 1997, por ocasião de uma série de entrevistas realizadas com o autor, no decorrer de dois meses, e que versavam sobre alguns de seus textos e poemas. Decidimos agora trazer a público um fragmento desta conversa, pela relação que estabelece com o tema do livro, "Eva será Deus". Naquele momento, Jacob estava começando a refletir sobre o assunto, sobre o qual viria a escrever e pronunciar uma palestra meses depois. Assim, por serem anteriores à elaboração do trabalho, as reflexões aqui apresentadas representam um momento importante, pois permitem ao leitor acompanhar a difícil e audaciosa gestão deste livro. Na edição procuramos manter o fluxo oral, fiel à forma do diálogo que então se estabeleceu.

ML – Gostaria de começar falando de um texto em que você faz um elogio ao plágio, de uma forma, eu diria, muito original. Você poderia falar um pouco sobre isso?

JPG – Os plágios são as cópias que os filhos fazem da prosa familiar. A partir de uma certa idade, em nome da emancipação, as crianças, e mais provavelmente os adolescentes, recriam essa obra inicial dos pais, tentando subscrevê-la como de sua autoria. Talvez, daí, a origem da arte, que, ao mesmo tempo é repetição, é também rebeldia, porque está ligada ao conflito de gerações. Eu acho que tem muito disso, uma espécie de mandala, quer dizer, a partir de certo instante o medo da ruptura de levar às últimas consequências o corte umbilical, faz com que a gente volte, e nesse retorno a gente consagra o plágio. É exatamente por isso que toda a civilização é uma repetição absurda. Eu fico espantado, por exemplo, com a importância que o Borges dá para a biblioteca. Eu me espanto porque, na verdade, a biblioteca não tem a menor importância. Na realidade, toda a fala universal é absolutamente reducionista e reduzível a meia dúzia, uma dúzia de criações, o resto é uma repetição absoluta e absurda. O que talvez fosse original? Os falares de Deus com Deus. Talvez, a última conversa criativa da humanidade é aquela que não ficou registrada entre Deus, Adão e Eva na hora da expulsão do Paraíso. O que a gente conhece é o castigo, mas nós desconhecemos qual foi a troca, que deve ter sido lapidar. Daí para frente é a mudez. Não há mais nada a ser dito. Por isso a gente fica plagiando. No fundo, o que é que a gente está tentando? Fazer a expiação desse pecado inicial, do gesto primeiro. Não tem mais o que falar. Falar o quê? Vamos ficar repetindo o quê? Que nós somos culpados? Nós somos, não é? Nós estabelecemos o pacto com a morte. Nós tínhamos a vida eterna no Paraíso e cometemos a traição, e essa traição, ao mesmo tempo em que é imperdoável, é o único gesto original, o único gesto original da humanidade. Talvez o impulso original que dá ao homem a sua humanidade é o acicate de Eva – é Eva dizer: coma o fruto. Aliás, eu acho muito curioso, porque isso já me cheira a uma mentira teratológica, monstruosa, porque a minha impressão é que não é Eva que diz a Adão para cometer o pecado. Eu acho muito mais provável o inverso, porque o homem sempre foi um ser inferior, agregado, complementar à mulher. A mentira básica é que a face de Deus seja a face masculina. Isso é uma enormidade, um absurdo, se existe uma figura, uma semelhança na natureza da ideia de criação é o útero feminino, só ele cria. O homem não passa de pobre instrumento de transmissão. O sêmen é só transmissão. A geração é o útero feminino, por isso, é a mulher que foi feita à imagem e semelhança de Deus. O homem não foi feito à imagem e semelhança de nada. Ele é um plágio, não é? O homem é absolutamente um plágio... É engraçado que quando eu falo essas coisas, tão evidentes, tão óbvias, tão nítidas, tão claras, esse discurso vem com um repasse de dor e culpa, como se eu estivesse afrontando todas as proibições.

ML – É verdade. E corresponde também a um processo criativo permanente, não é?

JPG – Devia ser. Mas eu vou hesitando. Quando vejo que fui até o limite, eu procuro o pique de proteção.

ML – E porque é um limite muito próximo à loucura, também não é isso?

JPG – Não. É a própria loucura, porque a sanidade está ligada a um acerto de conveniência, e esse gênero de especulação é absurdamente inconveniente, porque eu me alio a quem? Aos fracos. E o fraco sempre é suspeito. A mulher é sempre suspeita, não é? A própria noção da serpente é uma noção feminina. A ideia da insídia, da sedução é feminina.

ML – Da loucura também.

JPG – Também. A bruxa, a ideia da bruxa. O próprio erotismo. O homem não aceita o erotismo. O homem tem medo do erotismo. O homem associa a ideia do erotismo à homossexualidade. Homem gosta de guerra, de boçalidade. A figura masculina absoluta, imperial, é o Mike Tyson dando mordida sadomasoquista no Holyfield, batendo, dando murro.

ML – Voltando ao que você estava dizendo, eu acho que a criação e a escrita só nascem desse embate com as ideias, desse ímpeto criativo, próximo da loucura, e que dá medo.

JPG – É. Eu acho que toda vez que você tenta o mínimo de criação, de originalidade, o mínimo de fuga do plágio, é quando você fica autofágico, quando você aniquila essa segunda natureza que lhe foi imposta, e aí você permite talvez um renascimento, essa ideia árabe do renascido. Existe muito isso no muçulmanismo que é uma ideia de fênix, de morrer através da revelação, e que na psicanálise está ligada à introvisão, quando você se transforma. Aliás, é muito curioso, porque na minha vida isso sempre foi uma constante. Quando eu olho um álbum de fotografia, eu não me reconheço absolutamente. Quando me lembro do passado, falo sempre na terceira pessoa, porque não tenho a menor identificação com o meu passado. E é curioso, porque não tenho identificação nem com o meu passado de ontem. Uma das ideias que mais me agrada é aquela ideia búdica, expressa num diálogo entre Buda e um de seus apóstolos preferidos. Buda pergunta: "Quem sou?" Aí o apóstolo, que é um sábio, responde: "Quem perguntou não está mais aqui". Essa ideia de iminência de transformação absoluta é curiosa, porque isso existiu em mim e é interessante porque isso foi fruto tanto de um processo, o meu processo psicanalítico individual, mas também foi uma decisão de morrer para não morrer. Muitas vezes na minha vida ficou claro que se eu não morresse eu morreria. A única forma de sobreviver era deixando de existir. Às vezes, leio certos filósofos, ensaístas, estudiosos, intelectuais que falam muito da importância do resgate do passado, na psicanálise mesmo fala-se muito disso, e é curioso porque o passado eu não vejo como um tesouro. Eu vejo o passado como um espaço a ser conhecido para ser esquecido, não para ser lembrado.

ML – Isso é tão difícil porque a gente se agarra completamente ao passado, como uma identidade, como segurança, porque se você fica sem o passado, o que é que você tem?

JPG – Na minha opinião você tem tudo. Se você fica com o passado, você não tem nada, porque o passado não existe. E se você consegue jogar fora o passado, aí você tem tudo, que é o presente, que é a única coisa que você tem. O futuro serão presentes possíveis, mas não certos, e é curioso como a gente trai o presente o tempo inteiro, em nome, em geral, desse passado, desses Eus mortos.

ML – Mas essa mudança constante não implica você romper o tempo todo também? Porque dificilmente uma mudança interna não leva a uma mudança externa, com a família, com trabalhos, com amigos. E você sempre enfrentou isso?

JPG – Sempre enfrentei, com muita dificuldade, com muita dor, muito sofrimento, tanto interno como pelas pressões externas. Na verdade a minha busca pela Psicanálise foi uma tentativa de compreensão da loucura dos outros e da minha própria loucura, da loucura humana, porque eu acho realmente que a loucura humana não tem limite. Eu acho que o inferno de Dante é uma pálida expressão do que o ser humano é capaz de fazer mesclando a maldade com o seu delírio permanente. E é curioso porque isso contrastando com uma capacidade extraordinária, angelical, na alma humana. Então essa convivência é insuportável, e ela te joga o tempo todo no limiar entre o crime e a insanidade. O ser humano não suporta e não aguenta a ideia de que ele possa ter sido criado por um Deus bondoso para ser um anjo. Ele não suporta isso. Ele tem um chicote se ferindo permanentemente, tentando se revoltar contra esse Deus bondoso. E o pior é que com êxito. Agora, eu acho que o que a gente pode fazer, deve fazer o tempo todo, é fugir desse plágio luciferino, porque basicamente Lúcifer é o plagiário, ele acompanha e corre atrás de Deus porque no fundo quer ser Deus. É o filho que não suporta a submissão. A única possibilidade é a gente se curvar humildemente e pedir licença a Deus pra tentar voltar ao Paraíso. Não através de Babel, mas através de uma contrição. Nós temos que vomitar alguns milhares de anos, e eu sei lá se só milhares, não é? Os antropólogos falam em milhões.

ML – Você falou em Lúcifer. Tem um texto em que você fala da feiura que eu acho muito impressionante. É um texto em que inicialmente você parece brigar com Deus pela feiura no mundo, como se fosse um enredo divino e maldito. Depois você defende a feiura no sentido de uma resposta e de uma defesa do torto mais do que do direito. O texto se chama "Culto à Fealdade", e é uma espécie de reza, cantochão, ao mesmo tempo lamento e homenagem à feiura (aliás, o texto termina falando em sótão e porão, e a feiura é mesmo aquilo que está nos fundos da casa, escondido, jogado e largado e que ninguém quer ver nem assumir). Espaço do detrito, do resto, do entulho, do enterrado no fundo da terra, e a feiura, como você diz, é também o contato com a morte.

JPG – Se existe algo que me incomoda é a ideia das instituições religiosas descreverem a imagem de Deus como uma imagem bonita. Eu acho que Deus é feio. Deus está no feio, porque Deus está na piedade, na desarmonia que procura se acertar. Na realidade, a beleza, a simetria e a harmonia, elas são provocativamente malditas, elas são sempre jogos de força, arrogância, autoritarismo, pretensão, vaidade. O sofrimento, a dor, a criação sempre são feios. Eu não conheço nenhum gênio bonito. Eu não conheço um profeta bonito, não sou capaz de imaginar Moisés fazendo a barba todo dia, penteando o cabelo. Você é capaz de imaginar Moisés na frente do espelho durante uma hora penteando o cabelo? Só Charlton Heston pode ser um Moisés bonito. Agora, a mentira aí ela corre célere. As interpretações da Idade Média todas são de que José, por exemplo, era lindíssimo, por isso a mulher de Putifar teria se encantado com ele. Não. Imagina! A mulher e Putifar deve ter se encantado com ele porque o Putifar era um corno manso, e José era o que estava à mão, feio e libidinoso.

E o abandono do feio provoca ternura divina. O bonito, o rico, o certo, estes não precisam de ternura; pra que ternura se eles têm aplauso humano?

ML – Acho que podemos terminar lembrando um outro texto seu que acho muito bonito e de muito alcance. Você fala na beleza que está onde não parece estar. São duas frases:

"A tribo corre sempre na mesma direção. Mas para iniludível decepção, a beleza caminha em marcha-ré".

(Em *A Ógea e Calhandra*, de Jacob Pinheiro Goldberg, p. 41.)

1 - "O plágio"

A mais alta homenagem que a admiração presta ao gênio criativo. Copiar como se fora autêntico, bandidamente, é um ato de amor absoluto.

O autor deixa sua inventiva, abdica de sua personalidade e compromete seu talento nas teias do objeto desejado.

O plágio, como a inveja, esconde no seio, envergonhado, o amor dissimulado (texto publicado em "Ritual de Clivagem", de Jacob Pinheiro Goldberg).

2 - "Culto à fealdade"

O anjo da luz comprometeu a escala da criação estética.

Lúcifer, beleza provável.

Na desarmonia, falsa de estrutura, reside a passagem para a morte, ruptura na cósmica de servidão.

O pacto da feiura alimenta o único enredo divino.

A criança enferma cancerosa, o aidético, o louco deformado, a sujeira, as rugas da velhice, enfim a posse da serventia.

Significante, na poesia estelar-ribombante na proporção do anão.

Orai por nós, feios, no altar de nossa vida, agora e na hora de nossa morte, aleluia, também.

O avesso, prosaico, coloquial, feio é a beleza no anverso da ribalta.

Enterrai, cadáveres a caricatura da beleza, injunção narcísica do usurpador.

A messiânica mentira não é passado, virá nas dobras de um pardal enluarado.

"Não há, então, cantata no sertão, sombras no sótão, porão" ("J.P.G. em Ritual de clivagem").

Marília Librandi Rocha

Doutora em Literatura pela Universidade de São Paulo e Professora de Literatura na Universidade Stanford, EUA

Conferência

Senhoras e Senhores, professores da University College London Medical School, agradeço o convite para apresentar este seminário.

"Três coisas ignoro, e tampouco a quarta sei: os caminhos da águia nos céus, da serpente sobre a rocha, do navio em alto mar, e os do homem no interior da donzela". [Prov. XXX, 18.]

Agora, se sabe. O exame do DNA. O filho do Homem. A certeza do pai. Outra volta na civilização.

Por meio desta identificação, tudo o que se diz nas interpretações talmúdicas do Cântico dos Cânticos sobre a Comunidade de Israel como filha e noiva foi transferido para a Schehiná. É impossível, creio, dizer qual foi o fator primário: a revivescência pelos primeiros cabalistas da ideia do elemento feminino em Deus, ou a identificação exegética dos conceitos anteriormente distintos de Ecclesia e de Schehiná, esta metamorfose especificamente judaica por meio da qual tanta substância gnóstica ingressou na tradição judaica. Não posso aqui distinguir entre o processo psicológico e o histórico, cuja unidade peculiar constituiu o passo decisivo dado pela teosofia cabalística. Porém, como vimos, existe ainda um terceiro elemento: o simbolismo da Schehiná como alma, no Bahir e no Zohar. A esfera da Schehiná como morada da alma – esta é uma concepção completamente nova. A residência mais elevada da alma, em sistemas judaicos anteriores, era situada dentro ou debaixo do trono de Deus. A noção de que a alma tinha sua origem no pressinto feminino dentro de Deus mesmo foi de grande alcance para a psicologia da Cabala. Mas se nos incumbe avaliar plenamente o caráter mítico da Schehiná, devemos examinar mais duas concepções que são inseparáveis dela: sua ambivalência e seu exílio.

Aqui, como em tantos outros lugares, a Agadá remonta a ideias bem distantes do texto bíblico. Um exemplo semelhante é a estória de que uma mulher teria sido criada antes de Eva, o que pode, é verdade, ter sua origem numa tentativa de solucionar a contradição entre Gênesis 1:27, onde o homem e a mulher são criados simultaneamente, e Gênesis 2:21, onde Eva é feita de uma costela de Adão. Segundo um *midrasch* que, a bem dizer, não é citado nesta forma antes do século IX ou X, uma mulher foi feita para Adão primeiramente de terra, e não de seu flanco ou de sua costela. Esta mulher foi Lilith, que irritou o Senhor da Criação por exigir direitos iguais. Afirmava ela: Nós (Adão e eu) somos iguais, porque ambos viemos da terra. Depois disso, eles brigaram e Lilith, amargamente descontente, pronunciou o nome de Deus e fugiu, iniciando sua carreira demoníaca. No século III, esta estória era aparentemente conhecida numa forma, algo diferente, sem a demoníaca Lilith. Essa versão fala da "primeira Eva", criada independentemente de Adão, e sem relação, portanto, com Caim e Abel, que lutaram pela posse dela, pelo que Deus fê-la voltar ao pó.

Gershom G. Scholem

"Aprendei como se dá que alguém veja sem querer e ame sem querer. Se investigardes cuidadosamente esses assuntos, o encontrareis em vós mesmos".

Hipolito – "Heresias"

"O primeiro passo para longe do totemismo foi a humanização do ser que era adorado. Em lugar dos animais, aparecem deuses humanos, cuja derivação do totem não é escondida. O deus ainda é representado sob a forma de um animal ou, pelo menos, com um rosto de animal, ou o totem se torna o companheiro favorito do deus, inseparável dele, ou a lenda nos conta que o deus matou esse animal exato, que era, afinal de contas, apenas um estágio preliminar dele próprio. Em certo ponto dessa evolução, que não é facilmente determinado, aparecem grandes deusas-mães, provavelmente antes mesmo dos deuses masculinos, persistindo após, por longo tempo, ao lado destes (MM, ESB, p. 74)".

Freud

Para quem reza
a mulher?
Para "o" Deus.
Quem intermedia?
Buda – Moisés –
Jesus – Maomé –
Confúcio.
E a reveleção
feminina?

O cineasta Ingmar Bergman se pergunta qual o propósito da linearidade na obra de arte. A quem serve?

Depois das teorias do caos e da importância do fluxo do inconsciente freudiano; bem como a viagem de Joyce, dos extratos fragmentados que deformam a nossa mentalidade, peço licença para pensar alto, num "cut-up".

O limite dos estudos da mentalidade feito pela École des Annales é o desenho lógico.

Nesta matéria, lembre-se Gramsci, "o velho ainda não morreu e o novo ainda não nasceu".

Portanto se sabe sobre o que, mas não se sabe o porquê.

O programa Word de computação (milhões de exemplares), quando se refere à sinonímia para ansiedade masculina, oferece uma série de palavras que vão do patológico ao produtivo.

Em relação à ansiedade feminina só quatro, centradas na noção ninfomaníaca.

A proibição do casamento dos padres e freiras e a feitura da Igreja, esposa de Cristo, jogam a mulher e o homem no extraordinário, aquilo que vira tabu – no profano e no sagrado, surreal.

Pensar e duvidar, para alguns heresia e blasfêmia.

O medo da engenharia genética esconde a resistência ao dito, o pacto com o indizível.

Começamos a entender, se desconectamos.

Entendendo, começamos a conectar.

Para fazer Cristo foi preciso esquecer Jesus.

As Tábuas da Lei, quebradas por Moisés, o enigma a ser devolvido.

As Tábuas oferecidas, o plágio aceitável.

O filósofo Santayana escreveu que "Deus não existe e Maria é a sua mãe". A concepção de Mãe de Deus, sem a intervenção masculina, é um elemento nesta dialética que se reproduz.

A tensão entre Eva e Adão predetermina a vocação original do Poder. E a projeção divina...

A escrita feminina foi omitida, prevaleceu o masculino.

A mulher como instrumento do Mal.

Lilith, o demônio feminino babilônico.

Na literatura esotérica, rainha do mal, esposa de Satã.

Uma lenda diz que foi a primeira mulher de Adão.

E que o tendo abandonado. Deus criou Eva.

É símbolo de tentação sexual.

Pomba-Gira, na Umbanda e Quimbanda, entidade da ambivalência feminina.

La donna é *mobile.*

Cosmo inteiro balança e se desloca.

Estabelecido, o fixado, no Direito Romano – "mãe certa, pai incerto"; até a investigação pelo DNA, final da temporada.

"Se o lobo compreendesse o cordeiro, morreria de fome", segundo Henri Michaux.

Mas, Isaías...

Relatório da Unicef (junho – 2000) registra:

60.000.000 de mulheres a menos nas estatísticas globais devido à violência – espancamentos, ciúmes de honra, desatenção, falta de acesso às unidades médicas e educação, incesto, aborto seletivo, infanticídio, mutilação genital, matrimônio precoce, desnutrição, prostituição e trabalhos forçados.

Itens

1 – Abortos: Levantamento oficial revelou que 12% dos fetos de sexo feminino foram abortados.

2 – Infanticídios: Na Índia, relatório registrou 100 mil casos anuais de infanticídio de meninas (não levando em conta abortos seletivos).

3 – Suicídios: Em Sri Lanka, o número de suicídios de jovens entre 15 e 24 anos é 55 vezes maior que o número de mortes causadas por gravidez ou parto. Nos Estados Unidos, entre 35% e 40% das mulheres maltratadas tentam suicidar-se.

4 – Mutilações: Cerca de 130 milhões de mulheres já sofreram mutilação genital no mundo, e cerca de 2 milhões continuam a ser submetidas à prática anualmente. O problema existe em 28 países da África, em regiões da Ásia e do Oriente Médio e em comunidades de imigrantes na América do Norte, Europa e Austrália.

5 – Meninas: Entre 40% e 60% das violências sexuais na família atingem meninas de 15 anos ou menos. Estudo recente demonstrou que na Holanda 45% das vítimas de violência sexual doméstica tinham menos de 18 anos.

6 – HIV: Quatorze milhões de mulheres estão infectadas com o vírus da AIDS no mundo. Segundo a Organização Mundial da Saúde, o maior fator de risco para a mulher é o parceiro sexual habitual, e o problema é agravado pelo caráter desigual da relação, que torna difícil ou impossível negociar o sexo seguro.

7 – Crimes de Honra: Em países como Bangladesh, Egito, Jordânia, Líbano, Paquistão e Turquia, mulheres são assassinadas "em nome da honra" da família por motivos que incluem adultério, relações pré-matrimoniais (com ou sem sexo), estupro, apaixonar-se por uma pessoa sem a aprovação da família. Só numa província do Paquistão, em 1997, foram mais de 300 vítimas. As leis são particularmente complacentes com os homicidas na Jordânia, mas os crimes de honra foram postos fora da lei no Paquistão há um mês.

Na língua dos índios axê, do Paraguai, *Jamo panka pixipre jamo* ("aquele que cai nas garras do jaguar tem que ser jaguar").

Gênesis 3:1. O primeiro pecado. A serpente era o mais astuto de todos os animais terrestres criados pelo Senhor Deus. Ela disse à mulher: "É verdade que Deus proibiu de comer de alguma árvore do jardim?" E a mulher à serpente: "Podemos comer os frutos das árvores do jardim, mas do fruto da árvore que está no meio do jardim, Deus nos disse que não comêssemos e nem tocássemos, para não morrermos". E a serpente à mulher: "Não, não morrereis. Antes, Deus sabe que quando dele comerdes, abrir-se-ão os vossos olhos e vos tornareis como Deus, conhecendo o bem e o mal". Então a mulher viu que a árvore era boa ao paladar, e agradável à vista, e apetecível para adquirir conhecimento. Por isso, colheu um fruto e comeu, e deu também ao seu marido, que comeu juntamente com ela.

No Êxodo – Nascimento de Moisés. Ora, um homem da casa de Levi desposou a filha de um levita, a qual concebeu e deu à luz um filho. Vendo que era belo, conservou-o oculto durante três meses. Mas, não podendo mais ocultá-lo, tomou um cesto de papiro, calafetou-o com betume e pez, colocou nele o menino e o pôs entre os juncais à margem do rio. Sua irmã ficou observando de longe, para ver o que aconteceria.

A filha do faraó desceu para banhar-se no rio, enquanto suas servas passeavam na borda do rio; e, descobrindo ela o cesto no meio dos juncais, mandou uma serva apanhá-lo. Abriu-o e viu a criança que chorava; compadeceu-se dela, e disse: "É um filho dos hebreus". E a irmã dele disse à filha do faraó: "Queres que vá chamar uma ama dentre as hebreias, para te amamentar o menino?" Disse-lhe a filha do faraó: "Vai". E a menina foi chamar a mãe do menino. A filha do faraó disse-lhe: "Toma este menino e amamenta-o, e eu te pagarei o que for justo". E a mulher tomou o menino e o amamentou. E quando o menino já estava crescido, levou-o à filha do faraó, que o recebeu como filho, e lhe deu o nome de Moisés: "Porque", disse, "das águas o retirei". Em "Moisés e o Monoteísmo", Freud defende a tese da filiação de Moisés, à princesa egípcia que o "salvou" do meio da juncas e a teoria de que os judeus o mataram, revoltados contra a imagem do pai.

No Evangelho Segundo Mateus: (o primeiro a ser escrito) – Nascimento virginal de Jesus. (Lc 1:26 – 2:7) – Ora, o nascimento de Jesus foi assim: Estando Maria, sua mãe, desposada com José, antes de habitarem juntos, achou-se que tinha concebido por virtude do Espírito Santo. José, seu esposo, sendo justo e não a querendo expor a infâmia, resolveu desvincular-se dela secretamente. Mas, andando ele com estes pensamentos no seu íntimo, apareceu-lhe, em sonho, um anjo do Senhor, que lhe disse: "José, filho de Davi, não temas receber contigo Maria, tua esposa, pois o que nela gerou é obra do Espírito Santo. Ela dará à luz um filho, a quem porás o nome de Jesus, porque ele salvará o seu povo dos seus pecados". Ora, tudo isto aconteceu para que se cumprisse o que o Senhor tinha anunciado por meio do profeta: "Eis que a virgem conceberá e dará à luz um filho, a quem será dado o nome de Emanuel", que quer dizer "Deus conosco". Despertando do sono, José fez como lhe ordenara o anjo do Senhor; recebeu sua esposa, a qual, sem que ele a conhecesse, deu à luz um filho, ao qual ele pôs o nome de Jesus. No Sefer Toledot Jeushu, compilação feita na Idade Média, consta versão entre outras relatando que Jesus seria o filho ilegítimo de Maria com o soldado romano Pandera. Daí a alcunha de Ben (filho) de Pandera-raposa. Na mixagem se explicariam incidentes descritos nos Evangelhos – exemplos – sinagoga, casa do meu Pai – ameaça de lapidação contra Maria Madalena e assim por diante.

No comentário – 18-25. Entre os hebreus, com o noivado, o noivo e a noiva eram legalmente unidos em verdadeiro matrimônio. Maria, por isso, desposada com José era sua verdadeira esposa. Depois do noivado, porém, a noiva ficava ainda durante um ano, se era virgem, e não viúva, na casa paterna. Quando o esposo a levava para sua casa, celebrava-se a festa das núpcias. 19. O noivado podia ser desfeito somente por vontade do esposo, o qual devia, em tal caso, entregar à esposa o libelo de repúdio, na presença de uma ou duas testemunhas. Se, durante o noivado, a esposa houvesse tido relações com outro homem, era considerada adúltera e, por isso, exposta a ser apedrejada (Jó 8:3-5). São José, percebendo que Maria estava grávida, não podia, por um lado, conhecendo-lhe a pureza e a virtude, pensar mal dela, por outro, não sabendo explicar o fato, pensou em dar-lhe o libelo de repúdio e enviá-la novamente à casa dos pais, ocultamente, para não expô-la à difamação. Esta parecia-lhe a via mais segura para manter a própria honra e a de Maria. Deus intervém no momento oportuno, enviando um anjo para dissipar toda a nuvem da mente de José e para confortar o coração tão sensível da Virgem. 22-23. O evangelista, sempre com o olhar fito na sua finalidade de demonstrar a messianidade e a divindade de Jesus, ressalta muitas vezes que os fatos narrados não sucederam por concurso fortuito de circunstâncias, mas segundo um fim preestabelecido por Deus, que guia todas as coisas, segundo sua natureza, para a realização de seu plano. Aqui cita Is. 7:14. 25. a conhecesse: no sentido bíblico de ter relações conjugais (cf. Gn. 4:1; 1 Sm. 1:19). Com essa expressão o evangelista quer evidenciar que Jesus nasceu de uma virgem.

Ainda Mateus – Jesus Morre. (Mc. 15:33-41; Lc. 23:44-49; Jo. 19:28-30). – Desde a hora sexta, cobriu-se de trevas toda a Terra, até à hora nona. Cerca da hora nona, Jesus exclamou com voz forte: "Eli, Eli, lemá sabactáni?", isto é: "Meu Deus, meu Deus, por que me abandonaste?".

Comentário 46. O cúmulo e a violência de tamanhas dores arrancam a Jesus um lamento que ele exprime com as palavras iniciais do SI. 22, canto profético da sua paixão (cf. ib., nota). Naquele mar de amarguras parece-lhe estar abandonado do Pai celeste, mas não perde a calma e a confiança (cf. Lc. 23:46).

É uma longa viagem. Animal bípede, da família dos primatas. Aprendera a falar e fabricar utensílios reconhecíveis. No fim da primeira etapa, aprendeu a usar o fogo, surgiu solitário, na sua classe de animais. Era biologia. Na segunda etapa, aprendeu a cozinhar alimentos e fazer roupas quentes. Criou o arco e a flecha e domesticou o cão para a caçada. Melhorou sua habilidade. Na terceira etapa, cultivou plantas, celebrou a cerâmica, fez carroças, fundição do cobre, escreveu, carvão, máquinas a vapor, comércio, imprensa, dinheiro, canhão. Desgastou o planeta e a natureza sofreu. Uma história de mais de um milhão de anos.

Aonde conduzirá esta aventura que começou com os longínquos antepassados? Saberemos combinar os dons e adivinhar? Ou, como macacos nas árvores, nossa visão será a de meros sobreviventes, os que não puderam dar o salto que liberta da angústia e do medo? Enfim, relativizar a morte. É uma longa viagem, que apenas começou.

Nem tudo que sinto e penso eu conto. Nem tudo que eu conto eu sinto. O que eu mais oculto nem é meu o segredo. Quem pensa e sente por mim, aonde encaminha meu pensamento, meu sentimento? O útero alimenta e é o campo da expansão. Dialeticamente, o universo com limites que tem que ser abandonado e que expulsa. Na cela-paraíso, detém e é a plenitude. Até que pela rachadura se perde todo o aconchego, e se ganha a liberdade e o medo. A síndrome da rejeição. O desamparo e a provocação. No último livro da Revelação Budista que fala em uma Segunda Vinda:

E vi um novo céu e a nova
Terra, pois o primeiro céu e a
primeira Terra desapareceram...

A introspecção e a conquista do externo são os dois elementos do conflito que se instaura – e que vão moldando o destrutivo e o construtivo da psique e, por causa, da civilização. O indivíduo divíduo, a universalidade, o provincianismo, conteúdo e forma, escolha e compulsão. Disto se pode refletir e falar pensando, monocórdio, na estrutura linear, que Ingmar Bergman denuncia (a quem interessa?), ou, estranho no ninho, jogando um jogo sem regras, fragmentário, que permite chances a algum acerto, por inteligência e/ou acaso. Prefiro esta rota ou ela se me dita. Ou falta de rota, fronteira da poesia, esquizofrenia, mística. A insistência na unidade e na integridade pode esconder o valor da dúvida e da multiplicação. Autorrestrição que tem contornos morais e emocionais. A dicotomia do espírito e da matéria e mesmo a vontade de ligar as duas concepções pode representar a armadilha formadora de um estrato de nossas mentalidades... A fé enquanto crença que abdica do saber é um elemento de resposta ao Assombro. Mas, talvez, seja necessária a consciência ou a ciência para a simbiose com a Outra Coisa. O otimismo e o desastre genocida da II Guerra Mundial que advogaram o diálogo para o entendimento foram passos decisivos. Mas João XXIII tem sua contrapartida. Urge o próximo. O autêntico monólogo. Capaz de registrar a confissão na psicanálise. O Eu.

Meister Eckhart (século XIV):

A geração não é no tempo, mas no fim e limite do tempo. No movimento passado e futuro das coisas, vosso coração perpassa; é em vão que tentais conhecer as coisas eternas; das coisas divinas, deveis vos ocupar intelectualmente...

Para o mestre budista D. T. Suzuki, coautor com Erich Fromm de "Psicanálise e Zenbudismo" – "a terminologia é tudo que nos separa". Na realidade acho que a terminologia é tudo que nos une, e por isto separa o eu do eu, enquanto nos junta ao outro que, por sua vez, se junta a nós e se separa de si. Agostinho exclama – "O que é isto para mim, embora ninguém o compreenda". A compreensão é uma ponte, mas o Anúncio é do abismo. Criar o abismo, o Nada, passa pela doutrina budista do Nirvana. "Ver a face de alguém ainda antes do seu nascimento", Hui-neng (Yeno, morto em 713). Numa justaposição, o Tao significa caminho, mas Lao-tzu, no Tao Te Ching diz que "O caminho é semelhante a uma vasilha vazia", "Quando olhas para ele, não podes vê-lo". Uma versão linda da desconstrução do Nome de Deus, na Cabala judaica reportada por Martin Buber. O Nem. A sacralidade da forma que ilumina o conteúdo se proclama no hebraico, como a língua do Senhor, em que cada letra, de per si, resulta num mundo, os ideogramas chineses em que os caracteres comunicam, diretamente, o senso.

– ERA UMA VEZ. Assim se iniciam as histórias que nos pretendem ligar a uma tradição. Diferentemente do depoimento que, em Juízo, se introduz com A BEM DA VERDADE. Era uma vez admite a mentira como a instância da fantasia, a IMAGINAÇÃO, o SIMBÓLICO. Daí um salto ao pecado e à absolvição. O conhecimento das razões mais profundas, estranhas, condenáveis, a desrazão iluminada, nos escaninhos do Inconsciente. O mestre Jalaluddin Rumi, século XIII, mestre do sofismo, reporta a peculiaridade operacional alusiva das estórias, em que o factual serve unicamente como uma abertura para outro fechamento. O homem que bailava com as estrelas. O *mulah* Nasrudim convidado a discursar numa aldeia, pergunta à multidão: – Vocês sabem o que vou dizer? Em coro respondem que não. Se não sabem é inútil falar. Se retira. Protestam e ele volta. Vocês sabem o que vou dizer? Sim. Se sabem é desnecessário falar. Se retira. Protestam. Volta. Vocês sabem o que vou dizer? Metade diz que sim, metade grita que não. Nasrudim arremata: – Então a metade que sabe conta para a metade que não sabe. Numa passagem italiana do Teatro do absurdo, alguém anda com o pé enfaixado. Inquirido responde que havia sonhado que quebrara o pé. Woody Allen, num de seus arroubos, afirma que num domingo em Nova York, é mais fácil encontrar Deus do que um encanador. Desavisado o cineasta não sabe que fala do sábado e não do domingo e que no seu arquétipo, no dia sagrado não se encontra um *maker* (no sentido da concretude), mas um *marker* (o peregrino que anda com a cabeça na lua, o espírito no Céu). Somos criador e criatura do mito/minto. Sagrado, lenda ou folclore. Verifico, pela literatura, os processos mentais da pessoa e da multidão. A crítica, também arquetípica. Em Psicanálise procura-se o passado para compreender o presente e planificar o futuro. Na saga islandesa desloca-se o presente, se vive no passado e no futuro. Quando *falo-fallus*, a alma do homem, referindo-me à espécie, excluo as mulheres, mas não só da fala (*fallus*), mas da espécie. Quando invento um personagem (crio), como um deus, crio pessoas, que serão virtualidade enfeitada.

Entre a dessacralização da realidade e sua banalização, eis aí o espaço para outra aventura. Além do fato e do ato, saio do profano e tento a história. Psicanalista e analisando – gato e rato, mutuamente se caçando.

O exterior

"O que é personagem, senão a corporificação de um incidente? O que é incidente, senão a ilustração de um personagem? O que é um quadro ou um romance que NÃO seja de personagem? Que mais procuramos e encontramos nele? Quando uma mulher se levanta com a mão apoiada na mesa e olha para você de uma certa maneira, isso é um incidente; ou, se não for incidente, penso que será difícil dizer o que é".

Henry James em "The Art of Fiction".

A interiorização

Em metade dos monólogos interiores da Ilíada, uma linha inteira se repete a um ponto crucial: *alla ti e moi tauta philos dielexato thymos* (Mas por que meu próprio coração (*thymos*) disputa comigo assim?). Odysseus usa a frase em seu monólogo externando medo (Ilíada, XI, linha 402). Menelau usa-a em seu monólogo externando medo (XVII, 97). Agenor usa-a em seu monólogo externando medo (XXI, 562). E Heitor usa-a em seu monólogo externando medo (XXII, 122).

Antes de Freud todo movimento do estudo do espírito, menos o literário, era fruto de autoanálise. A vida, no judeo-cristianismo, vai do Gênesis ao Apocalipse – o nascimento e a eternidade (Paraíso), expulsão e morte, até o perdão na Cidade de Deus. A caminhada para o longínquo (Eneida), o retorno ao ninho (Odisseia), o romance heroico desemboca no emaranhado da psicologia moderna (fenômeno do final do século XIX). O ego se revela, o trato do traumatismo consagra o drama-misto da comédia e da tragédia, em Chaplin ou Jack Nicholson. Para longe, para longe, uma desenfreada conquista da pergunta. Repudiando a resposta, como num salto cavalar de obstáculos. Aí é que se desenha a trajetória do divino, escape. Minha estória só existe em cima de uma versão que me construo e se quiser relato. Se passo adiante, narrativa oral ou escrita, o enredo passa à construção da mentalidade, mais ou menos, estética ou inestética. O conteúdo pode ser feio e embelezado pela forma, belo e enfeiado pelo contador, belo e belo, feio e feio, triste, alegre, irônico, mas seja qual for a perspectiva, estamos diante de inúmeras possibilidades – personagens, incidentes, audiência, narrador, autoria, memória, crítica. A ironia, a surpresa, o depoimento testemunhal, constitutivos do material que orna a sensação e vai se infiltrando em nossa própria realização.

Em Dom Quixote de La Mancha, Cervantes escreve:

É necessário casar a fábula enganosa à compreensão do leitor, escrevendo de modo a tornar aceitável o impossível, encobrindo monstruosidades, mantendo a atenção em suspenso e em estado de expectativa, satisfeita e divertida ao mesmo tempo, a fim de que admiração e entretenimento sigam juntos lado a lado; e todas estas coisas, ninguém as poderá realizar se evitar a verossimilhança e a representação da natureza (*de la verisimilitud y de la imitación*), na qual consiste a perfeição de coisas escritas.

Einstein dizia que o milagre é que o 4º lado do quadrado seja paralelo ao 2º e perpendicular aos outros dois. Herdeiro da carruagem celestial, afirmou que se inspirou num facho de luz no céu, para criar a Teoria da Relatividade. Em clássico da ficção científica, um hipersupercomputador alimentado com todas as informações disponíveis universais, indagado se Deus existe, processo em tensão a resposta – Agora, sim. A megalomania contaminando a máquina.

E assim a simbiose entre o irreal, a ficção e o acontecido, é a maternidade no devir. A informática e a comunicação simultânea, instantânea e quase onipotente, dão um enfoque de onisciência, com o projeto da onipresença e esta via dupla entre o exterior e o interior da mente sugere múltiplas percepções. A multimídia dispensa a testemunha ocular e convoca a consciência para a ordenação de dados, dinamicamente desenquadrados. A intermediação é compreendida quando analisamos um espectador que assiste a uma orquestra no Teatro e o mesmo expectador diante da TV. *Long shots* (planos distantes), *close-ups* (primeiros planos), o comentário do locutor e, finalmente, a manipulação tecnológica com inúmeras possibilidades de reedição por parte do espectador. A forma da narrativa não mudara muito desde Sófocles, mas agora, entre o relato e a autoria, eu situo e rearranjo, quase, infinitamente, sempre contornando as imperfeições, na busca. Na busca do quê? Tenho uma paciente que, sessão após sessão, reclama e protesta contra os outros e o mundo. A sogra, chata, foi operada de câncer no seio. Ficou com um seio só. Que chato, que gente feia, que gente chata. A empregada é mal-educada, fala alto e atrasa para chegar ao serviço. Governo ladrão e corrupto, e, ainda por cima, o marido, um distraído, tem que pagar multa por sonegação de imposto. Mas que desagradável tudo. Adão quando enxerga o poder de Eva dando nascimento a uma criatura, tem a revelação de sua imagem e semelhança com Deus. Eva é deusa. Inveja leva à mentira. E conta que ela foi tirada do corpo dele. A primeira se/men/te/ que desemboca em Maria que dá nascimento a Jesus criatura-criador. A Moisés, o filho da princesa egípcia e o escravo hebreu.

Deus-mulher e o Simbólico desencadeiam a cultura da força masculina, a compensação como instrumento perene da escrita. E este deus, que não pode ter a face feminina, não terá então nenhuma aparência, nomenclatura, visão. E não divide. O monoteísmo.

Religiões do Mistério. O gnóstico – conhecedor do secreto, *psychic*, o que vive apenas da fé.

Segundo Vissert Hooft, foram quatro as ondas históricas do sincretismo. A primeira, no século anterior ao Exílio. A segunda quando Alexandre, o Grande, lança o movimento da *oikoumene* (ecumenia) – o equivalente a um único mundo. A terceira, preparada pela Renascença e o Iluminismo. A quarta, de hoje. Herança antevista em *Leaves of Grass*, de Walt Whitman:

("A ti, em tua veneração que tudo provê e tudo abrange
A ti, não meramente limitada a uma só bíblia ou salvador,
Teus salvadores inúmeros, latentes dentro de ti mesma,
Tuas bíblias incessantes dentro de ti mesma, iguais a
quaisquer outras, divinas como quaisquer outras...")

A castidade vista como sublimação do desejo sexual e aprimoramento para a salvação. A circuncisão, e a excisão, que leva à paranoia e ao sentimento de culpa, num trauma que é o atentado e a lesão corporal à criança, em nome do pacto amoroso. Gershon Scholem em "A Cabala e seu simbolismo", apoiando no Bahir, diz que a "Schechiná" torna-se um aspecto de Deus, um elemento feminino, independente, dentro dele. E a revelação da face feminina de Deus, que os cabalistas explicam por meio de exegese gnóstica, mostra um impulso religioso revolucionário. A separação em Deus, dos princípios masculino e feminino, é o princípio do Exílio. Deus se exila de Deus. A pessoa se aliena da pessoa. A inteireza se rompe em mil pedaços. Reunir as centelhas, exterior e interior, cima e baixo, o itinerário da Utopia, a terra Prometida, o êxtase. A sanidade.

A massa absorve e absolve o esquizofrênico. Difícil no contato, solitário em relação ao humano é também, profundamente, sugestionável. Por estas características, é um escravo do dever e se sente estimulado e amparado na multidão. Frequentemente, o som da massa é intraduzível. Urros são constantes. A torcida patriótica no futebol pratica a guerra, sem risco, num orgasmo covarde. O computador, o robô, o domínio da inteligência mecânica, se associa ao Golem, criado por artes mágicas e que alguns imaginam o próprio Adão. A conexão etimológica entre Adam e a terra, adamá, em hebraico, curiosamente não é referida no Gênesis, na história da Criação. Todo instante é um momento de interlocução entre a pessoa e o Universo, entre a alma e Deus, a discrição e a temeridade. A libido compulsiva do garanhão e a aflição do menino conduzem o macho atrás da dama. O adesivo pregado no vidro traseiro do automóvel informa: "Não me siga – Também estou perdida". O Grupo batista americano do qual fazem parte o Presidente Bill Clinton e o Vice-Presidente Al Gore, recentemente, afirmou, em declaração de fé, a submissão da mulher ao homem, baseada na Bíblia. Ilustrando a matéria que versamos. Entrevistado em seguida, o presidente Clinton respondeu: "O que posso fazer a respeito?" Este é o limite. Os aviões habitam o céu. Exilado das nuvens. Para onde irá o Deus? Com Freud: "Tem-se a impressão de um demônio que luta para não chegar à luz do dia, porque sabe que será seu fim". No movimento circular – mandala ou o eterno retorno, a inveja masculina que projetou a arquitetura antropomórfica do deus-pai será desmontada. Concomitante com as transformações sociais e culturais de nossa época, uma perspectiva feminina da divindade, inédita, abrirá sendas inesperadas para a mentalidade. A Arqueologia lança luz sobre um estranho comportamento, que pode ser observado no caso de Raquel, que se apoderou dos deuses do lar do pai, Labão, sem o conhecimento dele. A lei e o costume hurrianos nos informam que aquelas figurinhas simbolizavam seu direito à parte que lhe cabia dos bens de Labão. Levando-os, Raquel procurou proteger seus próprios direitos e os do marido.

Giorgio Vassari escreveu que "a graça de Deus possui a mente de Leonardo da Vinci".

"Não sabeis que sois, cada uma de vós, uma Eva? A sentença de Deus sobre esse vosso sexo permanece viva hoje: a culpa deve necessariamente viver também. Vós sois o portal do demônio; vós sois a violadora da árvore proibida; vós sois a primeira desertora da lei divina; vós sois aquela que convenceu aquele a quem o demônio não foi suficientemente valente para atacar. Vós destruístes de modo tão irresponsável o homem, imagem de Deus. Por vossa culpa, até o filho de Deus teve de morrer".

Agostinho concordava: "Qual a diferença", escreveu a um amigo, "se se trata de esposa ou mãe, continua sendo a tentadora Eva, da qual devemos nos acautelar em qualquer mulher". Na verdade, Agostinho está claramente intrigado por Deus ter feito o sexo feminino: afinal, "se era de boa companhia e conversa que Adão precisava, seria muito mais conveniente ter dois homens como amigos, não um homem e uma mulher".

No período paleolítico o culto da Mãe-deusa, fruto da fertilidade. Deus, mulher nua, grávida, esculpidas em estátuas, descobertas pelos arqueólogos na Europa, Oriente Médio e Índia. Mais tarde Inana na Suméria, Ishtar na Babilônia, Auat em Canaã, Ísis no Egito e Afrodite na Grécia.

A dessacralização de vida levou à banalização da existência. O profano legitimou a profanação. Reconquistar o pensamento mágico e juntá-lo, irmão siamês, ao pensamento lógico, rasga o véu da alienação.

O homem só se faz se conquistado pela mulher. Nas palavras de Borges: "Para um cavalheiro só interessa as causas perdidas".

Segue-se intenso debate coordenado pelo Professor Doutor Alberto Noronha Dutra, com a participação de professores e intelectuais ingleses, brasileiros e de outros países.

Esta conferência serviu de referência para a palestra "O olhar feminino sobre a imagem feminina" – Centro de Estudos da Clínica Obstétrica da Faculdade de Medicina da Universidade de São Paulo (Serviço do Prof. Marcelo Zugaib).

Londres, 3 de julho de 1998

London, 22 July 1998

To: Professor Jacob Pinheiro Goldberg

Dear Professor Goldberg

Thank you for your excellent presentation in our seminar session in July 3rd. It was, as expected, very well received and raised very interested points for discussions, that should be followed up.

We would like, on this opportunity, to invite you to come next year for another presentation. It is our plan to make this a yearly event that will gather others academics, from different countries discussing the psyche in health.

The subject for next year is "The control of immunity by the psyche". We are expecting to have your answer, about the subject of your presentation, by November.

Thank you for your attention.

Yours sincerely

Dr. John Hothersall

Dr. A. Noronha Dutra

UNIVERSITY COLLEGE LONDON MEDICAL SCHOOL

INSTITUTE OF UROLOGY & NEPHROLOGY

Division of Nephrology

The Middlesex Hospital

Mortimer Street

London W1N 8AA

Proteção à mulher

Assembleia Legislativa

Moção n. 116, de 1993

A Assembleia Legislativa do Estado de São Paulo, apela ao Excelentíssimo Senhor Presidente da Câmara Federal, para colocar na pauta e em regime de urgência, votando Projeto de lei n. 7.195 de 1986, de autoria do Deputado Federal Sebastião Nery, dada a alta relevância de interesse social, que modifica o artigo 242 do Decreto-lei n. 2.848, de 7 de dezembro de 1940 – Código Penal.

Justificativa

O Código Penal Brasileiro, em seu Capítulo II – "Dos crimes contra o estado de filiação", prescreve em seu artigo 242:

"Art. 242. Dar parto alheio como próprio; registrar como seu filho de outrem; ocultar recém-nascido ou substituí-lo, suprimindo ou alterando direito inerente ao estado civil;

Pena – reclusão de dois a seis anos.

Parágrafo único. Se o crime é praticado por motivo de reconhecida nobreza:

Pena – detenção, de um a dois anos, podendo o juiz deixar de aplicar a pena".

O Projeto de Lei em epígrafe procura modificar aquele dispositivo legal, retirando a sua rigidez, estatuindo:

"Art. 1º Ficam anistiadas todas as pessoas que direta ou indiretamente se tenham envolvido em ato definido como delito pelo art. 242, parágrafo único, do Decreto-lei n. 2.848, de 7 de dezembro de 1940, com alteração introduzida pela Lei n. 6.898, de 30 de março de 1981.

Parágrafo único. Ficam em perpétuo silêncio, como se nunca tivessem existido os processos e sentenças decorrentes de infração aos dispositivos citados neste artigo e serão imediatamente postos em liberdade os presos ou detentos que respondam ou tenham respondido a esses processos.

Art. 2º Esta Lei entra em vigor na data de sua publicação.

Art. 3º Revogam-se as disposições em contrário".

Nem todo parto suposto, nem toda supressão ou alteração de direito inerente ao estado civil de recém-nascido configura crime doloso com aquela marca de perversidade, de desumanidade e totalmente desvinculado da legalidade em seu sentido lato.

Para proteger seu filho, a mãe permite e testemunha que seus familiares promovam o registro civil, dando a maternidade a outrem. Assim o impõe o preconceito social em relação à mãe solteira e ao seu filho. A postura daquela, de maternal desprendimento e que visa amparar a criança contra as pressões sociais, resultam, se aplicada a letra fria da lei, condenação criminal, que é um contrassenso.

Existem centenas de milhares de registros irregulares de crianças. Examinando o fato e fazendo uma reflexão mais consoante com a liberalidade dos tempos modernos, podemos dizer que é um absurdo a penalização da mãe solteira ou da mãe que engravida fora do casamento e da mãe que casa grávida de outro homem, que, por constrangimento social ou psicológico, façam o registro do seu filho atribuindo a paternidade aos avós ou a outros familiares.

Como medida de interesse coletivo, inspirada na necessidade da paz social, a anistia – espécie de indulgência estatal – reveste-se de forma extintiva mais enérgica, produzindo os mais amplos efeitos jurídicos. A anistia extingue a ação ou a condenação; faz desaparecer o próprio crime e com ele os seus efeitos penais.

Quando a mãe solteira permite que outrem, familiar ou não, registre seu filho, o "adotante" está, na verdade, fazendo uma "adoção à brasileira", isto é, registrando o filho de outrem como sendo seu, sem a necessária autorização judicial, mas o ato é praticado com reconhecida e insofismável nobreza. Ao reverso, descoberto o fato e havendo processo, fica na dependência do juiz em ampliar ou não a pena, o que vale dizer que se o juiz não for bonzinho ou não gostar de criança, o "adotante", mesmo imbuído de toda a nobreza, está sujeito a receber uma pena por demais severa, e ir para a cadeia, por praticar um ato tão nobre, qual seja o de adotar uma criança.

O projeto em questão nasceu da experiência do seu autor e dos longos anos de estudos e pesquisas do Professor Doutor Jacob Pinheiro Goldberg, advogado, assistente social, Doutor em Psicologia pela Universidade Mackenzie de São Paulo, professor convidado das Universidades Eotvos, Lhorand de Budapeste, Hungria e Hebraica, de Jerusalém, Núcleo de História da Ciência da USP, da Pontifícia Universidade Católica de São Paulo e do CEUB de Brasília, fundador e presidente do Instituto de Estudos Existenciais de São Paulo.

O caminho certo do legislador é aprovar o Projeto de Lei n. 7.195 de 1986, de autoria do Deputado Sebastião Nery, porque a Lei Federal n. 6.898, de 30 de março de 1981, limitou-se a repetir o artigo 242 do Código Penal, enquanto o projeto em questão fala de anistia, extinção dos processos e sentenças, o que regulariza, de uma vez por todas, as "adoções" realizadas e as futuras sem a necessária sentença judicial, com a revogação pura e simples do artigo 242 do Código Penal.

Pelo que a Assembleia Legislativa do Estado de São Paulo apela ao Excelentíssimo Senhor Presidente da Câmara dos Deputados, seja colocado na pauta, em regime de urgência e votado, o Projeto de Lei n. 7.195 de 1986, de autoria do Deputado Federal Sebastião Nery.

Sala de Sessões, em 30-4-1993

Psicologia no crime de estupro

As perguntas a seguir foram feitas pelo graduando da Faculdade de Direito da Universidade Presbiteriana Mackenzie, Marcus Vinicius Comenale Pujol, para seu Trabalho de Graduação Interdisciplinar denominado "*A Ação Penal no Crime de Estupro*" em encontro com o Professor Doutor Jacob Pinheiro Goldberg, Doutor em Psicologia. A entrevista realizada no dia 11 de dezembro de 2009 foi filmada e editada pelo jornalista Daniel Cavaleiro dos Santos.

Marcus Vinicius Comenale Pujol: Como a Psicologia ou a Psiquiatria podem auxiliar no estudo de crimes e de criminosos?

Jacob Pinheiro Goldberg: Eu acabei de publicar um trabalho cujo título é "*Psicologia do Sentenciado*", editado em um livro cujo título é "*Psiquiatria Forense e Cultura*". É uma série de ensaios dentre os quais este que foi baseado em uma compilação feita pelo meu filho, estudante de Direito, Flávio Goldberg, de aulas que eu pronunciei na Procuradoria-Geral do Estado e na Faculdade de Direito da Universidade de São Paulo, na cadeira de Direito Penal, tentando fazer uma correlação entre essas duas ciências contíguas, que são a Psicologia e o Direito.

Qual o território comum de imediato que nos é revelado? É a questão da conduta do ser humano indo dos padrões aceitáveis socialmente até aqueles padrões que violam e rompem a chamada normalidade, seja a psíquica individual, ou seja, da subjetividade, como também do ritmo da comunidade ou da sociedade. Portanto seria o "*pathos*" e o "*ethos*", o conceito de patético e o conceito do ético grego. Nesse aspecto, em minha opinião, deveria ser obrigatório o exercício do território comum, principalmente no campo do Direito Penal, mas em geral no Direito, mais particularmente no Direito Penal, na questão do crime e na questão do criminoso. Deveria ser obrigatório esse trabalho conjugado para o entendimento da ação e da reação do indivíduo que viola as normas de conduta social. Primeiro para a prevenção, segundo para o tratamento ou cumprimento da pena, como a gente queira definir, e finalmente para a reparação, a superação e a inserção desse elemento dentro da sociedade.

Marcus Vinicius Comenale Pujol: Dr. Jacob, do ponto de vista da Psiquiatria, há como identificarmos o momento em que a sociedade apontou a prática sexual não consentida como crime?

Jacob Pinheiro Goldberg: Historicamente, isso é extremamente relativo na conformidade da tradição cultural, do mapeamento antropológico, do desenvolvimento de povos, regiões e etnias e assim por diante. Basta dar um exemplo: ainda agora é lapidar de conhecimento geral que, no México, existe uma região onde o estupro é praticamente consentido, ele é considerado uma práxis admitida; isso aqui no México, perto das nossas fronteiras. Não obstante condenações da UNESCO e da Organização Mundial de Saúde, a prática continua. E ainda em muitos lugares no Brasil.

Eu nasci no interior de Minas Gerais, em Juiz de Fora, e eu diria para você que o "quase estupro" é uma matéria muito interessante e pouco estudada; você pode dizer, não existe quase estupro, mas se a gente quiser fazer um pouco de humor diante de uma tragédia a gente poderia dizer: é como *demivierge*, não existe "meia-virgem", ou é virgem ou não é, ou existe estupro ou não existe, não é tão simples. Quantas vezes eu tenho conversado com mulheres que se sentem praticamente estupradas pelos seus maridos com aparente concordância ou aquiescência, e por outro lado, como é frequente principalmente em rapazes jovens, estamos aí em dois mil e poucos, que acham que uma manifestação de virilidade é possuir a mulher contra a vontade dela. Isso você vê inclusive em baladas de São Paulo, o rapaz vira e usa essa terminologia: "*eu arrastei ela pra ficar comigo*", moças dizem "*ele me arrastou*", e dizem sorrindo, isso já é o preâmbulo, já é o vestibular do estupro, já foi introjetado.

Marcus Vinicius Comenale Pujol: Há como se traçar um perfil psicológico de estupradores? Quais são as especificidades dos violentadores e os pontos em comum entre eles?

Jacob Pinheiro Goldberg: Eu acho que o fator comum que existe é paradoxal e contraditório, que é a misoginia, é o ódio contra a mulher, porque aparentemente o violentador quer se convencer de que o desejo dele e a satisfação sexual através da mulher é muito grande. Na realidade o que ele tem é profundo desamor e hostilidade. Então é preciso compreender, e isso é muito importante, que a gente decodifique a ideia de estupro dessa ideia que ainda existe disseminada, principalmente entre os estupradores, de que isto que é uma manifestação de força, na verdade é uma manifestação de fragilidade e de medo. Revela na realidade uma fobia que se manifesta através da raiva e do ódio. Tanto é que é muito comum que o estuprador seja impotente sexualmente em uma relação sexual consentida.

Marcus Vinicius Comenale Pujol: Ele só sente prazer naquele cenário de violência.

Jacob Pinheiro Goldberg: Tanto é que, infelizmente, muitas vezes o estupro é seguido por um homicídio.

Marcus Vinicius Comenale Pujol: Há especificidades entre eles?

Jacob Pinheiro Goldberg: A especificidade básica é a misoginia, esse ódio contra a mulher. Esse é mais ou menos o traço mais notável.

Marcus Vinicius Comenale Pujol: Quais os traumas que a violência sexual pode trazer à vítima? Com a lei anterior, somente a mulher poderia ser vítima do crime de estupro, que era o constrangimento mediante violência ou grave ameaça à conjunção carnal. Hoje mudou esse conceito, podem ser vítimas tanto o homem como a mulher. Quais são os traumas que essa pessoa pode levar para o resto da vida?

Jacob Pinheiro Goldberg: Há alguns anos atrás eu participei de um debate, a convite de um grupo de Campinas, um grupo, aliás, ligado à Igreja Católica. Eu participei também de um debate na TV Globo, a respeito dessa questão de estupro. Já naquela ocasião eu falava de estupro contra o homem, aliás, a discussão foi com um Juiz de Direito que arguia a necessidade da pena de morte. Foi um debate amplo, e ele dizia: "*o senhor está enganado, não existe estupro contra o homem*". Eu disse: "*existe sim, ele não é configurado ainda juridicamente*". Mas o estupro existe, claro, e é muito frequente em situações carcerárias e de penitenciárias, e assim por diante, mas também em outras situações, como na infância, na adolescência, de menino mais velho contra menino mais novo e assim por diante. O que eu posso dizer para você é que existe tanto contra a vítima homem quanto contra a vítima mulher, mas a vítima homem com outras características. Por exemplo, uma ameaça à sua condição de heterossexualidade, se ele for heterossexual, também pode haver estupro contra o homossexual, pois pelo fato de ser homossexual não significa que ele queira fazer sexo com aquele homem, naquele momento, naquelas circunstâncias. Mas os traumas que advêm são os mais profundos que você pode imaginar, mas aquele que se nota com maior clareza, com mais nitidez, é o sentimento de paranoia, é a sensação de perseguição, o indivíduo fica persecutório por muitos anos, tanto na mulher como no homem.

Marcus Vinicius Comenale Pujol: Sobre a ação penal privada para o crime de estupro, que era a regra na legislação anterior ao advento da Lei n. 12.015/09. Na opinião do senhor, há alguma forma de constrangimento em fazer com que a mulher, vítima do crime, procure um advogado ou vá até uma Delegacia de Polícia relatar toda aquela agressão? Isso também pode ser considerado mais uma violência contra ela?

Jacob Pinheiro Goldberg: Eu acho que era, sem dúvida nenhuma, mais uma forma de dificultar o exercício pleno dos direitos da mulher. Nessa circunstância da cultura brasileira havia uma proteção nítida em relação ao homem, que chegava a ser admirado pela condição do exercício da sua brutal virilidade, que não existe como eu acabei de dizer, muito pelo contrário, foi tema de uma aula que dei na Faculdade de Medicina da Universidade de Londres. A mulher era vista como a serpente que no fundo é sedutora, a pergunta clássica do Delegado de Polícia: "*mas será que a senhora não seduziu, a senhora não estava com decote?*". Eu advoguei durante muitos anos, e eu ouvi isso acompanhando mulheres à Delegacia de Polícia, o Delegado de Polícia dizendo: "*mas doutor, essa moça com essas pernas pra fora*", quer dizer, sempre uma tentativa de justificar.

Marcus Vinicius Comenale Pujol: Então, no caso, a ação penal privada seria um óbice?

Jacob Pinheiro Goldberg: Seria, sem dúvida nenhuma, um obstáculo quase insuperável, porque a mulher sabia que havia esse clima: *"eu vou ser vista como uma sedutora, como uma perversa"*.

Marcus Vinicius Comenale Pujol: No caso sempre se dizia que havia o *streptus judicci*, o escândalo do Direito. Muitas vezes a ação penal seria privada porque dava a opção de a mulher guardar aquela violência pra ela, em detrimento do escândalo que aquele crime poderia causar na sociedade, por exemplo, de um filho, algum familiar, do pai, ou até do marido achar que ela era uma sedutora. Então, isso na verdade funcionou como um fator que embutiu uma dificuldade a mais de perseguir o seu algoz, o seu violentador.

Jacob Pinheiro Goldberg: Existe até hoje, infelizmente. Por exemplo, eu me lembro em um dos meus livros "*A cultura da agressividade*", em que conto um caso de uma família na Jordânia, de que os irmãos mataram a irmã por que ela foi estuprada, como se, porventura, ela no caso, não era considerada a vítima, era instrumento do mal para o outro. Quer dizer, ela é que era responsável por ter atiçado o desejo masculino, e ela envergonhou a família nessa hipótese.

Marcus Vinicius Comenale Pujol: Depois de sofrer a violência sexual, em se tratando especificamente da vítima mulher, há a possibilidade de ela calar-se, de tornar-se uma pessoa mais introspectiva?

Jacob Pinheiro Goldberg: Não só existe essa tendência, como às vezes acontece algo pior. Ela se sente culpada, acreditando que na realidade alguma culpa teve nesse fato terrível, que de certa maneira ela ensejou esse comportamento criminoso, que é um comportamento covarde, perverso, e que deve ser punido da maneira mais rigorosa que se possa conceber.

Marcus Vinicius Comenale Pujol: Hoje nós acompanhamos por meio dos veículos midiáticos um número muito grande de casos de violência sexual contra crianças, que é a famosa pedofilia, que fez com que a legislação nova criasse o crime de estupro de vulnerável, que é a violência sexual contra pessoas menores de quatorze anos. Do ponto de vista da Psicologia e da

Psiquiatria, como o senhor poderia nos explicar isso: é um fenômeno contemporâneo ou existem interesses midiáticos em colocar esse crime em grande exposição? É da sociedade contemporânea a busca da satisfação sexual com crianças? Quais são os fatores que levam a pessoa a satisfazer-se sexualmente com crianças?

Jacob Pinheiro Goldberg: Normalmente o que leva o indivíduo a procurar prazer sexual com crianças é o que a gente poderia chamar de um impulso filogeneticamente programado para a perversidade covarde. Quer dizer, é muito mais difícil você conquistar um indivíduo adulto, para o ato sexual, ou até mesmo subjugá-lo, do que uma criança. Então existe uma distorção ética evidente. Eu tive um debate através da *Revista Trip* a respeito dessa questão e meu oponente alegava que hoje, em uma jovem de quatorze anos, não haveria crime, não haveria pedofilia, porque ela já estaria e seria uma mulher preparada. Isso é um absurdo, não é verdade, é uma inverdade. Na realidade o homem mais velho, em geral, diga-se de passagem, esse crime é masculino, ele abusa, seja pela sedução ou força física, como maneira de corromper a vontade de uma criança, seja por dinheiro, ou por outras circunstâncias, como o poder, por exemplo. Mas de qualquer maneira, esse crime hoje aparece mais, em minha opinião, porque nesse aspecto a mídia percebe e tem mais consciência dos direitos da criança. Nós sabemos que na Idade Média a criança era quase equivalente a um animal, então cada vez mais a gente tem a percepção de que a criança precisa ser respeitada e nesse aspecto é um avanço você denunciar.

Na Itália, por sinal, há algum tempo atrás, não me lembro bem qual foi a cidade, mas a cidade resolveu fazer o seguinte: os pedófilos cumprem a pena, depois de cumprida a pena e eu não me lembro qual é o tempo de pena no Código Penal italiano, eles colocam a fotografia do pedófilo numa espécie de pôster na cidade, ele é execrado publicamente, porque na verdade ele é um elemento perigoso. Mesmo ele cumprindo a pena, ele fica execrado publicamente. É a morte civil. Evidente que alguém dirá: "*mas isso é medieval no pior sentido*". É discutível, não diria para você que eu seria favorável ou não, mas eu diria que o indivíduo que é pedófilo, que pratica atos de pedofilia não deveria meramente cumprir pena, deveria existir uma sistemática, e aí entraria a Psicologia, através da qual ele somente voltaria ao convívio social uma vez considerado apto a viver em sociedade e sem apresentar um perigo para eventuais vítimas.

Marcus Vinicius Comenale Pujol: Muito obrigado, doutor, pela contribuição, agradeço desde já, em meu nome e em nome da Faculdade de Direito da Universidade Presbiteriana Mackenzie, pela grande contribuição que o senhor deu ao trabalho.

A madrasta e o terceiro excluído

Entrevista publicada na Revista "SAX", em 13-5-2008 – Para o jornalista Alex Solnic

"Nós somos aqueles que matamos a quem mais amamos." (Oscar Wilde)

Nós somos herdeiros de uma tradição que remonta à Idade Média, o conceito da mulher-bruxa que seria, na verdade, a esposa de Satã. Se você remontar a períodos anteriores, pelo menos em relação à civilização ocidental, sem dúvida que teríamos que nos reportar ao conceito de Lilith, que segundo a Cabala seria a mulher proibida de Adão, portanto, a Outra, a Amante.

É nesse traço de serpente insidiosa que se estabelece, principalmente a partir da Idade Média, com a ideia das bruxas, a ideia dessa mulher que não faz o papel sacralizado da mãe, papel que se imagina da mulher perfeita, por isso associada ao conceito de total amor.

No folclore, quando se pensa na madrasta, ela é a mulher que maltrata, tanto é que se faz uma certa relação, uma certa sinonímia que não é só de origem sanguínea: quem pariu Mateus que o embale. Por que no folclore, frequentemente, mesmo para a mãe sanguínea que abandona o filho se usa a equação "ela até parece madrasta", não obstante ser a mãe que gerou.

A madrasta é sempre má? E por que a "segunda mãe" também é madrasta?

Não existe ainda uma nomenclatura para a figura da segunda mãe, que foi batizada de madrasta. Na realidade, podemos até estender ao conceito de padrasto, só que há diferenças: até na jurisprudência, nos acertos legais relativos a crimes cometidos, prevalece o conceito de que o pai que casa com a mulher e por isso passa a exercer papel de entidade paterna nunca é tão ciumento, tão difícil, tão severo, tão rigoroso quanto a mulher, o que traz no seu bojo, mais uma vez, o preconceito machista.

Explicando melhor: se o homem casa com uma mulher que tem filhos, ele já é visto tanto por essas crianças quanto por essa mulher como mais compreensiva, mais tolerante com os filhos que não são dele do que no caso inverso. Talvez ele tenha um papel mais poderoso, é o homem que traz dinheiro para casa, enquanto a outra, teoricamente, é uma gastadora. Dá despesa, vai dividir fortuna em caso de falecimento, de inventário... E assim por diante.

Agora, o que também é muito interessante de se revelar é que o ser humano não é só agente de funções sociais, ele é objeto de função social.

Explicando melhor: quando uma mulher vai casar com um homem que é viúvo ou separado ela já vai com uma tendência a exercitar esse papel. Essa mulher vai ter que encarar filhos que já têm a suspeita de que ela é uma invasora, que pretende ocupar o papel considerado mais sagrado na nossa cultura, que é o papel de mãe. Então, essas crianças não vão aceitar a transferência psíquica no seu imaginário e no simbólico.

A madrasta vai ter que passar uma parte da sua vida provando em primeiro lugar que ela não é essa feiticeira maldosa a que os contos de fada tanto aludem. E os contos de fada, todos sabemos hoje que correspondem a fantasias neuróticas infantis.

Então, ela vai ter que provar que ela não é a ladra, a que roubou o papel da mãe. É um esforço extraordinário, você já partir de uma posição socialmente, familiarmente e intrapsiquicamente extremamente desconfortável.

E se ainda não tiver, como a maioria de nós não temos, um equilíbrio, uma harmonia muito bem resolvida, a tendência no caso da madrasta é a de desempenhar o papel que a sociedade lhe impõe.

A relação da madrasta com a filha do marido é sempre tensa?

Muitas vezes a relação da mãe sanguínea com a filha é mais tensa do que com a madrasta e a filha. Tanto é que um dos contos mais extraordinários da literatura árabe, de Kalil Gibran é assim: a mãe e sua filha adulta deitam na mesma cama para dormirem e antes de pegarem no sono fazem grandes declarações de amor, se acariciam, se beijam, manifestam todos os sentimentos positivos e dormem. Entregues ao sono, elas sonham. E as duas têm pesadelos. E nesse pesadelo elas cometem, cada uma, o assassinato do ente querido na vigília. A mãe sonhou ter matado a filha. A filha sonhou ter matado a mãe. Ao acordar, elas voltam ao seu papel.

Kalil Gibran, um dos poetas que mais usou os recursos psicológicos na literatura, mostra que esse recalque dos sentimentos proibidos mascara situações muito violentas. Então, se isso acontece com a mãe de sangue, é natural que esse ciúme se estabeleça quando há duas mulheres. Ou seja: a madrasta e a filha do seu companheiro são duas mulheres teoricamente disputando o amor do mesmo homem. E mais, na eventualidade de não se tratar de uma órfã e sim filha de mãe viva, esse sentimento ainda fica dentro de um cipoal muito mais complexo, de muito mais difícil deslinde. Porque a mãe biológica vai ter uma tendência natural de ter medo de que essa madrasta também vá roubar o amor da sua filha.

O fato é que nós estamos dentro de um processo extremamente perigoso, principalmente tendo em vista que hoje, no Brasil, no período aproximado de três anos, mais ou menos 60% dos casamentos se desfazem, portanto novos casamentos se estabelecem.

E hoje boa parte da população que vive casada ou amancebada você pode considerar na faixa de 60% a partir de oito anos, grande parte dos casais está no segundo ou terceiro casamento, então essas interações estão cada vez mais presentes e mais complexas.

Porque às vezes a madrasta tem que cuidar dos seus filhos da primeira relação; dos filhos do seu companheiro da segunda relação; dos filhos dele da primeira relação... Então há também os choques fraternos, dos meio irmãos.

As divisões internas das atenções e do zelo, todos sabemos que já não são fáceis na família tradicional, então se imagina a exasperação desses jogos nesses grupos modernos que substituíram a família tradicional. É muito mais difícil e sempre localizado numa tendência passional, onde a reação é substituída por paixões desenfreadas, quando não por compulsões.

O que desencadeia a agressão é o ciúme?

Eu acho que as relações humanas, mesmo aquelas muito próximas do afeto como emoção central são carregadas de agressividade. O ser humano é filogeneticamente programado para a agressividade.

Existe uma diferença entre agressividade e perversidade.

A perversidade é a agressividade orientada no sentido de mutilar, torturar e matar alguém da mesma espécie sem uma causa que explique. E até com prazer. A tortura. E são elementos do sadomasoquismo, que são sentimentos genéricos na condição humana.

Eu acho que o cinema, DVD, Internet, TV, essa imagética toda tem servido como elemento catártico, quer dizer, você projeta na tela esses sentimentos, mas também está acontecendo o contrário: principalmente através da instantaneidade e a simultaneidade de informação, também está acontecendo o contrário.

Hoje você pega qualquer filme americano, comum, o mais comum, você vê pais matando filhos, filhos matando pais, a violência das emoções levadas ao nível do paroxismo. Só hoje na *Folha* tem quatro notícias de morte de criança. Só hoje. Infelizmente, existe uma cultura de destrutividade na qual nós estamos imersos.

Quando, então, o indivíduo é obrigado a conviver, como no caso da madrasta com os filhos de outro homem, na mesma casa, em condições frequentemente difíceis, ciúme, inveja, ressentimento são emoções que podem levar à ira, ao furor, à perda de controle.

O que leva um adulto a matar uma criança?

Eu acho que no caso da Isabella existem vários ângulos que merecem ser discutidos. Em primeiro lugar, quero deixar claro o seguinte: que a gente pode discutir esse caso em tese; enquanto não houver um julgamento*, o que existe em minha opinião é um linchamento, desse linchamento faz parte uma população ressentida, sedenta de vingança, ignorante, como é a média da população brasileira, incapaz de compreender a complexidade dos meandros psíquicos e jurídicos de um crime dessa natureza, manipulada principalmente pela mídia televisiva.

* Mantido o texto original da entrevista.

Essa mídia televisiva perdeu, em minha opinião, o mínimo do senso de decência, está se repetindo o fenômeno da caça às bruxas. Eu acho que aqui existe um crime infame, que é exatamente o assassinato de uma criança e existem dois suspeitos, que a polícia elegeu antes das provas. Ainda que posteriormente fossem divulgados laudos, o fato é que, historicamente, nós sabemos que sempre foi muito fácil se usar todas as aparências de prova, muitas vezes para acobertar situações inesperadas. Mas, de qualquer maneira, existe aí um crime infame, existem suspeitos, mas por enquanto são suspeitos*.

O que me chama muita atenção é que essa criança foi usada, seja qual tenha sido a circunstância, como bode expiatório. Essa criança não foi o agente provocador da sua morte. Não haveria qualquer motivo, seja de um pai ou de estranhos, que poderia de alguma maneira explicar esse assassinato. Então, ela é o bode expiatório. Seja de vingança, de ódio, de crime, por vizinho, por pai, por mãe – é um bode expiatório. Agora, o que nós não podemos é transformar também o casal em bode expiatório. De uma população violenta e agressiva como a nossa.

O instinto de destruição é o mais forte?

O fato é que só pode existir qualquer resposta a essa questão da madrasta se nós entendermos o impulso de destruição chamado *destruct versus construct*, a necrofilia *versus* biofilia, o impulso de morte *versus* impulso de vida que existe em cada um de nós. Não esquecendo a famosa frase de Oscar Wilde: "Nós somos aqueles que matamos a quem mais amamos".

Então, o amor e o ódio estão muito perto. E ali dentro havia jogos de amor, independentemente de eles serem ou não culpados. Mas o que a gente tem é a percepção da intervenção muito grande das famílias de origem, a família do pai Antonio, e do pai dela, muita gente, ali dá impressão de relações quase tribais. Nessas relações tribais em geral as crianças de alguma maneira, direta ou indiretamente, pagam um preço muito alto. Por quê? Por covardia. Os adultos não têm coragem de se confrontarem, fica muito mais fácil descontar nas crianças, que são alvos fáceis nos quais se despejam esses ódios.

Que tipo de confronto pode ter havido? Veja bem: eram três crianças dentro da cena. Se nós partirmos do pressuposto ou da probabilidade de que fossem eles, uma das crianças seria o chamado Terceiro Excluído.

O Terceiro Excluído é a figura clássica dentro da Psicologia, daquele que não tem espaço do qual ele participa. Ele é o Outro. Então, essa é uma das hipóteses.

O que eu quero discutir: esse crime passa a ser emblemático daqui pra frente na cultura brasileira.

Vejo semelhanças com um episódio bíblico fundamental, que dividiu a civilização em duas eras: a era da crueldade e a era da inocência. Deus manda Abraão sacrificar o filho Isaque. Deus é o superpai. O pai obedece. Levan-

* Mantido o texto original da entrevista.

ta a espada contra o filho. Mas o anjo salvador segura a mão do pai. Isaque não é sacrificado. Deus não queria sangue, só a prova da obediência cega.

Desta vez, o anjo se ausentou da cena. A criança não é mais vista como elemento vulnerável, indefeso. Eu tive uma discussão violenta a respeito da pedofilia num debate na Revista *Trip*. Eu dizia que a pedofilia é um crime dos mais graves e alguns intelectuais se opuseram, afirmando que não é tão simples assim, afinal a menina era um elemento sexual de desejo, eu tinha que compreender que, modernamente, a partir do *Lolita*, de Nabokov, essa é mais uma das manifestações de erotismo admissíveis.

Por que a madrasta é mais odiada que o pai? Voltando à questão da madrasta, da filha, da mulher, através de uma revolução feminista que foi truncada, o que aconteceu?

Aqueles que se imaginam na vanguarda da libertação da mulher, transformaram a mulher na cachorra, e o ídolo da cachorra quem é, segundo o *funk* carioca? É o cafetão. Isso, aliás, numa imitação da música popular negra norte-americana. É preciso ter coragem de mostrar essa adulteração de algumas das bandeiras comportamentais mais avançadas aparentemente que se deturparam de tal maneira que nós estamos transformando aquilo que eram sonhos socialistas em realidades fascistas. Isso não só com a concordância, mas com o masoquismo feminino. A mulher se prestando a esse serviço. Não é mais a mulher, é a adolescente; não é mais a adolescente, é a criança.

Hoje, meninas – e é um testemunho meu como psicanalista – de 11, 12 anos de idade fazem questão de ficar entre aspas com menininhos, disputando campeonatos pra ver quem beija mais, cada vez a crianças mais novas se pergunta se têm namorado. Se você transmite regras tão íntimas quanto morais e sexuais nós estamos muito perto do homicídio, estamos muito perto do assassinato da individualidade da criança, desrespeito completo.

A partir daí, se você trata uma criança como um adulto, se essa criança olha com olhar negativo para um adulto, pode ser considerado uma provocação que justifique uma reação brutal. E outra coisa. Partindo ainda da hipótese de que esse casal tenha matado a criança, você percebe que grande parte do ódio popular se volta muito mais contra a madrasta do que contra o próprio pai, o que é uma aberração porque se nós levarmos em conta a ordem natural, em termos de civilização, a pessoa mais próxima seria o pai, então o crime seria mais infame praticado pelo pai.

Mas o que a mentalidade popular imagina?

Que esse pai foi manipulado pela madrasta. Quer dizer, mais uma vez, até nesse caso, o que ocorre é isso. Se nós levarmos em conta a hipótese de uma discussão mais ampla, e eu reitero que enquanto não houver um julgamento*, com todas as suspeitas que esse *reality show* está provocando, eu, como advo-

* Mantido o texto original da entrevista.

gado que trabalhou muitos anos com o crime, acho tudo muito estranho, tudo me lembra um grande espetáculo midiático e uma incompetência muito grande de todos os participantes.

Mas, digamos que tenha sido, por que não se admitir que fosse só o pai?

Não, alguém levantou a hipótese de que a perícia teria mostrado que o machucado no pescoço seria do tamanho da mão da madrasta. Vão me desculpar, mas nem a CIA consegue identificar com essa precisão...

Não tenho acesso aos laudos, prefiro falar do ângulo psicológico, mas qualquer laudo admite um contralaudo. Nós não estamos trabalhando com ciências exatas e sim com ciência biológica, que sempre admite uma margem de erro, de ambivalência e subjetividade.

Será que os pais pensam: o filho é meu e eu faço com ele o que eu quiser? Para os grupos humanos primitivos, no Oriente principalmente, é muito comum a ideia de que as crianças podem ser vendidas, com 10 anos se estabelece contrato de casamento, a menina é vendida aos 11 para um homem de 60. Levando essa ideia à última fronteira da razão, leva ao filicídio.

Diariamente tenho contato com relações entre madrastas e suas "filhas". Cada dia mais. E nunca encontro relações que no profundo eu possa considerar harmoniosas e muito menos razoáveis, embora muitas vezes debaixo do manto da hipocrisia.

Você repara uma coisa: no caso aqui outro fenômeno que me chamou a atenção em todo esse processo são as reações estranhas, as reações idiossincráticas atípicas. Você não vê quase choro compulsivo, não vê reações intensas de sofrimento, de dor, de nenhum dos participantes: nem pai, nem mãe, nem madrasta, nem avô, nem avó.

Os crimes com implicações sexuais e seu contexto

A sucessão de crimes com implicações sexuais merece uma reflexão, por se tratar de sintoma significativo sobre as reações da comunidade, que variam da aceitação ao linchamento.

Não existe uma psicologia do indivíduo sem o entendimento também de sua inserção social. Violência também como causa e não só efeito.

O conceito de sanidade mental está intimamente ligado à posição cultural que a sociedade estabelece a respeito de seus valores morais e de comportamento. É louco quem não corresponde a um mínimo da expectativa exigida pela sociedade no seu procedimento comum.

Maquiavel disse que "um povo é mais sábio e mais firme que um príncipe, e tem opinião mais bem formada. Não sem razão, compara-se a voz do povo à voz de Deus".

A sabedoria do povo, do príncipe e de Deus costumam equivaler-se. As três coexistem num sistema de ajustes mútuos, concessões e voz média. Mais sábio e o único critério a mais é o do indivíduo, juiz maior de sua vida, atos e coisas. Por isso, o respeito ao indivíduo demanda uma política comunitária que deve se voltar para o florescimento do aspecto pessoal, contra as tendências de emasculamento e pluralização do grupo.

A saúde psicológica se transformou no maior desafio sociológico de nossa época. Pelo menos um terço da humanidade revela problemas emocionais, metade disso de natureza grave. Isso segundo apreciações institucionalizadas. Infelizmente, o homem não sabe lidar com as suas realidades mais diretas só pela cultura. Os delitos sexuais tendem a uma frequência muito alta, quase como resultante catártica.

Os números falam em todos os aspectos por si mesmos. E as causas?

A família, como instituição, se vê contraditada, sem que qualquer alternativa se apresente como válida e sem respostas dinâmicas para as contradições culturais. O desenvolvimento econômico não vem acompanhado de uma distribuição de renda mais equitativa e o desamparo ressente-se ainda mais dos problemas de interação.

O empobrecido é psicologicamente vitimizado. E o diagnóstico é válido para as demais dificuldades ambientais. A civilização continua a não responder aos dolorosos sintomas de insensibilidade e imaturidade espiritual.

A educação não está voltada para um esforço qualitativo de desenvolvimento emocional. Rende-se à quantificação sem objetivos singulares, como se fosse a repetição do mito de Sísifo.

Se no Gênesis se afirma que "comerás o teu pão com o suor de teu rosto", compra-se hoje o último modelo de televisão com o suor da "angústia neurótica". O consumismo desenfreado é a religião industrial.

A habitação tornou-se mais um esconderijo contra a violência do que meio para um módulo de paz e realização. A arquitetura se limita a um conúbio irresponsável entre a ânsia de simplificação e o desenvolvimento sem sentido.

A recreação apresenta-se como fuga. A criatividade inexiste e os elementos de prazer vêm sendo substituídos por farsas coletivas, verdadeiro *ersatz* do trabalho. Profissão, ganho e lazer não estão equilibrados. Na verdade, servem ao "Deus Processo Social". Apavorado, o homem foge do Sétimo Dia. Coitado se tiver de descansar: poderá até pensar, e não sabe (se é que algum dia soube) como fazê-lo.

A mobilidade social, migração e imigração, continua correspondendo a ansiedades de prestígio como afirmação, conhecimento e renda. O desenraizado vai para a reação psicógena, suicídio e manifestações hipocondríaco-paranoides. Todos estes fenômenos vão desaguar na área da criminalidade.

Spinoza já afirmou que "cada um tem tanto direito quanto poder possui".

Na falta de outras opções, o doente mental e o desajustado procuram a sua parcela de poder na violência. O crime e a doença mental estão relacionados, muitas vezes, a uma incompreensão do fato sexual. A educação e a legislação devem abordar o comportamento sexual de maneira científica. Por sua vez, a sociedade precisa estabelecer uma política de respeito à pessoa e trabalhar para a sua elevação individual e social segundo o entendimento freudiano de que "na vida espiritual de cada ser, o próximo está sempre presente, quer como exemplo, objeto, ajuda, quer como inimigo e, por isso mesmo, desde o princípio, a psicologia individual também é psicologia social, no sentido mais amplo, mas nem por isso menos válido".

Ciúme - A inveja que mata

Em julho de 1998 pronunciei conferência na *University College London Medical School*, cujo tema era "Eva será Deus" ("Eve will be God"), na qual analisei a relação masculino-feminina, sob vários aspectos. A inveja e o ciúme foram elementos essenciais para a compreensão desta realidade. Um violento feixe de sentimentos contraditórios que alimenta este mecanismo. Um assassino de 35 anos, Sirhan, tranquilo e sorridente conta sua história. Seu principal motivo de orgulho é a eficiência com que disparou quatro tiros em sua irmã Suzanne, em março último, acertando a sua cabeça "Cheguei em casa às 8h15 e cinco minutos depois ela estava morta". Três dias antes, a adolescente de 16 anos disse à polícia que tinha sido estuprada. "Ela cometeu um erro, mesmo sendo contra sua própria vontade", explica Sirhan. "Em todo caso, se ela não morresse, a família toda morreria de vergonha", completa. Esta nota foi publicada pela correspondente do "Time", na Jordânia. Trata-se de um caso clássico em que a mulher, vítima do crime de estupro, paga pelo desejo masculino, desencadeado por confuso impulso de incesto do irmão pela irmã. O ciúme, reflexo de uma posse impossível revela a inveja destrutiva. O outro possui quem eu imagino que possuo. Trata-se de mão dupla. A mulher inveja no homem o pênis, o falus, a soberania e o poder nas relações sociais. O homem inveja na mulher a gravidez, a suprema manifestação biológica de dar à luz outro ser. Isto aparece em todas as manifestações da cultura. Pesquisa feita nos EUA constatou que 3 milhões de crianças e jovens americanos tomam remédios como o Prozac. Mas a proporção é de 1 menina para 4 garotos. O preço de ser homem, na hiperatividade e angústia. Alta incidência do câncer no Ocidente, proporção dramática nas zonas erógenas, no homem, na próstata e na bexiga, e na mulher, na mama, no útero e ovário. O sexo, centro do conflito. No programa "Word" de computação, um programa que estabelece paradigmas de pensamento para a próxima geração, encontra-se uma sinonímia reveladora. Quando se refere à ansiedade feminina, ele usa quatro conceitos, todos ligados a uma forma mórbida, patológica, de ansiedade, próxima ao furor uterino quando se refere ao homem, são 16 conceitos, todos eles extremamente leves. Até em termos de proporcionalidade – 1 para 4 – é curioso. Acontece que o elemento fundamental da onisciência e da onipotência, portanto o estado básico da formação de nossa mentalidade no Ocidente advém das três grandes religiões – judaísmo, cristianismo e muçulmanismo. Todas elas se estabelecem a partir de uma revelação – para aqueles que são fiéis –, ou de um mito – para aqueles que são céticos: de que Deus teria feito o homem à sua imagem e semelhança, e de que, na solidão masculina, o homem tendo reivindicado companhia, Deus, da costela de Adão, teria criado uma companheira, que seria Eva. Assim, nós temos um protagonista, que faz parte do plano da história, e a coadjuvante, que é Eva. Vocês conhecem o processo denunciado como insídia através do qual Eva transgride a norma fundamental que era o dogma do Paraíso e, se aliando ao personagem de Satã, induz Adão a comer o fruto. É curiosa a posição adâmica, porque é uma posição cômoda e na verdade, uma posição de covardia, porque Eva é quem dá a primeira mordida. Em cima disso, já nos primeiros séculos do cristianismo, mas evoluindo principalmente pela Idade Média, temos a figura de Lilith que é a outra mulher, e que, ao lado de Eva, faria o papel demonológico, e que se registra, por exemplo, nas religiões afro no Brasil, na Umbanda e Quimbanda, como também na figura da Pomba-Gira, entidade que tem a ambivalência feminina da sedução, do desejo e do pecado. O Direito romano tem uma concepção que atravessou os séculos: "mãe certa, pai incerto". Essa concepção só é abalada agora pelo teste do DNA, que é um dos elementos provocativos mais revolucionários na história da humanidade. Trata-se de um daqueles desenvolvimentos científicos que atingem uma repercussão muito maior do que podemos imaginar. Pela primeira vez na história da humanidade, o homem e a mulher podem ter certeza da paternidade e, não por acaso, as duas figuras magistrais na nossa formação – Moisés e Jesus – têm uma história de paternidade mitológica. Um dos livros mais proibidos do fim da Idade Média e começo da Idade Moderna é o "Malleus", que ao se referir à mulher, fala da seguinte maneira: "suas palavras são melífluas" – e todo folclore tem o repasse de que a mulher fala demais, em termos de discurso vazio – "Ela é enganadora, está cheia de malícia. Toda malícia e toda perversidade vem dela (Eclesiastes 25). Ela é faladora, sobretudo na Igreja. Muitas vezes tomada de delírio ela chega a matar seus próprios filhos". É a ideia da feiticeira, da bruxa e da histérica. A Psicologia é filha da religião e neta da magia. Todo estudo de comportamento se ampara em algumas ondas históricas. Contraditória, paradoxal e perigosamente, nós vivemos numa época em que, simultaneamente, em um processo de instantaneidade, convive-se com o sincretismo, que é esta possibilidade de compreensão aberta, e com o totalismo, que é fruto do medo. O medo da reflexão, a suspeita do pensamento que se depara com a possibilidade de respeito ao enigma, às religiões do mistério, e finalmente ao mistério do próprio inconsciente. Aquele eu que está atrás de nosso eu e que nós não sabemos como dominar e controlar, e muitas vezes nem como interpretar. Aquele assaltante que no seu projeto onírico, aparece no teu sonho, se transforma em pesadelo e que a sua censura só tem como qualificar de banal, grotesco ou enlouquecido. A compulsão de perseguir é a alavanca do ciúme. Aconteceu um fato que achei muito revelador. Eu participei de um debate na Globo News a respeito da conduta deste considerado maníaco, chamado o "maníaco do parque". Eu fazia um comentário, dizendo que uma educação que prepara o filho varão para caçar à noite (esse é o verbo), e se orgulha da caçada, precisa se preparar para a violência. Uma educação que considera que a relação sexual pode ser qualificada como antropofágica – "comer" – não pode se espantar quando um indivíduo com limitação de concretude, "come", literalmente. Ele só está obedecendo às ordens: está caçando e está comendo. No dia seguinte, eu leio na "Folha de S.Paulo" a transcrição do interrogatório, em que ele dizia que saía para caçar e para comer. Eu então recebi um telefonema de uma TV americana me perguntando por que eu tinha traçado este perfil antecipadamente. Eu falei: bastava prestar atenção, não foi uma coincidência. Na Grande São Paulo ocorre 1000 estupros por ano, denunciados. Existe um adesivo que algumas pessoas colocam na parte de trás do automóvel que diz: "Não me siga. Também estou perdida". É um diapasão muito curioso porque é a negativa de que através da sedução se repita o pecado de Eva: "não entra na minha, fica na tua" – é uma delegação de poderes. Enfim, embora ocorram casos de assassinatos cometidos pela mulher contra o homem, ou entre parceiros homossexuais, estamos diante de crime de natureza masculina. O macho tem inveja da mulher desejada e possuída por outro macho. Impossibilitado de exercer seu desejo homossexual oculto e disputar aquele terceiro, resta-lhe matar o objeto vitorioso da competição inconsciente: a fêmea. Covardia moral e lesão psíquica.

Entrevista para o escritor Licínio Rios, autor de "Shakespeare não serve de álibi"

Exilada na própria pátria e em si mesma

Quando o escritor russo Boris Pasternak recebeu o Prêmio Nobel, consagrou o dito histórico: "Sinto-me um exilado na minha própria terra".

Minha experiência como psicanalista tem sido, por muitos anos, a verificação constatável, nos atendimentos de que a lésbica no Brasil é o "negro da homossexualidade".

Traduzindo-se o homossexual é discriminado e inferiorizado na sua condição de cidadão, no extrato masculino, a mulher com a opção homossexual é atingida por duas variáveis de preconceito – enquanto mulher, pelo machismo preponderante na nossa cultura e desprezada pelo seu objeto de desejo, enquanto lésbica.

Qual é o ônus deste sofrimento?

Na idade de formação, infância e adolescência, adentrando pela idade adulta e culminando na vida afora, um sentimento de exclusão que, frequentemente, se internaliza por auto-ódio.

Toda a minha percepção no trato diário de pacientes constata a ocorrência de doenças psicossomáticas, fantasias paranoides e, finalmente, o "abreviar da existência", seja por definhar no gozo de viver ou até o suicídio propriamente dito, muitas vezes escamoteado pela família.

Família essa que, com raras exceções, debaixo da mentalidade homofóbica oriunda de paradigmas religiosos e culturais, se acumplicia no sistema de pressão quase insuportável, para "tratar essa mulher demonizada", na linguagem de muitas seitas e práticas, o que expus numa conferência proferida na "University College London Medical School", em Londres, sob o título "Eve will be God" e publicada no livro de minha autoria, "Monólogo a dois".

O desfrute de uma vida saudável implica no direito e na liberdade de "belong", de uma aceitação das diferenças, o que no caso da mulher que faz a opção do lesbianismo, no Brasil, não acontece.

Vítima da agressividade sutil ou evidente, sua dor lesa suas prerrogativas de cidadania, na conformidade da própria Constituição do País.

Para o repressor o designativo "sapata" ou "sapatão" é a equivalência de alguém que negou sua condição feminina, um "eu" desprezível, sujeito inclusive às fantasias de ataque físico, com conotações sexuais.

Um passo até o estupro e o homicídio. Na vulgaridade – "Faço essa vagabunda virar mulher".

E uma tragédia a mais fica consumada.

Não bastam leis e códigos de tolerância. Ou se muda a mentalidade ou resta o direito ao Exílio, para manter a dignidade, baseada na saúde física e mental.

1º-2-2005 – Parecer em processo de pedido de asilo nos EUA apresentado em Tribunal em São Francisco, EUA, 2005. O pedido foi deferido pelo Tribunal, com base no parecer

Impotência sexual

Entre a psicologia clínica e a social, balança a apreciação do "affaire" Clinton/Monica Lewinsky, apresentando uma perspectiva de diagnóstico-

-prognóstico que não tem sido devidamente discutida e, não obstante, é a de maiores significado e dimensão, pessoais e públicos. Senão, vejamos:

1. Nas acusações contra o presidente, caracteriza-se a opção pelo "fellatio", o sexo oral, clandestino e com o uso de sedução "donjuanesca". No geral, o sexo oral entre homem e mulher raríssimas vezes é exclusivo. Ou seja, é um elemento de excitação como parte do jogo erótico mais amplo. Diferentemente do esquema homossexual masculino, no qual se basta. Claro que, esporádica e aleatoriamente, o sexo oral pode enquadrar todo o processo do desejo em si, mesmo na heterossexualidade. Mas a limitação e a escolha, bem como a repetência "in casu", demandam observações. O macho, sujeito da vontade, tornado objeto da ação da fêmea, numa inversão estranha, ancorada, provavelmente, num delírio de fantasia.

2. A mulher, jovem e tiete do poderoso varão, que nos encontros libidinosos representa o oculto, o proibido, talvez a autêntica imagem de Lilith, aliada da serpente. Frustrado no desempenho terminal do desenvolvimento da sexualidade, há a "naiveté" do "golden boy" que imagina poder enganar todo mundo: sua mulher, sua filha e, literalmente, todo o mundo. E pede desculpas até a Deus. Menos para a vítima. Curiosamente, após encurralado, joga com atenuantes de forma, fugindo, imaturo, das implicações de seu ato, o que seria a renúncia a um mandato. Aquele que renunciou inúmeras vezes ao orgasmo pleno da satisfação pessoal, incapacitado e recalcado para a conjugação interpessoal que consagra a equivalência, se nega a renúncia de sua ordem política e social. "Last but not least", um homem que detém em sua ordem consciente e intelectual decisões que jogam com o destino da humanidade se confunde, tímido adolescente, diante dos jogos do sexo e do afeto. Excitado, ou se controla e se reprime ou pior, ejacula, garoto mimado sem alcançar a finalidade do propósito. O lusco-fusco de conduta (o sinal da gravata, os presentinhos) nos remete a uma possibilidade tenebrosa, que um eventual processo de *impeachment* deveria investigar se há um mínimo de simetria emocional, intelectual e ética num personagem que tem de estar "acima de qualquer suspeita". Senão, impõe-se a regra do prudente afastamento da Presidência e a oportuna recomendação de tratamento psicológico adequado ao portador da síndrome. Na sociedade do espetáculo, enredo mefistofélico. Bem cantado.

***Folha de S.Paulo*, 1999**

IX

FORTUNA CRÍTICA E MAIS

CULTURA DA AGRESSIVIDADE

PSICANALISTA EXAMINA ACÚSTICA DA VIOLÊNCIA

Gilberto Felisberto Vasconcellos
Especial para a *Folha*

A metástase da violência na sociedade. Motoboys correndo a mil, motoristas insanos, pedestres abusados, jogo do bicho, bingo, escolas salvacionistas ruidosas, droga e alcoolismo. Isso tudo se encontra em "Cultura da Agressividade", livro bem escrito do psicanalista Jacob Pinheiro Goldberg sobre a violência na sociedade contemporânea.

Não se trata de estudo sistemático em que se discutem causas históricas da agressividade e a possibilidade concreta de sua superação, mas sim de um mosaico fragmento no qual sobressai um estilo aforismático: "O guerrilheiro é o órfão da nação de Deus".

A sua abordagem põe ênfase no aspecto moral, psicológico, espiritual, educacional. "Duas são as teses opostas mais populares: a afirmação de que a miséria econômica é a única responsável pelo agravamento do índice de criminalidade (embora Caim não morasse na favela...), e aquela que afirma ser o fenômeno oriundo de uma destinação maldita, uma espécie de vingança do azar".

Nascido mineiro, o autor tem ojeriza por Hitler. Esse talvez seja o personagem mais citado em seu livro. A encarnação da violência é Auschwitz, sem deixar de lado o Gulag soviético: destarte para ele o totalitarismo nazi é igual ao totalitarismo stalinista, a despeito da diferença entre capitalismo e socialismo.

À maneira dos novos filósofos franceses, que são os representantes do pós-modernismo, Goldberg está convencido de que "a fixação ateísta de Marx" vai dar no Gulag, como se o livro "O Capital" fosse um manual de categorias carcerárias. O autor vê com desconfiança o líder, o carisma, o ídolo, tanto do ponto de vista psicológico. De Antonio Conselheiro a Getúlio Vargas. "Canudos e São Borja são duas faces do mesmo impulso inconsciente."

O risco dessa abordagem psicologizante é nivelar coisas politicamente distintas, colocando no mesmo balaio o suicídio de Getúlio Vargas, a renúncia de Jânio Quadros e a aprontação de Fernando Collor.

O ponto alto desse livro é quando o autor sublinha o fator acústico na produção da agressividade: "Na vida coletiva, o som tem uma influência ilimitada".

Vide a influência do som sincopado do rádio na ascensão do nazismo, conforme já havia sublinhado McLuhan e, antes deste, Walter Benjamin.

Assinala Jacob Pinheiro Goldberg: "A hipnose no ouvinte, que troca o raciocínio pelo embalo. Isso é constatado nos discursos dos caudilhos tribais, ambíguos, em que o eco é mais importante que a frase. A repetição, o esdrúxulo e o inusitado ocupam o lugar do raciocínio lógico e da ideia bem disposta". A isso está conectado o uso extensivo dos "combustíveis de hidrocarbonetos", ou seja, o megarodoviarismo engendra erosões na psique do homem contemporâneo.

É curioso que, não obstante essa arguta conceituação, o autor tem o maior xodó pelas canções dos Beatles e dos Rolling Stones, as quais têm alterado nervosamente o batimento cardíaco da humanidade. O padre Antônio Vieira já dizia: ouvido é coração.

Classificação – Ótimo.

***Folha de S.Paulo*, 17-7-2004**

A Poesia de Jacob Pinheiro Goldberg

Sobre a poesia de Jacob Pinheiro Goldberg o doutor João Adolfo Hansen, professor titular de Literatura Brasileira da Universidade de São Paulo, escreveu:

"A primeira vez que vi Jacob Pinheiro Goldberg, ele estava na TV falando do sadismo da burguesia brasileira que goza fazendo o povo sofrer. Desde então, passei a gostar muito dele. Depois, fiquei sabendo pela minha amiga Marília Librandi, que escreve a introdução exata e delicada deste livro, que Jacob nasceu em Juiz de Fora. Era Pinchas, judeu de origem polonesa, mas desabitou o nome, virou Pinheiro. O Brasil é mesmo impossível. Acho que cresceu como qualquer um de nós, sobrevivendo às contingências da vida daqui. Parentes dele foram assassinados em campos nazistas. Estudou Direito, para que descobrir que a Lei submete e que o Espírito liberta. Ateu, passou à psicanálise freudiana. A matéria da sua poesia é essa desabitação, essa despossessão, esse estar não estando de quem medita as perdas levado pelo vento do mundo. Na sombra, à esquerda da linguagem, ele escreve poesia com o sangue da experiência do real. É poesia elegíaca e trágica, uma lamentação que contraefetua o acontecimento da dor, elaborando o sofrimento para resistir à destruição e à amargura do mal. Você, que agora lê esta orelha, talvez pense que essa forma de expressão da dor é própria da experiência histórica do povo judeu. E pensará bem, com razão. Mas só em parte. Jacob sabe que nascer judeu ou palestino, índio ou espanhol é só acidente, pois o que realmente importa é o que fazemos com o que fizerem de nós. Kafka, por exemplo, quis escrever como um vira-lata para apagar as marcas da Lei gravadas na pele. Jacob é dessa família de desgarrados magníficos que dizem *non serviam*, 'não servirei'. Inconformado com a vida, revoltado com a morte, escreve sua poesia na fronteira do Paraguai com a Finlândia, aquele não lugar onde as etnias, as nacionalidades, as religiões, as classes e os sexos finalmente foram abolidos e só sobrou a liberdade da descrença radical dos valores herdados. A liberdade de Jacob é livre, ou seja, generosa, e faz seus poemas espaçosos para recolherem compassivamente os cacos da história universal de um 'nós' despedaçado. São fortes, os poemas de Jacob, duros, intensos, sem nenhum consolo, comoventes. Podem até fazer desesperados pensar que, se ainda há homens como ele, há esperança para todos. Daqui desta orelha eu mando meu abraço pra ele". In "Poemas-vida, antologia de Jacob Pinheiro Goldberg", organizado e apresentado por MARÍLIA LIBRANDI ROCHA, professora de Teoria Literária no Departamento de Estudos Linguísticos e Literais da Universidade Estadual do Sudoeste da Bahia, Doutora em Teoria Literária e Literatura Comparada pela Universidade de São Paulo e, a partir de dezembro de 2008, professora da *Stanford University*, CA, EUA (Editora 7 Letras, Rio de Janeiro, 2008). M.L.R defendeu a tese de doutoramento em literatura na USP – "Parábole e ponto de Fuga – a poesia de Jacob Pinheiro Goldberg" (10, distinção e louvor).

O quase que faz o milagre Dialogando com Jacob Pinheiro Goldberg

Henryk Siewierski

Professor titular do Departamento de Teoria Literária e Literaturas da Universidade de Brasília

Nos mesmos navios, que os pais de Jacob vieram ao Brasil, podiam ter vindo meus avôs, camponeses de uma região da Polônia, que naquela época rendia muitos imigrantes às colônias do Paraná. Se eles viessem, a história seria outra, eu dificilmente teria vindo ao mundo. Podemos dizer que assim como Jacob deve a sua vinda ao mundo àquela viagem transatlântica dos seus pais, eu devo-a a uma resistência ou a impossibilidade de embarcar nessa viagem por parte dos meus antepassados. Sim, essas foram apenas umas de inúmeras condições para podermos ter nascido, condições que são tantas, que nos levam a procurar a nossa origem no grande mistério do infinito. Mas, por outro lado, são as coordenadas da nossa inserção na história.

O meu avô paterno contava sempre história da Primeira Guerra Mundial, em que lutou no exército do império austro-húngaro até o momento em que numa batalha perto de Viena foi gravemente ferido; a ferida talvez o tivesse salvado, porque o fez inapto a lutar na Segunda Guerra que veio vinte anos depois. Um estilhaço arrancou-lhe uma parte do crânio e se não fosse uma freira austríaca, os médicos iriam apenas ajudá-lo a morrer. Ele nos deixava, os netos, a passar a mão na sua cabeça e verificar que havia uma parte mole. Muitos anos depois, no Brasil, fiz um poema para contar essa história, porque há histórias que não há como contar, a não ser em poema. Gostaria de lê-lo e depois explicar o que o meu avô tem a ver com Jacob, cuja pessoa e cuja obra nos fez aqui reunir.

Antes de ter o meu pai
o meu avô foi a guerra
quase morremos todos
numa batalha perto de Viena

Uma bala abriu o crânio
e a vida se ia embora
em vez de fechar-lhe a porta
o médico quis dar a carona

Nem lhe passou pela cabeça
que num vazo tão devastado
a vida ainda pudesse
ter um aliado

Precisava o meu avô
fazer uma declaração
que ainda queria viver
com a vida que lhe sobrou

Me lembro quando passava
a mão na sua cabeça
no lugar onde passou a bala
era mole por ser aberta

O meu avô não ganhou a guerra
mas isso não interessa
o que interessa é que ganhou
a vida com a cabeça aberta

Precisava apresentar aqui o meu avô Blazej, porque sempre quando penso nas relações entre os judeus e poloneses, nos que encontrei no meu caminho e os que se tornaram meus amigos, e quando penso no Shoah, me lembro dele e ele me ajuda a carregar a memória do Apocalipse, que escolheu como um dos seus palcos a minha terra natal, só um pouco antes de eu ter nascido. Porque quando numa noite escura bateu na porta da sua casa um homem, judeu, perseguido que nem uma caça, pedindo pão e abrigo, o meu avô não o mandou embora, mas, contrariando o próprio instinto de sobrevivência, contrariando a minha avó e arriscando a vida de todos, inclusive dos que, como eu, ainda não tinham nascido, abriu a porta e num esconderijo preparado no paiol, cuidava essa vida até ao fim da guerra. A memória dessa minha inserção pessoal na história do povo judeu, que guardo como uma herança e um patrimônio precioso da família, ajuda a carregar a memória coletiva polonesa, europeia, a memória do mundo do século XX, que não pode ser seletiva, e da qual fazem parte também a omissão, o medo, a indiferença diante da tragédia de um povo condenado a destruição. Para não falarmos do pior, que eram os casos de condescendência e até de colaboração ativa no diabólico plano da Alemanha nazista. Porque se, ajoelhando-nos diante do Crucificado há quase dois mil anos não nos podemos sentir inocentes, não o somos também em relação a esse povo, que no meio da grande família humana, em pleno século XX, foi vítima de um genocídio.

Mas não foi só essa a minha inserção na história do povo judeu. Dela fazem parte também muitas outras histórias, sagradas e profanas, histórias bíblicas e da minha rua da infância, incontáveis histórias de ficção, que disputaram seu lugar na realidade e histórias de amizade, uma das quais me trouxe aqui para dar o meu testemunho.

Conheci Jacob Pinheiro Goldberg há quatro anos, quando começou a interessar-se pela literatura e cultura da terra de origem dos seus pais. Pensando que melhor tarde do que nunca, ofereci-lhe alguns textos traduzidos em português, recebendo em troca seus poemas e outras obras, também livros poéticos da sua mãe, Fanny Goldberg. Mantivemos contato por telefone e por e-mail, trocando ideias e opiniões sobre diversos assuntos, contando histórias dos nossos passados, tão diferentes, e descobrindo afinidades, como se, apesar de tantas diferenças fossemos irmãos separados há muito tempo, que agora se reencontraram. Pensando hoje a quem atribuir o dom desse reencontro, não vejo tanto mérito em nenhum de nós dois, quanto em terra, àquela terra da bacia do rio Vístula, que guarda os ossos e as cinzas dos nossos antepassados e a memória das suas vidas, a terra da nossa origem comum. E penso também numa outra terra, a terra da nossa origem ainda mais distante, Terra Santa, onde outrora de uma rocha brotou água viva, onde há muito começaram as nossas histórias do passado e do futuro. Talvez hoje, mais do que nunca, nos tempos da globalização, que são também tempos da globalização dos desencontros, precisemos cultivar essa memória telúrica, como o ponto de partida da nossa origem comum, a origem que não conhece judeu nem grego, escravo nem senhor, mas que tem uma força extraordinária de uma geradora dos reencontros.

Se a memória telúrica da origem comum nos fez aproximar, a memória histórica, religiosa, cultural, introduzia desde o início uma tensão e uma polarização. Jacob chega até dizer num e-mail indeletável de 8 de abril de 2003:

"Eu não compreenderei jamais você. Católico polonês. Entre nós, lágrimas e sangue. Visões opostas. Jesus, Moisés, terra, céu. Quase tudo. Mas. Mas, exatamente o quase faz o milagre. Eu sei. Um saber sem lógica, razão, cartografia que estou mais perto de você do que posso imaginar".

Sabemos que estamos perto, mais perto do que possamos imaginar, e que jamais nos compreenderemos, porque há muito que nos separa, há muito que fomos separados, há muito que em nós resiste a aproximação. Sabemos também que nem tudo nos separa e que há milagres. E que a nossa chance depende mais da imaginação do que do saber. Mas o que dificulta a nossa compreensão recíproca faz com que o diálogo se torne mais atraente. E sem o diálogo até o monólogo fica difícil, porque eles se complementam. Karl Jaspers dizia, "não posso ser eu sem comunicação com o outro e não posso estar em comunicação sem estar só". Mas a comunicação, a compreensão, o diálogo ainda não são milagres. O milagre acontece quando abrimos a nossa casa e recebemos o outro como se fosse Deus. Isso já aconteceu muitas vezes, como neste poema, em que um poeta moderno, de D.H. Lawrence (1885-1930), reconstrói o imaginário e a sensibilidade do homem da antiguidade, evocando um testemunho de um filósofo do século IV depois de Cristo, Maximus:

Deus é mais antigo que o sol e a lua
E nenhum olho o enxergará
Nem voz alguma contará

Mas um homem nu, desconhecido, à porta,
Com um manto pendurado no braço, esperava.

Então o convidei: entre, se quiser!

Entrou devagar e sentou-se junto à lareira.

Perguntei-lhe: qual é teu nome?

Me olhou sem dizer nada, mas fiquei tão maravilhado
Que sorri a mim mesmo, pensando: deus!

Então ele disse: Hermes!

Deus é mais antigo que o sol e a lua
E nenhum olho o enxergará
Nem voz alguma contará:
Mas este é deus Hermes e está sentado junto a minha lareira.
("Maximus")

O que no início constituía para mim o maior obstáculo ao diálogo e a aproximação era a determinação com que Jacob insistia em que nesse encontro e nesse diálogo representássemos, antes de tudo, cada um o seu povo, sua memória e identidade coletivas. Ele acentuava demais a sua linhagem judaica e de mim esperava que assumisse o papel de um polonês católico de carteirinha. Não me agradava nada fazer o papel de um personagem de uma moralidade medieval. Mais interessante seria um *happening*, sem os papéis predeterminados, caracteres pré-moldados, objetivos predefinidos. Porque a identidade que herdamos é apenas o ponto de partida, o patrimônio a ser não apenas preservado, mas multiplicado, a origem de inúmeras possibilidades. Aos poucos foi descobrindo que Jacob também pensava assim, foi descobrindo o seu lado ortodoxo e heterodoxo, a sua insaciabilidade na projeção e expansão de si próprio e o seu fascínio pela magia da interação pessoal, pelo outro, sua opção preferencial pela subjetividade e o seu engajamento em causas da *polis*, paulistana e não só paulistana, seu lado anárquico e messiânico, e a sua poesia.

O meu pai era soldador, eu sou tradutor (também professor, mas ser professor é ser tradutor também). Entendo a tradução literária como a imposição a uma outra língua, de algo que ela dificilmente teria, por si só concebido – uma infiltração no seu sistema imunológico de um corpo estranho que possa provocar alterações irreversíveis, inclusive as indesejáveis. Por outro lado, vejo-a também como acolhimento de uma obra que vem de longe, que quer emigrar de uma língua para a outra, ter uma vida também fora das suas fronteiras. E vejo a tradução como a apropriação de uma obra estranha por uma língua insaciável, a que não basta o que nela nasce naturalmente. Mas, ao mesmo tempo, a tradução, se a olharmos do ponto de vista da língua da partida, não deixa de ser processo de desapropriação, despojamento, perda da exclusividade dos direitos autorais. E gosto de repetir, o que dizia um grande tradutor brasileiro vindo das margens do Danúbio, Paulo Rónai:

"Cada vez que uma obra literária me comove a fundo, a minha reação instintiva é verificar se já está traduzida, para, em caso contrário, eu mesmo transplantá-la para a minha língua materna, ou para outras em que acabei por sentir, pensar e me exprimir".

A tradução, portanto, não é apenas a questão de fidelidade, mas tem muito a ver com sedução, comoção, acolhimento e epifania.

Assim, nesse nosso diálogo ficava comovido tanto pela história do passado do Jacob, como pela história do futuro que ele ia ou pretendia construir e pela poesia do presente, vivido de uma forma inquieta, irreverente, de bom humor, livre, mas também fiel aos princípios atemporais herdados, a uma voz interior, que vem do que nos transcende.

Nunca fui amigo do Rei
Meus heróis de infância foram Tarzã e Flash Gordon
Mesclando Hollywood e Bíblia
Atravessei com Moisés o deserto e recebi a Lei do Sinai
Nasci em Juiz de Fora, na terra dos Gerais
Não da acomodação
Meu pai veio com o navio "Valdívia", de Ostroviec, Polônia
Sem um tostão no bolso sem falar uma palavra
Em português, dezenove anos de idade,
Com a opção do suicídio no mar ou
Voo no horizonte
Escolheu o céu
Ganhou o pão com suor do seu rosto
E dividiu-o comigo e nossa família
Cada um vê o mundo segundo sua ótica
No registro biográfico, mas também
Segundo sua livre assunção como ser
Sou *outsider* por nascimento, destino e vocação
Questiono interminavelmente
Democracia para mim é um estado de espírito e não
Um vocábulo ou um regime político
Liberdade é uma reflexão crítica que começa na angústia
E termina na esperança e não bandeira para demagogia
Denuncio o torturador e choro o torturado
Porque palmilhei os caminhos que passam
Pelas fogueiras da Inquisição, Dachau e desembocam
No pau de arara
Fico com a mãe solteira e desprezo a covardia do pai desertor
Um só esfaimado, doente ou abandonado, faz-me
Ter vergonha de mim mesmo
Enquanto almoço tem criança e velhos

Pedindo comida nas esquinas
Doentes sacrificados, ignorância universal
Animais vítimas nos abatedouros
Da nossa sanha de Caim
Caim ecológico que suja os rios
Derruba árvores, empesteia atmosfera
A idolatria impera no esquecimento de Deus
Eis que a integridade se transforma em corrupção
O assalto em faroeste de televisão
E o traidor se julga mestre e senhor
Um rol de decepção?
Não
Um manifesto na possibilidade de reação
Nasci em Minas
Meu pai veio com o navio "Valdívia", de Ostrowiec, Polônia,
Escolheu o céu
Ganhou o pão com suor de seu rosto

A comoção era tal, que a tradução desse e de outros poemas de Jacob para a minha língua materna, que era também uma das línguas dos seus pais, tornou-se irresistível e tão natural como a própria leitura:

nigdy nie byłem przyjacielem króla
bohaterami mego dzieciństwa byli Tarzan e Flash
Gordon,
mieszanka Hollywoodu i Biblii
z Mojżeszem przeszedłem przez pustynię i
otrzymałem Prawo na Synaju
urodziłem się w Juiz de Fora, ziemi Minas Gerais
której obce jest wygodnictwo
mój ojciec przypłynął na statku,Valdivia", z
Ostrowca, z Polski
(...)

Nesse e nos outros poemas de Jacob encontrava também os tons dos poemas que ele nunca devia ter lido ou ouvido, mas para mim familiares, tons da poesia polonesa. Não seria isto o resultado dessa memória profunda, telúrica, que temos em comum? Foi talvez essa memória e essa familiaridade que o fez estudar a literatura polonesa há poucos anos atrás e criar um programa de estudos da obra de um dos maiores poetas poloneses, Czeslaw Milosz. Seguindo essa lógica podemos também encontrar na literatura polonesa os poemas que Jacob podia ter escrito, poemas em cuja tradução portuguesa poderíamos reconhecer também o seu sotaque mineiro. E até muito mais do que um sotaque. Escolhi como exemplo um poema de Zbigniew Herbert, escrito nos anos 70 do século vinte, que na Polônia eram também anos em que a liberdade parecia distante, em que não faltavam dias de pedra, em que, como na "Música de fundo" de Jacob, também éramos ilhas. O título do poema é "Mensagem do senhor Cogito", o mesmo senhor do "cogito ergo sum". Que a sua tradução seja também uma homenagem fraterna ao Jacob Pinheiro Goldberg.

Vá para onde outros foram, até ao fim obscuro,
até ao Tosão de Ouro do nada, tua última recompensa.

Caminha por entre aqueles que vão de joelhos
e os que viraram as costas e foram reduzidos a pó.

Tu não sobreviveste para viver,
Tens pouco tempo, tens de dar testemunho.

Tenha coragem quando a razão falha tenha coragem
no fim de contas só isso importa

A tua ira impotente que seja como o mar
Sempre que ouças a voz dos humilhados e espancados.

Que nunca te abandone teu irmão Desprezo
Pelos espiões carrascos covardes – eles ganharão
Virão a teu funeral e com alívio jogarão terra
E o cupim escreverá ordenada a tua biografia

Não perdoa, não está no teu poder
Perdoar em nome dos que foram traídos de madrugada

Evite o orgulho desnecessário
Olhe no espelho seu rosto de palhaço
Repita: eu fui chamado – não havia ninguém melhor?

Acautela-te da secura do coração ama a fonte matinal
O pássaro de nome desconhecido o carvalho do inverno

A luz no muro o esplendor do céu
Não precisam da tua respiração quente
São para dizer: ninguém te consolará

Vela – e quando a luz nas montanhas der o sinal – ergue-te e caminha
Até que o sangue faça girar no peito a tua estrela escura

Repita velhos conjuros da humanidade, fábulas e lendas
Assim conquistarás o bem que não conquistarás

Repita grandes palavras, repita obstinadamente
Como os que ao atravessar o deserto pereceram na areia

Serás recompensado com que eles têm à mão
A chicotada de riso o assassinato no monturo

Vá porque só assim serás recebido na comunidade dos crânios frios
A comunidade dos teus antepassados: Gilgamesh, Heitor, Rolando
Os defensores do reino sem fim e da cidade das cinzas.

Seja fiel. Vá.

Marília Librandi Rocha no artigo "Poesia Judaica em Juiz de Fora: um delírio mineiro-Ostrowiec" relaciona a poesia de Jacob Pinheiro Goldberg com a chamada "literatura de testemunho", ou seja, obras de sobreviventes da Primeira e Segunda Grande Guerra do século XX, em que a necessidade de testemunhar costuma coincidir com a consciência da impossibilidade de representação da catástrofe. Focalizando um forte elemento autobiográfico, a crítica encontra nesta poesia também uma terra prometida para quem quiser explorar regiões de exílio, deslocamento, fronteira, entre-lugares ou sem-lugares. Sem dúvida, quem procurar na poesia de Jacob Pinheiro Goldberg o reflexo da história ou testemunho de uma vida nela inserida, encontrará, embora o testemunho deste poeta não se limite a representação da história. Além deste testemunho há um outro, que permeia a sua poesia e faz com que o conceito de "literatura de testemunho" pareça restrito demais para ela. É um testemunho de fidelidade ao que ultrapassa os limites da representação do que foi, para transitar também nas regiões do que poderia ser. Poderia e deveria, independentemente e até à revelia da história, porque a poesia – em geral e esta em particular – é também o testemunho da liberdade do sonho e da imaginação, bem como o testemunho de uma ligação – ou antes religação – com uma força estranha e misteriosa, que nos faz fazer poesia quando a poesia parece impossível, que indica o caminho nas encruzilhadas, e que alimenta os mais ousados e mais íntimos desejos da alma humana.

Brasília, maio de 2006

Publicação por iniciativa do Padre Dr. Zdzislaw Malczewski na Revista *Polonicus* – Curitiba e Revista *Shalom* – SP

Henryk Siwierski

Doutor em Ciências Humanas pela Universidade de Cracóvia, professor de Literatura na Universidade de Brasília e escritor

Prezado Prof. Siwierski

Recebi do Dr. Jacob P. Goldberg (pessoa a quem admiro profundamente, e que reserva a você os maiores elogios) um e-mail com o texto O QUASE QUE FAZ O MILAGRE – Dialogando com Jacob Pinheiro Goldberg, que você escreveu, e gostaria de externar aqui o prazer que a leitura do mesmo me proporcionou, além da admiração que ensejou em mim.

Na verdade, ao me deparar com um texto tão bem escrito, tão tocante e profundo, juntando prosa e poesia não só em suas duas formas próprias, mas mesclando-as entre si, fazendo poesia em forma de prosa e vice-versa, minha primeira sensação foi de mutismo. Algo como sentiria alguém que pudesse presenciar uma conversa entre anjos, e que, ao perceber o quão é incapaz de tentar reproduzir ou mesmo se aproximar de sons tão belos e de uma linguagem tão nobre, percebe que nada mais lhe resta que não manter o silêncio.

Contudo, ousei romper este silêncio constrangido, quase visceral, que me foi autoimposto, apenas em razão da vontade maior de externar, ainda que na precária linguagem daqueles infelizes que, ao contrário de você e o Dr. Jacob, são completamente desprovidos do dom da poesia, minha profunda admiração.

Mas seu texto me tocou muito além de sua beleza intrínseca.

Ao lê-lo pela primeira vez, devo confessar que minha primeira sensação foi de inveja das condições de vocês, enquanto herdeiros de tradições e história tão intensas: A Polônia, um país único na Europa por tudo o que já passou nos últimos séculos, cercado de ávidas potências, alvo de cobiça, manipulações e ao desprezo por sua identidade, mas cujo povo tão bravamente lutou por ela, e de uma tradição católica a ponto de levar um filho seu ao Pontificado. Já, o povo judeu, de tradição tão forte quanto antiga, sem paralelo, que sequer carece de maiores considerações.

Eu, por outro lado, sou um típico paulistano, filho do Brasil há muitas gerações. Minha raiz estrangeira mais próxima são apenas meus tataravôs italianos, influência esta que não passou além de umas poucas expressões italianas que minha mãe falava quando eu era criança e que, especialmente em São Paulo, onde é tão comum, não nos distingue em absoluto.

Assim, diante de representantes de tradições tão intensas, me senti nu, herdeiro de nada, talvez como um índio tivesse se sentido ao se deparar com os jesuítas e vislumbrar todas suas tradições, livros, cultura, hábitos, paramentos etc. Mas foi justamente essa imagem, lembrando que o índio, apesar da ausência de uma cultura formalizada pela escrita ou por construções, era detentor também de uma tradição riquíssima, que me fez passar a buscar quais são minhas próprias raízes, qual a tradição do meu povo, e como eu poderia me encaixar no diálogo entre estes expoentes de duas culturas e religiões tão específicas.

E, ao menos à primeira vista, acho que a principal distinção da cultura do meu povo seja justamente a ausência de especificidade. Ao contrário de ser fruto de uma longa evolução histórica, ou derivar de alguma tradição única, o que distingue a cultura do brasileiro é justamente sua riqueza de influências, sua juventude e permeabilidade, sua capacidade de a tudo absorver, digerir, metabolizar e sintetizar. Enfim, sua pluralidade.

E, da quase lamentação ou frustração, da sensação de pouco ter, passei à sensação de tudo poder ter, de liberdade, de amplas possibilidades. E, ouso dizer, até de modernidade e adequação aos tempos atuais, de irrestritas comunicações e interação com outros povos, tempos da globalização.

Enfim, seu texto foi realmente muito tocante e edificante.

Parabéns,

de seu mais novo admirador,

Carlos E. Lora Franco

Juiz de Direito – Fórum Criminal da Barra Funda

Sob suspeita

...Levamos o conhecimento dessa Chefia que, segundo nossos observadores, realizou-se sábado, dia 3-6-67, no salão do C.A. Visconde de Cairu da Faculdade de Ciências Econômicas e Administrativas da USP na Rua Dr. Vila Nova, 285, uma sessão de debates em torno da atual crise no Oriente Médio, para a qual foram convidados a participar o poeta Jamil Almansur Haddad e o professor Ali Mohamed, que defenderam a posição da RAU, e o advogado J. P. Goldberg e outro elemento não identificado (de origem hebraica), que assumiram a defesa do governo de Israel.

...Goldberg, embora se confessasse esquerdista e socialista, repudiou as imputações de seus opositores, e disse que também – Israel é uma nação socialista e o único país onde existe um Partido Comunista na Legalidade.

DOPS – Serviço Secreto

**(Divisão do Arquivo do Estado de São Paulo –
Diretor Técnico José Emio Casalecchi)**

S.G – S.S.P Mod 27

Secretaria de Estado dos Negócios da Segurança Pública
Polícia Civil de São Paulo
Divisão de Informações - DOPS

Palestra de Jacob Pinheiro Goldberg

Em palestra realizada pelo professor psicólogo Jacob Pinheiro Goldberg, realizada dia 13 de julho de 1982, sobre "Comportamento do Jovem", o qual não se encontra dentro da programação da 34ª Reunião da SBPC.

Tal palestra foi realizada com base em pesquisas elaboradas pelo Instituto de Ciências do Comportamento, em que o professor tem lugar entre os diretores do mesmo, durante o primeiro semestre deste ano.

A pesquisa foi aplicada em oito capitais brasileiras, para jovens de 13 a 24 anos de idade.

Segundo Goldberg os dados colhidos mostraram situações interessantes, 39% dos jovens ouvidos não souberam dizer se regime brasileiro era ou não democrático; e 62% dos entrevistados responderam que os jovens devem participar da política do País. Ainda do ponto de vista político, disse que sua pesquisa demonstrou a existência de uma "gerontocracia", uma oligarquia de pessoas mais velhas ocupando as posições de decisão.

Baseado em resultados obtidos, através da pesquisa aplicada pelo Instituto, disse ter chegado a uma conclusão denominando-a de "síndrome do medo", ou seja, o fato de pagarem amanhã o que dizem hoje.

Afirmou ainda que os resultados da pesquisa surpreenderam até o pessoal que a elaborou.

Em entrevista com a imprensa o professor Goldberg afirmou ter estranhado que o Congresso Nacional reagiu com indiferença aos resultados de pesquisa, "quando a pesquisa inova informações".

Disse que uma sociedade ágil teria pelo menos provocado uma Comissão Parlamentar de Inquérito.

Um dos pontos mais importantes descobertos pelo professor, através de pesquisa, é que foi desmentida a mitologia de desespero entre os jovens, pois ficou comprovado que 80% gosta de viver.

E o fato de 34% dos jovens acharem que os velhos são autoritários e estão na função deles, confirmou a existência de gerontocracia.

Outro fato importante, segundo ele, foi de jovens terem revelado que já foram presos pelo menos uma vez, ainda que por alguns momentos. Dessa forma o professor apontou uma situação conflitante, de um lado mostrando o desemprego e de outro a prisão de um jovem por não ter carteira de trabalho estando, dessa forma, tachado de vadio.

A poética da fronteira

Jorge Sanglard

Nascido em Juiz de Fora, e radicado em São Paulo, o renomado psicanalista Jacob Pinheiro Goldberg, Doutor em Psicologia e Presidente do Grupo de Estudos Czeslaw Milosz, é também escritor e poeta. O livro de poesia "Rua Halfeld, Ostroviec" é fruto de um mergulho do autor na infância e na adolescência vividas na pioneira e industrial Juiz de Fora, além de um resgate das lembranças familiares no mapa da Polônia, ao vislumbrar o nome da cidade da infância e da juventude de seus pais, a pequena Ostroviec.

Juiz de Fora é uma cidade mineira que tem como marca a industrialização na virada do século XIX para o XX e no início do XX, além de ter acolhido muitos imigrantes. A memória de Juiz de Fora, e da Rua Halfeld, no coração da cidade, permeia diversos poemas da edição e Goldberg revela: "Na infância, viajei dezenas de vezes nos trens da Central do Brasil, entre minha cidade natal e São Paulo, a fim de visitar meus avós maternos... voltava saudoso da garoa, talvez ensaio para o *fog*". O apito do trem foi o musical que acompanhou a saga do menino apelidado, Esquina, no percurso entre Minas e São Paulo.

Jacob Pinheiro Goldberg, Affonso Romano de Sant'Anna e Itamar Franco, entre tantos outros juizforanos, de nascimento ou adotados, estudaram no tradicional colégio metodista Granbery, uma referência educacional. Depois de quase duas décadas sem voltar à cidade, ele aceitou o desafio para participar de um debate e lançar a nova obra poética, editada pela OpenPress, no dia 11 de maio, no auditório do Museu de Arte Moderna Murilo Mendes (MAMMM), da Universidade Federal de Juiz de Fora. O evento, promovido pelo MAMMM e pelo Mestrado de Letras da Faculdade de Letras da UFJF, terá como mediador o jornalista e poeta José Santos e contará com a presença do professor de literatura brasileira e de literatura comparada Gilvan P. Ribeiro. O debate integra as comemorações dos 105 anos de nascimento do saudoso poeta Murilo Mendes (Juiz de Fora, 13-5-1901 – Lisboa, 13-8-1975).

A fronteira é a pátria de Jacob Pinheiro Goldberg, a esquina, sua peregrinação. Para ele, gente e verso são unha e carne. E a vida é presente divino, que não cabe em muito pouco. O ar de mistério que certas cidades capturam, como Juiz de Fora, segundo o escritor, remete ao absurdo que habita as almas e, sem lógica, exaspera e exige. Assim, o berço de Pedro Nava e de Murilo Mendes abriu caminho e acolheu uma geração de novos e consagrados escritores e poetas – entre os quais, Luiz Ruffato, Iacyr Anderson Freitas, Edimilson de Almeida Pereira, Fernando Fiorese, Júlio Polidoro, José Santos, Eustáquio Gorgone, Sérgio Klein, Fabrício Marques, Prisca Agustoni, Ronald Polito, Júlio Castañon Guimarães, Knorr, Ricardo Rizzo e o saudoso José Henrique da

Cruz –, que vêm inserindo seus nomes e suas obras na constelação literária mineira e brasileira.

Escrever, para Goldberg, é o exercício balanceado entre a onipotência do criador e a impotência da fragilidade do ser. E, assim, a simbiose entre o irreal, a ficção e o acontecido é a maternidade no devir. Através do latim, aprendido no curso clássico e transformado em afinidade eletiva, o autor se sente um português exilado aqui e um brasileiro exilado acolá, e revela: "Na verdade, através do imaginário e do simbólico, somos o mesmo autor da mesma saga. Um monólogo a dois. As Gerais de Guimarães Rosa se ancoram no Porto".

Revirar a memória, ao escrever "Rua Halfeld, Ostroviec", foi um desafio?

Somos todos e cada um, à sua maneira, prisioneiros do passado. No exercício da Psicanálise, diariamente, constato o atemporal e o inespacial do inconsciente. O que me aconteceu na infância está mais presente, nostálgico, dilacerante, do que o café da manhã. Outrossim, a escrita é uma pungente e sempre empobrecedora seleção do que se foi. Revisitar o ontem é a mescla do choro e da onipotência, o rompimento dos limites que a cronologia impõe, impiedosa, cruel. Portanto o duelo é entre o eu que se recusa a passar e o destino arbitrário.

Rua Halfeld, o passeio da minha adolescência, da minha infância, as lembranças preciosas no mapa da Polônia, a cidade da infância e adolescência dos meus pais, é minha Fênix.

"Rua Halfeld, Ostroviec" faz referência à rua mais famosa de Juiz de Fora, sua cidade natal, e à cidade polonesa onde nasceram seus pais. Memória e ficção se entrecruzam em sua poesia. Como foi resgatar os fragmentos de sua trajetória?

Na minha infância, a Rua Halfeld ainda não era o calçadão. Era, aos olhos do menino fascinado e do jovem nas crises de seu tempo, uma 5ª Avenida feérica, em que alguns lugares tinham uma representação icônica. O Café Internacional, na esquina da Rua Batista de Oliveira com a banca de jornal, foi a equivalência do "Lês deux magots" parisiense e do "saloon" do oeste americano, na tela do Cine-Theatro Central. Quanta fantasia, lágrima derretida, sonho e pesadelo se cruzavam, e ainda se cruzam, nesses arrebaldes em que a memória e a ficção traçam um balé indefinido. Esses fragmentos não montam um quebra-cabeça. Nunca tive a intenção e nem teria a capacidade de um "Em busca do tempo perdido" proustiano-mineiro, nunca o formidável levantamento de Pedro Nava. Um pedaço é a saia azul do uniforme da colega da carteira ao lado, outro rasgo é um gol perdido da perna curta e, claro, Édipo confesso, sempre a mamãe, *ydishe mame*, a poeta Fanny, brigando e beijando, nos delírios de seus fantasmas europeus, permeabilizados pelo choque cultural da imigração. Ela vestida de "Carmem Miranda" e eu de "russinho" no Carnaval, simbiose das transições. E quando ela descobriu que Carmem tinha nascido em Portugal, foi o êxtase da identificação.

Você se afirma como um homem da fronteira. Seu apelido é esquina. Você é filho de judeus desenraizados, que cruzaram o oceano para viver no Brasil. Essa ambivalência marca toda sua vida e é o impulso para a sua obra poética?

A fronteira é minha pátria, a esquina, a peregrinação. A errância do judeu se traduziu na minha biografia num compromisso com o "causo". Aliás, eu acredito que a fabulação de Scheerazade é uma chave do enigma ético e estético, que me alimenta e atormenta. Ouvir e falar, ler e escrever. Para não morrer, mergulho neste oceano borgeano, como psicanalista e escritor. Maria, a moça negra bendita, que me fazia dormir na insônia das esperas, contava e contava seus "causos" de feitiçaria. Minha prosa, poesia, ensaio, discurso são sempre o desfiar infinito que começa no Sinai, atravessa o Morro do Cristo e, placidamente, repousa num travesseiro enxuto.

Parece haver em sua poesia uma fragmentação que é tanto do cruzamento de informações culturais muito variadas quanto da própria forma. Como você vê esse processo? Ele é totalmente consciente?

Trata-se de uma compulsão, inicialmente, e é curioso: sempre na escrita. Na oralidade, tenho o vício do argumento advocatício linear. Mas na escrita é um derrame em que percebo o "cut up" inspirado em Bob Dylan, o Robert Zimerman, a "melitzá" dos cristãos-novos de Portugal, particularmente, Antonio José da Silva. Uma influência na formação de meu caráter e pensamento foi do "Koan" e do "zen" budismo, eis que pratiquei durante muitos anos a arte mística do Karatê. Gente e verso são unha e carne, e o caminhar me permitiu a dispersão, pela qual agradeço a Deus não pertencer a nada nem a ninguém, nem a mim mesmo, agora e na hora da minha morte, amém.

Percebo em sua poesia um abrir-se para o mundo, um ímpeto de comunicação e diálogo. Essa abertura se deve à sua "educação sentimental" ou é um projeto construído intelectualmente?

Obrigado pela pergunta, que carrega no seu bojo o maior dos elogios. Quisera navegar em caravelas, por mares desconhecidos. Infelizmente, muitas vezes acabo, medíocre, passeando de patinete, mas sem dúvida, na cabeça, águias disparadas riscam os céus.

A solidão e o estranhamento, tanto existencial quanto geográfico, permeiam sua poesia. O livro revela um choque cultural intenso. Como articular universos tão distintos: Brasil e Polônia?

Talvez eu tenha buscado um chão fantasmático, um pacto menor do meu próprio tamanho. Brasil e Polônia excedem. Reduzi a equação para uma cidadezinha (*shtetl* judaica), habitada por carroceiros e rezadores, duendes e demônios, descritos por Isaac Bashevis Singer, Ostroviec e uma rua, a Halfeld, em que professores kardecistas davam passes de Umbanda e eu corria atrás das empregadas, na direção da zona, sempre pairando entre o romance e o prosaico da "cantada". Mas não se imagine que este pequeno reino expurgou, alguma vez, a epopeia que sempre adivinhei no meu sentido de existência. Não. Herdei, de tudo isto, a lição de que a vida é o presente divino, que não cabe em muito pouco. Ao Brasil e à Polônia fui acrescentando Dakar, Londres, Jerusalém, Manhattan, Buenos Aires, os índios paraguaios e o mais que o diabo roubou, mas não levou. Portanto, sempre sozinho, mal e bem acompanhado, estranho e íntimo, até a explosão do timo em pastéis na feira.

Em alguns poemas seus há uma concentração de tensões em poucas palavras. Essa síntese recorrente é uma intenção programática?

Muitas vezes é o resultado de um esforço de fugir da verborragia sedutora e provocar uma sutileza que me apaixona. O título da coletânea de meus poemas, "A canção das carpas" (em "Monólogo a dois"), foi quando mais perto cheguei deste objetivo. Tenho muita inveja do título da tese de Marília Librandi Rocha sobre minha poesia (USP, 2002) – "Parábola e ponto de fuga, a poesia de J. P. G.". Mesmo porque nunca seria capaz de escrever nada a respeito da minha escrita, aliás, que mal consigo ler, deambulando sempre entre o desagrado e a admiração absurda. De mim, sou assim, meio que pessoano. Ou repilo ou me apaixono, Narciso arretado, personagem dúbio e perdido na paisagem roseana das angústias e dos orgulhos.

O poema "De Maria Fumaça a Picadilly Circus" pode sintetizar o sentimento de múltiplas referências pessoais e literárias de sua trajetória?

Depois de proferir uma aula na Faculdade de Medicina da Universidade de Londres, sobre o tema "Eve will be God", tomei consciência do longo e maravilhoso caminho percorrido, do berço até aquele auditório. O apito do trem foi o musical que acompanhou a saga.

A figura do Golem aparece em muitos dos seus textos, com significações variadas. Que aspectos da vivência cultural e existencial do ser humano podem estar representados nessa figura?

Norbert Wiener, o genial criador do mundo virtual, escreveu um magistral tratado sobre o Golem. Produzi um poema sobre o Golem que serve de contraste à tentativa de imaginar uma figura menor. É o acento e a assinatura de Deus na piedade pela gente. E o Golem é a informação de que somos mais, muito mais que guerra, horror, miséria, homicídio, inveja. É um piscar de olhos que os anjos endereçam para nossa percepção sensorial.

Como filho de judeus poloneses, você foi estudar no Granbery, um colégio metodista. Essa foi mais uma dualidade em sua adolescência. Que lembranças ficaram dessa época?

Péssima, dos alunos, com raras exceções. Bobos e mal-amados. Ótima, dos professores. Walter Harvey Moore, o pastor protestante, uma figura cinematográfica de heroísmo evangélico, que me apresentou Jesus. Panisset, a ternura em forma de gente grande, que estendeu a ponte entre eu e o Rabi de Nazaré. O comunista Irineu Guimarães, um idealista admirável, pai da Rosália maravilhosa. O Granbery é um lar na minha devoção, suas assembleias, seus hinos, seus corredores. Na outra vida, numa das outras vidas que hei de viver, hei de ficar zanzando pelo campinho e as aulas da dona Marta (minha primeira paixão), até cair exausto no colo daquela professora negra de óculos. Ih, agora, meu Deus, falha a memória, lapso do inconsciente. Mas seu sorriso está na minha frente, ajudando nestas respostas.

Juiz de Fora tem uma forte tradição na educação e na literatura, o que a diferencia de tantas outras cidades do mesmo porte? O que a torna tão cosmopolita desde o pioneirismo da luz elétrica na virada do século XIX para o século XX?

Poderia tentar uma explicação sociológica ou mesmo geopolítica. Prefiro, na ignorância, dizer que Juiz de Fora tem o ar do mistério que certas cidades capturam. Atenas, no passado, Paris, sempre, Salvador, na Bahia. Cidades que te colocam diante do absurdo da vida, o absurdo que habita nossas almas e, sem lógica, nos exaspera e exige. Em Juiz de Fora, escrevi num dos meus livros, ou você enlouquece ou vira poeta, não tem alternativa. A explicação está nos astros e no Paraibuna, nas noites enluaradas e nos seus cães latindo na madrugada. Latindo, latindo, latindo. Uma cidade assim não poderia ser só mineira ou brasileira, ou americana. Macondo ou Passárgada. Mas, para mim, a diferença é que ela é minha. O Éden.

Até que ponto a poética de Murilo Mendes influenciou na sua poesia?

Murilo Mendes é aquele irmão, pai, interlocutor, que a gente sempre quis ter. Ao ler Murilo Mendes, sempre me vem a interrogação. E aí, amigo, dá pra acreditar?

Em outro de seus livros, "Cultura da Agressividade", você faz uma reflexão sobre o atual momento social e político. Como explicar tanta agressividade nos tempos atuais?

Este livro é o resultado de aulas proferidas em Londres e no curso de "Psicologia e história", que fundei no Núcleo de História da Ciência, na USP, material aproveitado na minha tese de doutoramento. O ser humano ainda não encontrou uma fórmula para driblar sua tendência à perversidade. É aquela espécie que tortura, mutila e mata, por prazer. O exercício diabólico do sadomasoquismo. A resposta está na alteridade, sublimação da finitude, única saída para o desespero do acaso, raiz da violência. E esse dialógico se trava e destrava na palavra que raspa os idiomas.

Psicanálise e literatura em sua obra intercambiam?

Recebi da Behavioral Health Services Aspirus Wausau Hospital convite para dirigir um seminário sobre "Literatura enquanto catarse" em julho, nos EUA. O momento mais alto em que este processo da interpretação psicoliterária provocou minha atenção foi na multiplicidade dos heterônimos em Fernando Pessoa. O que é um personagem senão a corporificação de um incidente? O que é um incidente senão a ilustração de um personagem? O que é um quadro ou um romance que não seja de personagem? Que mais procuramos e encontramos nele? Quando uma mulher se levanta com a mão apoiada na mesa e olha para você de certa maneira, isto é um incidente; ou, se não for incidente, penso que será difícil dizer o que é (conforme Henry James em *The Art of Fiction*, de 1884). Em metade dos monólogos interiores da Ilíada, uma linha inteira se repete a um ponto crucial: "alla ti e moi tauta philos dielexato thymos" (Mas por que meu próprio coração (thymos) disputa comigo assim?). Odisseu usa a frase em seu monólogo, externando medo (Ilíada, XI, linha 402); Menelau também a utiliza em seu monólogo, exprimindo medo (XVII, 97); o mesmo faz Agenor em seu monólogo, refletindo medo (XXI, 562), assim como Heitor lança mão da mesma pergunta em seu monólogo e exterioriza o medo (XXII, 122). Na poesia ou nos ensaios, tenho sempre em mente este conflito exasperante, externalizando nossa subjetividade.

Até que ponto a literatura responde à neurose?

Antes de Freud, todo movimento do estudo do espírito, menos o literário, era fruto de autoanálise. A vida, na cultura judaico-cristã, vai do Gênesis ao Apocalipse – o nascimento e a eternidade (Paraíso), expulsão e morte, até o perdão na Cidade de Deus. A caminhada para o longínquo (Eneida), o retorno ao ninho (Odisseia) e o romance heroico desembocam no emaranhado da psicologia moderna (fenômeno do final do século XIX). O ego se revela, o trato do traumatismo consagra o drama – misto da comédia e da tragédia – em Machado de Assis ou Camões. Para longe, para longe, uma desenfreada conquista da pergunta. Repudiando a resposta, como em um salto cavalar de obstáculos. Aí é que se desenha a trajetória do divino. Minha história só existe em cima de uma versão que construo para mim e, se quiser, relato. Se passo adiante, narrativa oral ou escrita, o enredo passa à construção da mentalidade, mais ou menos estética ou inestética. O conteúdo pode ser feito e embelezado pela forma, belo e enfeado pelo contador, belo e belo, feio e feio, triste, alegre, irônico, mas, seja qual for a perspectiva, estamos diante de inúmeras possibilidades – personagens, incidentes, audiência, narrador, autoria, memória, crítica. A ironia, a surpresa e o depoimento testemunhal constituem o material que orna a sensação e vai se infiltrando em nossa própria realização.

Na sua literatura, a transcendência está presente como afirmação?

Em "Dom Quixote de La Mancha", Cervantes escreve: "É necessário casar a fábula enganosa à compreensão do leitor, escrevendo de modo a tornar aceitável o impossível, encobrindo monstruosidades, mantendo a atenção em suspenso e em estado de expectativa, satisfeita e divertida ao mesmo tempo, a fim de que admiração e entretenimento sigam juntos, lado a lado;

e, todas estas coisas, ninguém as poderá realizar se evitar a verossimilhança e a representação da natureza (de la verisimilitud y de la imitación), na qual consiste a perfeição de coisas escritas". Einstein dizia que o milagre é que o quarto lado do quadrado é paralelo ao segundo e perpendicular aos outros dois. Herdeiro da Carruagem Celestial, afirmou que se inspirou num facho de luz no céu para criar a Teoria da Relatividade. Em clássico da ficção científica, um supercomputador, alimentado com todas as informações universais disponíveis, indagado se Deus existe, processa em tensão a resposta: "Agora, sim". A megalomania contaminando a máquina. Escrever, para mim, é o exercício balanceado entre a onipotência do criador e a impotência da fragilidade do ser. E assim, a simbiose entre o irreal, a ficção e o acontecido é a maternidade no devir. A informática e a comunicação simultânea, instantânea e quase onipotente, oferecem um enfoque de onisciência, com o projeto da onipresença, e esta vida dupla entre o exterior e o interior da mente sugere múltiplas percepções. A multimídia dispensa a testemunha ocular e convoca a consciência para a ordenação de dados, dinamicamente desenquadrados. A intermediação é compreendida quando analisamos um espectador que assiste a uma orquestra no teatro e o mesmo espectador diante da TV. *Long shots* (planos distantes), *close-up* (primeiros planos), o comentário do locutor e finalmente a manipulação tecnológica, com inúmeras possibilidades de reedição por parte do espectador.

A literatura se renova radicalmente?

A forma na narrativa não mudara muito desde Sófocles, mas agora, entre o relato e a autoria, eu situo e rearranjo quase infinitamente, sempre contornando as imperfeições na busca. Na busca do quê? Tenho uma paciente que, sessão após sessão, reclama e protesta contra os outros e o mundo. A sogra, chata, foi operada de câncer no seio. Ficou com um seio só. "Que chato, que gente feia, que gente chata! A empregada é mal-educada, fala alto e atrasa para chegar ao serviço. Governo ladrão e corrupto e, ainda por cima, o marido, um distraído, tem que pegar multa por sonegação de imposto. Mas que desagradável tudo!". Reler a exposição do paciente e corrigir um verso é a obra humilde e única neste mundo alienado.

Pode ser pensada uma literatura portuguesa-brasileira?

Através do latim, aprendido no curso clássico e transformado em afinidade eletiva, me sinto um português exilado aqui e um brasileiro exilado acolá. Na verdade, é através do imaginário e do simbólico que somos o mesmo autor da mesma saga. Um monólogo a dois. As Gerais de Guimarães Rosa se ancoram no Porto.

***O Primeiro de Janeiro* – Das Artes das Letras –**
Porto – Portugal – 9-4-2006

Jornalista brasileiro, pesquisador e organizador da antologia "Poesia em movimento"

Percorrendo veredas interiores doloridas

O primeiro desafio do leitor de **Ritual de Clivagem** (Massao OHNO, 1989), obra de Jacob Pinheiro GOLDBERG, é penetrar nas significações do título. Aliás, o estilo fragmentado do autor constitui um deleite para os que consideram um fato consumado a morte do romance tradicional. O livro propõe enigmas e encanta, pois tal qual esfinge grega, declara: "*Decifra-me ou devoro-te*". É difícil resistir.

O título precisa ser dissecado. Enquanto o termo "*ritual*" indica as "formas que se devem observar na prática de uma religião", clivagem significa a "prosperidade que têm certos cristais de se fragmentar segundo determinados planos, que são sempre faces possíveis do cristal".

Logo, **Ritual de Clivagem** é uma cerimônia da fragmentação. Poemas e trechos em prosa são justapostos de modo a proporcionar ***flashes*** de nítido caráter autobiográfico e, acima de tudo, do estilhaçamento do homem contemporâneo.

Sagrado e profano, morte e vida, dia e noite, Apolo e Dionísio, conto e silêncio, ilusão e realidade são algumas das relações dialéticas que percorreram a obra. A inconsciência lunar e a consciência solar são evocadas inúmeras vezes em um jogo de metáforas, espelhos e ritmos variados.

Mineiro de Juiz de Fora, o autor deste ritual impresso é um respeitado profissional na área de comportamento humano. Além disso, possui diversas publicações esgotadas. Entre elas, destacam-se **Segunda Madrugada** (Editora Cultural, 1971) e **Memórias do Abismo** (Cultural, 1972).

Observa-se sempre a preocupação do ficcionista e poeta com a luta pelo domínio da expressão verbal para comunicar as realidades mais essenciais e abstratas.

Porém, é em **O Dia em que Deus Viajou** (Editora Clássico Científica, 1974) que se encontra uma vertente que é retomada, com maior amadurecimento e sob uma ótica mais densa, em **Ritual de Clivagem**. Um trecho da obra de 1974 parece iluminar o presente trabalho. "Criar novas formas de relacionamento do homem com o homem, com a natureza dar asas aos sapos – este o objetivo final da imaginação literária."

As 76 páginas do livro percorrem veredas interiores doloridas. A busca da completude ("Por onde andará, oh Deus, minha sombra enlouquecida?"), a falta de sentido aparente para a vida:

("Não pergunte ao barco por quem navega!") e a loucura ("Que resta ao louco senão enlouquecer?") são temas diversas vezes evocados. A leitura atenta incomoda e obriga a refletir.

Guardadas as devidas proporções, a obra tem o tom agoniado de Clarice LISPECTOR. Há um clima de estranhamento no mundo que transforma o leitor em um ser igualmente fragmentado. O poema *Melopeia da ficção mentida*, por exemplo, realiza um jogo concretista com as palavras **fragmento, lamento** e **fermento**. Os campos semânticos de mentir (iludir) e mente (espaço da imaginação e da criatividade) possibilitam ainda um amplo universo de conotações.

A origem judaica do autor está diversas vezes presente, mas fica em segundo plano perante a problemática universal posta em evidência, principalmente, no último poema: Em busca de Cronos. **Ritual de Clivagem** configura-se então como uma cerimônia individual em busca do tempo (Cronos) perdido de toda a raça humana.

A fragmentada exposição de uma experiência individual compõe o painel de uma sociedade que se busca, estilhaçando-se em cada passo rumo à redenção de uma psique cada vez mais compreendida. A leitura do livro abre feridas e deixa cicatrizes ao tocar em questões arquetípicas. Cada pequeno texto cria um complexo imagético que se assemelha ao efeito caleidoscópico provocado por uma experiência inesquecível.

Além do seu mérito intrínseco ao trabalhar com a linguagem, a obra traz em seu bojo um convite implícito ao leitor atento. A única maneira de fluir amplamente os fragmentos é exercer um progressivo ritual de clivagem no ato da leitura. Mais do que nunca, o texto de Jacob GOLDBERG exige um público ativo que veja o poema como início de um lento processo de preenchimento das próprias lacunas em busca do cristal interior.

Oscar D'Ambrosio
Jornal da Tarde

Iara: uma batalha vencida

Iara Iavelberg morreu aos 27 anos, na Bahia, durante um cerco policial em 20 de agosto de 1971. Minha irmã era militante do MR-8 (Movimento Revolucionário 8 de Outubro) e lutava contra a ditadura militar que existia no Brasil. Segundo a versão oficial, Iara se suicidou com um tiro no peito. Foi enterrada como suicida, apesar dos protestos da família. A Chevra Kadisha aceitou a versão dos militares, que não permitiram que o enterro fosse feito de acordo com as leis judaicas.

Nessa ocasião, a comunidade judaica não se pronunciou. Em 1973, quando eu morava na Alemanha exilado e protegido pela Anistia Internacional, esta organização me ajudou a conseguir uma bolsa de estudos. A primeira tentativa havia sido com a comunidade judaica alemã, que consultou a comunidade brasileira. A resposta foi que não havia motivos para um judeu brasileiro ser exilado, pois a comunidade não tinha nenhum problema com as autoridades brasileiras.

Desde que voltei ao Brasil, em 1979, procuro resolver as dúvidas que existem com relação à morte de minha irmã. Jornais e revistas da época não ajudaram em nada, pois a censura era total. Artigos e livros publicados depois da anistia sempre confirmavam a versão oficial de suicídio.

Em 1996, o jornal O Globo publicou uma reportagem em que o contra-almirante reformado Lamartine A. Lima revela que Iara foi morta com uma rajada de metralhadora disparada por Rubem Otero, do corpo de Fuzileiros Navais. "Procurado pela Folha de S.Paulo, Lima, que mora em Salvador, negou-se a dar entrevista, mas não desmentiu o depoimento anterior" (*Folha de S.Paulo*, 31-8-97).

Cada reportagem que saía na imprensa confirmava nossa desconfiança da versão de suicídio. Então nossa família começou uma luta pela verdade sobre a morte de Iara. Procuramos o rabino Henry Sobel e contamos que pretendíamos rever o caso, realizar uma exumação e fazer uma perícia com o objetivo de verificar se ela realmente cometera suicídio, pois não podíamos mais aceitar a versão oficial. O rabino Sobel prontificou-se a falar com a Chevra Kadisha, levar nosso pedido e defender o ponto de vista da família.

Como é de conhecimento público, a Chevra Kadisha vetou nosso pedido, pois a exumação é proibida pelo judaísmo – "Os corpos dos mortos devem ser deixados em paz". Os senhores da Chevra Kadisha não levaram em consideração que no caso de Iara vários preceitos religiosos não haviam sido respeitados. Ela foi enterrada em um caixão fechado e com um vidro na altura do rosto para ser reconhecida pelos meus pais. Essa abertura contraria a tradição judaica. Além disso, não foi feita a lavagem do corpo (*taharã*), e também de nada adiantou o protesto de meus pais, que poderiam no futuro serem enterrados ao lado da filha em outra parte do cemitério.

A Chevra Kadisha, reconhecendo o erro cometido, nos propôs que Iara deixaria de ser considerada suicida, uma cerimônia junto ao túmulo seria celebrada para pedir perdão pelo erro e o local seria dignificado com a leitura de Salmos. Nossa família não viu nenhum sentido nessa "solução meia-boca" e o próprio rabino Sobel declarou na época que a proposta era um *band-aid*, que aparentava ser uma solução, mas não era. Só nos restou a via judicial para resolver o caso. Contatamos o advogado Luis Eduardo Greenhalg, que passou a representar a família. Durante anos a Chevra Kadisha travou uma batalha judicial contra a exumação de Iara, o que, na prática, era uma tentativa de preservar a versão oficial dos militares.

Perdeu em todas as instâncias e a exumação acabou sendo feita. Estamos esperando o resultado da perícia.

Nossa família jamais esquecerá a atitude ignóbil dos senhores da Chevra Kadisha. No dia da exumação, fizeram uma última tentativa de impedir que a ordem judicial fosse cumprida. Alegando que o cemitério estava fechado por ser feriado judaico e que a exumação violava os preceitos religiosos, obtiveram uma liminar suspendendo a exumação, que horas depois foi cassada pelo próprio juiz que a havia emitido, ao constatar que a alegação era uma mentira.

Durante nossa batalha contra a Chevra Kadisha recebemos várias manifestações individuais de apoio de judeus de São Paulo, das quais cito um comovente fax, "A exumação de um erro", enviado por Maurício Mindrsz, e um abaixo-assinado de intelectuais organizado pelo doutor Jacob Pinheiro Goldberg.

Quanto à comunidade judaica (através de suas entidades), continua muda, apesar de não perder nenhuma oportunidade de se posicionar politicamente em questões nacionais e internacionais, quando acha necessário.

Estamos aguardando o resultado da perícia para dar a Iara uma sepultura digna e não aquela que a ditadura determinou e a Chevra Kadisha tanto defendeu.

Samuel Iavelberg

Jornalista e fotógrafo. Como militante da VAR (Vanguarda Armada Revolucionária) Palmares viveu na clandestinidade até decidir exilar-se. Alguns meses depois foi condenado. Voltou ao Brasil com a anistia.

Para a Sociedade Chevra Kadisha

Os intelectuais, judeus-brasileiros, abaixo-assinados solicitam à direção desta instituição o atendimento dos pedidos da família de Iara Iavelberg, em nome dos preceitos fundamentais do espírito judaico, da lei brasileira e do consenso universal dos direitos humanos, expondo e requerendo:

1. Os governos militares brasileiros, conforme, historicamente, estabelecido, provocaram, direta ou indiretamente, a morte de opositores políticos, muitas vezes de forma bárbara, que nos remete ao exemplo nazista.

2. Iara Iavelberg, jovem idealista e apaixonada, jamais comporia o psicológico da suicida. Muito pelo contrário, afirmava personalidade combativa, comprometida com a vida.

3. Seu enterro, no Cemitério Israelita, como suicida é uma aberração, inclusive e, principalmente, religiosa.

O suicídio contemplado como condenável pela religião é o ato de atentar contra a própria existência, no sentido da necrofilia.

Por lógica e obviedade, no contexto biográfico e sociológico, Iara foi assassinada, o que é testemunhado pela lembrança de nosso povo.

A persistência do erro é uma violação da essencialidade talmúdica, decidida muitas vezes, em condições similares àquele crime: o corpo e a alma devem ser resguardados, na sua Urge a reparação pública, em nome da verdade.

São Paulo, 3-9-2004

a) Jacob Pinheiro Goldberg

À Jacob Pinheiro Goldberg, poeta e amigo. Saúde.

Muito obrigado pela remessa de "Indoamerika".

Você realizou dupla proeza em seu último livro: criou seus poemas no idioma da Pátria Latino-Americana e os escreveu em uma língua nova, o "Indiopoztunhol". E o que importa, você conseguiu realizar plenamente o objetivo que traçou no roteiro do trabalho: sentiu (e muito bem) o espírito das raças latino-americanas "como a música sem palavras que embala no nascimento de uma criança e acompanha o velório do velho". Nos poemas, vigorosos e de ritmo perfeito, declarou guerra universal ao ódio e a estupidez e amor ao Brasil.

Coloco-o, sem favor, ao lado dos grandes poetas que cantaram a América Latina: Mistral, Garcia Marques, Castañeda, Neruda.

Ao terminar a leitura de "Indoamerika" convence-me que Você é como o Martim Fierro (na oportuna e pertinente citação em "cantata para a Argentina"):

"Yo he conocido cantores que eram um gusto más no quieren opinar y se divierten cantando pero yo canto opinando que es mi modo de cantar".

O admirador muito grato.

Lucas Nogueira Garcez

29-1-1976

Câmara Municipal de São Paulo
Requerimento n. P-144/65

Cópia autêntica. Requeiro à Mesa, ouvido o Plenário, dispensadas as formalidades regimentais, seja consignado na Ata dos trabalhos de hoje voto de congratulações com os Advogados Jacob Pinheiro Goldberg e Vera Leme Dal-Gê Faria, elogiados por despacho de 15 de fevereiro pelo MM. Juiz Otávio Stucchi, da 13ª Vara Civil, da seguinte forma: "A nobre profissão de advogado sai engrandecida do episódio retraçado nos autos – Marca o encontro de dois profissionais que amam a sua profissão e por isso mesmo sabem dignificá-las – Reconhecem no processo a via adequada para a investigação da verdade.

Substanciam e não se preocupam com rugas inexpressivas – Receberão o melhor dos prêmios, a consciência apaziguada". Requeiro, outrossim que do deliberado por esta Edilidade, seja dada ciência àquele Juiz, na 13ª Vara Civil, à Ordem dos Advogados do Brasil e à Associação dos Advogados e aos Drs. Jacob Pinheiro Goldberg e Vera Leme Dal-Gê Faria, endereçando-se os ofícios à Associação dos Advogados. SALA DAS SESSÕES, 5 de março de 1965. (aa) Marcos Kertzmann e Ary Silva. APROVADO em 10 de março de 1965. (a) Benedicto Rocha. Eu, (ilegível), extraí a presente cópia fielmente do original. São Paulo, 26 de março de 1965. VISTO: Octavio Salles – Of. Legisl. Ch. Subst. Exp. 2.

As perspectivas da psicanálise – Metáfora de uma coletividade ou deslize individual?

Contudo, há uma entrevista, "O divã na periferia", com o psicólogo Jacob Pinheiro Goldberg, que pode servir como uma passagem que, a seguir, fecharia o foco sobre questões exclusivas ao campo da psicanálise. Nesta entrevista, Jacob Pinheiro Goldberg defende a ideia de se "levar o divã" às regiões periféricas das grandes cidades, através da Igreja, sindicatos e associações de bairro. A jornalista Sônia Regina Nabarrete salientava, no início da entrevista, que "o Brasil precisa deitar no divã e falar de suas angústias. Mas como conseguir isso se a psicoterapia é um privilégio de classes abastadas e grande parte da população ganha salário mínimo? (...)". Esta entrevista é crucial, porque ela colocava na ordem do dia a questão, que se aprofundaria posteriormente, entre a perspectiva individualista e coletivista da Psicanálise.

Sem dúvida, parece que o discurso psicanalítico teve lugar nodal dentro das séries que sustentaram o suplemento, não somente pela discussão das implicações contemporâneas das descobertas e invenções da Psicanálise, mas, sobretudo, porque estes textos estão instalados em pontos estratégicos dentro da "história" do *Folhetim*. O uso da Psicanálise como metáfora que objetiva "curar" os males políticos do país desliza e toma outros rumos servindo, inclusive, para explicitar outras preocupações próximas, como a do feminismo, a da homossexualidade, ou o questionamento da ontologia, por exemplo...

... Durante uma época em que o pensamento de esquerda desconfiava das atividades que não tivessem um compromisso claro com a consolidação das conquistas democráticas, a Psicanálise passou a sofrer ataques constantes, que a vinculavam ao autoritarismo político e ao individualismo. O assunto que se tinha iniciado com a entrevista de Jacob Pinheiro Goldberg, citada anteriormente, retornava com frequência às páginas do suplemento. Mas, é preciso entender que os ataques desferidos à Psicanálise tinham dois endereços: no primeiro caso, era mesmo uma estreita visão da disciplina que, padecendo pela falta de compreensão da matéria, exigia da Psicanálise e do psicanalista uma postura política voltada à solução dos problemas coletivos do país em outro plano, entretanto, as páginas do suplemento serviram de abrigo à exposição de uma crise gerada no interior da Sociedade Psicanalítica do Rio de Janeiro, que se alastraria por outros institutos psicanalíticos do país (devo acrescentar que a polêmica envolvendo membros da SPRJ foi a mais longa polêmica acompanhada pelo suplemento).

Rapsódia de uma década perdida – "O Folhetim" da *Folha de S.Paulo* (1977-1989)

Marco Maschio Chaga

156ª Sessão Ordinária do dia 25-11-1980 – *DO* de 16-12-1980 – Grande Expediente – Assunto: Analisa o problema da violência e suas causas, evidenciando o trabalho do psicólogo Jacob Pinheiro Goldberg nesse setor

Sr. José Yunes (PMDB) – Sr. Presidente, Srs. Deputados, um dos temas e problemas que mais preocupam a população de São Paulo e, por que não dizer, a população do nosso País, especificamente nas grandes concentrações urbanas, é o aspecto violência, que tem se caracterizado de uma tal forma que está se transformando cada vez mais numa psicose da sociedade que vive em grandes concentrações urbanas.

E, entre muitos outros motivos, pode-se destacar, sem dúvida alguma, que isso se deve ao modelo político e, principalmente, ao modelo econômico, de que a concentração de rendas gera, cada vez mais, grandes fortunas na mão de poucos, em detrimento da pobreza na mão de muitos. Socializa-se a miséria, mas não se socializa a riqueza e os bens de produção.

E não há duvida alguma que podemos nos abeberar de conhecimentos de uma das grandes figuras que, com coragem, com denodo e com altivez, tem demonstrado de uma maneira, não só sociológica ou psicológica, mas também, e principalmente de uma maneira científica – que é o psicólogo Jacob Pinheiro Goldberg – através de palestras, de entrevistas sobre a violência dentro da sociedade, principalmente urbana.

Num de seus trabalhos, o professor Goldberg contou com a colaboração de vários estudantes para realizar sua pesquisa. Foram entrevistadas, com aplicação de questionários, 500 pessoas dos mais diferentes níveis sociais e das mais diversas atividades. O questionário constou de sete perguntas, através das quais o eminente psicólogo colheu suas impressões e interpretou os dados obtidos. O psicólogo referido demonstrou, inclusive, que a violência na cidade está aumentando dia a dia. Considera o migrante como aquele que, por necessidade, sente temor até de sair na rua, mas não se sente agredido nem no trabalho, nem em casa, e é de opinião que a violência na cidade tende a crescer nos próximos anos. Essas opiniões foram colhidas numa pesquisa do professor Jacob Goldberg, psicólogo que, inclusive, já depôs na

Comissão Parlamentar de Inquérito do Senado sobre a violência nas cidades brasileiras.

O psicólogo juizforano, radicado em São Paulo, é autor de uma importante obra "Psicoterapia e Psicologia", e fez trabalho colhendo informações sobre a violência em cidades de porte médio. Ele já realizou pesquisas idênticas em São Paulo e é sobre esse trabalho que, inclusive, com muita propriedade, expôs no Senado Federal, naquela Comissão Especial de Inquérito.

O professor Goldberg notou, através dos dados obtidos, que a população tende a hostilizar o migrante e este se sente completamente distanciado dos problemas da cidade, não a conhecendo socialmente. Há também uma certa ansiedade da população, embora em menos grau em algumas cidades, e um receio até mesmo de comprometimento com o novo, o transformador, o inédito.

Sob o título "TV e Censura", o professor Goldberg ressalta um dado importante obtido naquela cidade mineira, através de uma pesquisa feita no ano passado, pelo Departamento de Medicina Legal da cidade, sobre a violência entre os jovens. Diz ele: "Esse trabalho vem corroborar um outro trabalho, também de minha autoria, feito na cidade de São Paulo. Trata-se de uma pesquisa que foi feita entre 3.000 jovens, na faixa etária de 13 a 14 anos, todos com passagem pela FEBEM. Dos entrevistados, 893 jovens responderam corretamente a pesquisa, relatando que de 63 a 68% não assistem TV por não possuírem aparelho ou por não se interessarem pelo veículo, assim como não se sentem atraídos por qualquer órgão de imprensa".

Pela primeira vez no Brasil, isso vem demonstrar que a TV e os jornais, que aparentemente pareciam contribuir sobremaneira para o aumento da violência, segundo o professor não são absolutamente responsáveis, pelo menos não na proporção que se esperava, pela influência da violência junto à população jovem. Caem por terra, assim, os argumentos dos que defendem a censura aos meios de comunicação social, alegando que as notícias de crimes, os filmes violentos, são também responsáveis pelo aumento da violência entre jovens.

Pesquisa idêntica realizou esse professor em São Paulo, só que entre jovens de todas as camadas sociais. Os números coincidem de maneira incrível. Assim, tanto numa grande metrópole, quanto numa cidade média, os jovens nesta faixa etária, não tendo acesso à TV, não podem ser por ela influenciados ou contagiados, como sempre se pensou ser.

Minha tese, diz o professor, é de que a TV, os jornais, por exemplo, são agentes catalisadores, isto é, provocam no espectador, segundo o noticiário, uma catarse, um alívio. As pessoas descarregam agressão vendo a violência registrada, mas não se sentem influenciadas por ela. Este tema inclusive foi ponto de uma conferência desse mesmo autor na Universidade de Brasília, em agosto último.

A tese desse mesmo psicólogo é de que os fatos trazidos a público, não há dúvida alguma, colaboram para que as pessoas se sintam seguras e, ao contrário, encobrir um crime ou um fato é agravá-lo.

Também num outro matutino, o "Diário Mercantil", repete o psicólogo, sob o título "Psicólogo nega influência da TV na violência urbana": "Ao contrário de representar fator de estímulo à violência urbana, a divulgação pelos jornais e TV do noticiário policial provocam no público, já pressionado pelos problemas sociais, certo alívio". Essa é a opinião do psicólogo Jacob Pinheiro Goldberg, que deixou seu posicionamento na CPI do Senado Federal quando ali se apurava a violência urbana. Reiterou o professor que as pessoas descarregam a violência vendo a agressão registrada, mas não são influenciadas por ela.

Os fatos tornados públicos colaboram para que as pessoas se sintam seguras, o que não ocorreria em caso de censura. Também revelou que os resultados das pesquisas por ele realizadas, em São Paulo e Juiz de Fora, demonstram claramente o sentido negativo da censura nos meios de comunicação.

Em entrevista para o programa "Domingo Espetacular" da TV Record, sobre *serial killers*, Goldberg disse que "a consumação do crime faz parte de uma cadeia de procedimentos e o momento final é aquele que dá prazer ao criminoso. Esse é o prazer sádico na extensão absoluta e na intensidade total".

Para o Programa "Cenário Nacional", apresentado pelo Desembargador Rubens Rodrigues, ele afirmou que "existe um excesso de importância ao indivíduo que aparece como celebridade na nossa sociedade. No meu trabalho com o esporte, percebi que o próprio atleta não consegue compreender o que é que a sociedade está fazendo com o seu patético, com o seu *pathos*, ou seja, um jovem de vinte anos de idade que ganha muito dinheiro transforma-se no foco de todo o interesse do país só porque ele chuta bem uma bola em direção ao gol. Quero deixar bem claro que dou muita importância ao esporte, mas aonde é que fica aquele sujeito que passa dois ou três dias por semana em plantão médico, dedicando sua inteligência, seu talento e idealismo, e que recebe muito pouco por isso? Nunca vi uma capa de revista brasileira com a fotografia de uma figura dessa! Essa é uma lição que deveríamos trabalhar com seriedade se nós quisermos criar um país culto e inteligente".

No debate organizado pela *Folha de S.Paulo* ("Diálogos Impertinentes"), com participação do professor da Faculdade de Filosofia de Campinas, Marcos Nobre, e Jacob Pinheiro Goldberg, com a apresentação de Mario Sergio Cortella, afirmou que "o diálogo com a alienação pode ser a saída para a loucura individual e social que é representada pelo sistema de exploração de um ser humano por outro ser humano e sem paixão não existe essa possibilidade".

Em entrevista para o programa "Jogo da Verdade" da TV Cultura, Goldberg respondeu que "uma discussão sobre o problema da saúde mental da população deve se prender a um processo de autenticidade, do desnudamento das nossas verdades, ou então contribuiremos para agravar todas as dificuldades que levam até a síndrome persecutória o cidadão, o homem ilhado na solidão da grande cidade, com seus medos, fobias, preocupações e ansiedades, e que espera dos órgãos de comunicação e cultura de massa a coragem do esclarecimento, um *strip-tease* público capaz de informá-lo de que ele não está só, que nenhum homem é uma ilha e que nós todos estamos juntos à busca de respostas, que podem significar um projeto de esperança para uma sociedade democrática".

Na entrevista para o programa "Globo Vídeo" em 1985, quando da morte do Ex-Presidente Tancredo Neves, afirmou que "foram trinta dias em que todo o País estava acompanhando esse drama da fábula da luta de seu herói contra a morte. O resto todo é incidental hoje no Brasil. É este homem procurando a eternidade, nessa luta que mexe com a imaginação e a fantasia de todos nós. A segadeira terrível que é a morte tentando derrubar Tancredo e ele com aquele sorriso malicioso de mineiro, a cada instante surpreendendo a Medicina e a cada um de nós, vencendo mais um *round*. E alguém poderia dizer: 'mas no final todos nós somos derrotados, no final cada um de nós morre...' – mas eu digo: mas será que cada um de nós morre mesmo? Ou será que nós vivemos em um instante em que somos capazes de abraçar a própria ideia de morte? E num processo de Eros contra Tanatos, a vida contra a morte, nós acreditarmos que ela continua, pois ela continua em cada um desses Tancredos, **somos todos Tancredos nesse instante**".

Vejam mais algumas apresentações do psicólogo Jacob Pinheiro Goldberg:

– Palestra proferida no Hospital do Câncer – "I Curso de Pós-Graduação em Psico-Oncologia e I Curso de Aprimoramento Teórico em Psico-Oncologia" a convite da Dra. Maria Tereza Lourenço: "Uma das exclusões mais cruéis que a cultura ocidental faz é a do morto. Não se fala no morto e nem se pensa nele, como se porventura ele não existisse, quando na realidade, se nos debruçarmos nos mecanismos da Tanatofobia, observaremos que existe subjacente no medo da morte, o medo da falta de identidade e da perda do significado da sua existência".

– Projeto "Palestra": O projeto "Palestra" da Loja Maçônica Estrella da Syria nº 0751, em parceria com a Grande Secretaria de Educação e Cultura do Grande Oriente de São Paulo, promoveu, no Templo Piratininga, seminário dirigido aos Irmãos, com o tema "Psicologia sem Fronteiras".

De acordo com os especialistas, nunca em todos os tempos o ser humano esteve tão preocupado com o bem-estar, com o belo, com o físico e com a saúde, o que chama a atenção de estudiosos para o assunto.

O Doutor em Psicologia, Irmão Jacob Pinheiro Goldberg, ficou responsável pela palestra, na qual estavam presentes o Grão-Mestre Geral eleito do

GOB, Ir. Claudio Roque Buono Ferreira, e os Grandes Secretários Geral e Estaduais, IIr. Fernando Túlio Colacioppo Sobrinho, José Aleixo, Wanderley Faria e Jorge Alexandre.

– Debate sobre a CPI do caso PC Farias no Programa de TV "25ª Hora" (Marcelo Crivella, José Dirceu, Roberto Jefferson e Professor Jacob Pinheiro Goldberg):

Pergunta: Dr. Jacob, o que o senhor acha da volta do governo militar caso a CPI tenha uma conclusão que venha causar uma ruptura nas instituições entre o Congresso e o Executivo? Isso é viável? Quais as implicações para o nosso País?

Jacob: Não obstante todas as dificuldades que são criadas e existem em um desenvolvimento de processo democrático, eu não vejo a viabilidade e a possibilidade de uma tragédia dessa natureza. Isso seria um resultado contrário às aspirações da cidadania e da sociedade democrática. Existe um princípio fundamental no comportamento social que eu acho importante que a gente deixe sempre consignado, que são esses exercícios futurológicos e essas viabilizações de alternativas prováveis, que são às vezes muito perigosas. Simplesmente projetar essa possibilidade é muito perigoso, já teria que estar excluída por princípio. A sociedade brasileira é uma sociedade que tende e deve tender para cada vez mais um processo de participação democrática. O resultado dessa CPI e desse esforço tem que ter como resultado a impossibilidade de qualquer tipo de golpe de governo militar, tem que se dirigir a um governo de participação e de cidadania total e absoluta.

– Definição de loucura e crime para o Programa "Saia Justa" do canal GNT: "A nossa sociedade, a cultura humana foi construída e permanece como demencial, ou seja, a sociedade é uma forma enlouquecida de convivência. A ideia de que se trata de uma sociedade racional já foi decomposta por Miguel de Cervantes através de "Dom Quixote", por Machado de Assis na obra "O Alienista" e assim por diante. Se você observar com atenção, quanto mais o indivíduo é sensível, é cada vez mais difícil, na proporção da sua lucidez, viver as regras de uma sociedade absolutamente contraditória, psicologicamente cruel e desumana, voltada para o horror e violência contra o indivíduo. Quanto mais você procura a individualização, mais você se choca com os valores da sociedade. Nesse choque você é considerado um marginal, e qual marginalidade sobra? A do crime ou a da loucura".

– Entrevista sobre a relação do filme "Tropa de Elite" com a Psicanálise para o *site* da *Revista Galileu*: "O susto e o impacto do filme 'Tropa de Elite' se dá porque ele foi especular, nos obrigou a olhar no espelho e ver tudo que existe de terrível na nossa alma, aquilo que precisa ser resolvido e equacionado. Não é através da proibição que se consegue isso e sim através da purgação. Ele internaliza os nossos impulsos e é através disso que aprendemos a amadurecer e a nos civilizar. Curar significa aprender a conviver com a realidade. O diretor do seu filme deve ser você".

– Entrevista ao programa "Opinião Nacional" da TV Cultura falando sobre violência no trânsito: "Existe uma contradição curiosa na problemática do trânsito: de um lado o motorista se imagina quase onipotente, a força dele é multiplicada muitas vezes pela força do veículo; de outro lado ele se sente frustrado pelo ritmo, pelo caos e pela desordem do trânsito. Tudo isso corresponde a uma cultura de arrogância e de barbárie que está preenchendo a mentalidade do motorista, ou seja, o motorista se sente o dono do espaço público".

– Entrevista para o programa "Domingo Espetacular" da TV Record sobre o caso de um pai que matou os assassinos de seu filho: "A vingança juridicamente não é aceitável, é condenável, moralmente é discutível e psicologicamente é compreensível, embora não possa ser justificado sob o ponto de vista do império da lei".

– Entrevista para o programa "Hoje em Dia" da TV Record, apresentado pelo jornalista Brito Jr., sobre o sequestro da adolescente Eloá Cristina Pimentel pelo seu ex-namorado Lindemberg Fernandes Alves em 2008: "Esse caso que estamos acompanhando é o que os americanos chamam de 'work in progress', ou seja, uma obra em evolução. Nós temos que entender que não existe uma situação congelada. Desde o princípio Lindemberg é resultado e fruto de uma sociedade machista, esse é tipicamente o crime emblemático de uma cultura machista. Ele se vê proprietário da vida, dos desejos e do destino dessa jovem, exercitando isso com absoluta soberania de um Narciso desenfreado. Poucas vezes na Criminalística pudemos perceber esse exercício egóico levado a radicalidade e ao extremo como nesse caso".

– Programa "H", de Luciano Huck – Band – com o Deputado Afanasio Jazadji, o Dr. Jacob Goldberg e a Senadora Benedita da Silva – Debate sobre "violência":

Jacob Pinheiro Goldberg: Eu realmente desconheço como a FEBEM está trabalhando nesse momento, mas o que eu posso dizer é que, como analista de comportamento, eu não gosto dessa expressão "menores". Essa expressão me cheira alguma coisa de exclusão e de marginalização. Essas crianças que estão aqui representam um sonho e uma esperança em termos de sociedade. Eu estava olhando para o rosto de cada uma delas e eu diria que fico muito impressionado com essas impressões. A televisão no Brasil tem o compromisso, a obrigação e o dever de levar essas crianças todo dia para a sala de visita, não só da classe média, mas também da oligarquia, do rico e do poderoso, para ele descobrir que esses meninos têm a cara dos filhos dele. Esse menino não é bandido, ele só vai ser bandido se nós quisermos e permitirmos que ele seja bandido. Ele tem toda a chance de ser um cientista. As expressões desses jovens são de desejo e de sonho, e você vê isso na expressão daquele menino, ele me lembra o rosto do meu filho. Eu sou incapaz de olhar para esse garoto de maneira neutra, de maneira fria e científica, ele é um ser humano e esse país não pode desperdiçar isso. Eu não sei o que a FEBEM está fazendo, mas eu sei o que ela tem obrigação de fazer, eu sei qual o compromisso que ela tem com cada um de nós e com a sociedade: é de permitir e dar uma chance para que o talento dessa gente possa explodir; eles não são um ônus e nem um peso para a sociedade, é a sociedade que tem uma dívida com eles.

Senadora Benedita da Silva: Quando o Jacob diz que a sociedade é responsável, eu queria dizer que eu fui menina de rua também e que não são os meus pais os responsáveis por não terem emprego e a gente ter que ir à luta na rua. Quando se fala da sociedade, se fala daqueles que estão no poder e não fazem as coisas e depois querem responsabilizar a gente. Essas crianças não devem se condenar, porque elas não têm culpa das pessoas que estão no poder hoje e da sociedade em si não lhe estender a mão. A responsabilidade é de todos nós, nós temos responsabilidade de dar escola, de aceitar a sua vocação para estudar, de dar emprego para seus pais, de eles morarem dignamente e isso é responsabilidade nossa. Esse jovem não pode ter na cabecinha dele que ele não tem esse direito.

– Na Faculdade de Medicina da Universidade de São Paulo quando do elogio do Professor Marcelo Zugaib ao Dr. Jacob Pinheiro na Conferência “Olhar Feminino sobre a Imagem Feminina”:

Marcelo Zugaib: “Essa plateia frequentemente dialoga, é o perfil dela. E eu senti que a profundidade do que você nos traz intimida e eu tive a sensação de que ‘fundiu a cuca’ do pessoal (risos). Você é realmente brilhante, uma palavra sua diz muito. Eu particularmente fiquei intimidado de me manifestar. Você é extremamente brilhante, nosso pessoal é extremamente perfeccionista e estão com medo de falarem a palavra errada no contexto errado e assim por diante”.

– Em vídeo sobre a aluna da Faculdade Uniban que foi vítima de Misoginia: “Esse caso é quase sem precedentes em sua modelagem na história da discriminação. Ele não acontece em um local passional e nem possível de ocorrer fúria, como em um distúrbio de rua onde tribos urbanas e turbas se manifestam e linchamentos acontecem. Este caso acontece dentro de um ambiente que se pretende acadêmico, formador de mentalidade e comportamento. Trata-se de um caso típico de Misoginia, ou seja, aversão masculina à mulher, encampada inclusive por algumas mulheres que internalizam seu complexo de inferioridade, contra uma moça que tem um comportamento um pouco mais desinibido do que aquele imaginado por essa turba. E ainda avalizada por um sentimento de preconceito violentíssimo e selvagem dos que alegaram que ela teria se insinuado".

X

DILMA, CARISMA DE DIANA

DILMA, CARISMA DE DIANA

Jacob Pinheiro Goldberg analisa a Presidenta Dilma Rousseff

Sucedendo a Lula, que em artigo na "Folha de S.Paulo" classifiquei como o político "mistagogo" – místico e demagogo na tradição de Getulio e Jânio –, o espaço no Simbólico e Imaginário para Dilma Rousseff será o *kerigma* grego da fêmea culta e determinada, Diana, a caçadora. A consulta à sua biografia corresponde à destinação histórica.

Alguns anos atrás, a convite do professor Alberto Dutra, apresentei, na Faculdade de Medicina da Universidade de Londres, um seminário sobre o tema "Eva será Deus", estudo que elaborei a respeito da concepção antropomórfica masculina da imagem divina e as repercussões intrapsíquicas dessa realidade na mentalidade social. Exaustivamente, tentei demonstrar a demanda por uma introjeção que possa significativamente alterar o processo das relações entre o poder fálico e o poder virtuoso da feminilidade.

Desde o campo da exploração sexual até o crime da posse machista, somente uma radical alteração de conceito filosófico poderá levar aos limites utópicos do sonho de uma civilização sem discriminações e perversidade.

Vive hoje, o Brasil, um momento singular em que a eleição de Dilma Rousseff marca uma possibilidade que somente o historiador no futuro irá aquilatar.

No livro "O Direito no Divã", antologia organizada por Flávio Goldberg, acompanhando a apresentação do jurista e vice-presidente Michel Temer, contextualiza-se a questão do feminino como eixo central dos jogos jurídicos contemporâneos. A convite da revista "Brasileiros", fiz a análise dos candidatos à presidência, anotando a polarização de Marina Silva e Dilma Rousseff.

O leitor, aliás, poderá acessar no Youtube meu depoimento sobre Marina, feito no dia de sua demissão do Ministério de Lula, em que adivinhei o início de sua caminhada. Pois agora é o cotejo entre essas duas personalidades projetadas de mulher brasileira, a filha de imigrantes, guerrilheira e a mansuetude da cabocla, que me leva a creditar na inflexão profunda da sociedade brasileira que arrebenta diques esclerosados e alça o mito de Diana Caçadora, para um porvir de liderança internacional de uma nação com alteridade modelar de um psiquismo do século XXI.

Lua e não sinhazinha, Dilma tem todos os precedentes, inclusive na luta heroica contra o câncer, para tecer um sonho de "mil e uma noites", ou, como preferia seu escritor Jorge Luiz Borges, "mil noites e mais uma".

Tempo mágico em que as bruxas de Salém não serão queimadas, mas sobre os berços das crianças deverão construir uma nova ordem de irmandade.

Tribuna de Minas, 4-1-2011